PROGRAMA

Introducción: dirigir una comunidad de vecinos: Comunidades de vecinos. Fuente de conflictos. *Pág. 3*

Introducción: dirigir una comunidad de vecinos: Comunidades de vecinos. Fuente de conflictos

Una comunidad de propietarios, o un condominio, es una entidad jurídica compuesta por el total de propietarios de un mismo edificio, y que se rige por las normas aplicables y por los estatutos por ellos acordados. Si bien no es una persona jurídica independiente, conserva muchas de sus características, lo cual la convierte en una figura híbrida, con capacidad para realizar ciertos negocios jurídicos.

El fin de las también denominadas comunidades de vecinos, es decidir sobre los asuntos que atañen al edificio común a todos los propietarios.

Las Comunidades de Propietarios en España se rigen mayoritariamente por la Ley de Propiedad Horizontal, excepto en Cataluña, donde la Ley aplicable es el Código civil de Cataluña. Estas Leyes regulan la utilización de espacios y servicios comunes del inmueble. Además de las citadas Leyes, están los estatutos de carácter interno redactados por la propia Comunidad de Propietarios que regulan la organización y normas menores para los propietarios e inquilinos. En muchos casos sirven para fijar criterios en situaciones de conflicto de intereses de los propios vecinos.

Reglas Básicas y principios de interés para propietarios en la Comunidad de Vecinos

Los propietarios de un edificio están obligados a representar a su comunidad como presidentes o secretarios. Las Comunidades pueden establecer criterios a través de los estatutos de la comunidad (por ubicación, por antigüedad, por turnos) para regular la rotación de los cargos.

Todo propietario debe contribuir a los gastos de la comunidad con arreglo a su coeficiente de participación, fijado en las escrituras de división horizontal. Tanto por los estatutos de la comunidad de propietarios como por acuerdo unánime de todos los integrantes de la misma, podrá establecerse una forma diferente de contribución para determinados gastos.

La Junta de propietarios se reunirá, por lo menos, una vez al año para aprobar los presupuestos y cuentas y en las demás ocasiones que lo considere conveniente el Presidente o lo pidan la cuarta parte de los propietarios, o un número de éstos que representen, al menos, el 25 por 100 de las cuotas de participación.

El comprador de una vivienda de segunda mano deberá asumir las deudas y cuentas pendientes del año corriente y del año anterior del antiguo propietario (por esto es útil que el comprador solicite información sobre el estado de las cuentas del vendedor con la comunidad). No obstante, el vendedor deberá aportar en el momento de la transmisión un certificado de deudas con la comunidad, salvo que fuese expresamente exonerado de esta obligación por el adquiriente.

Todos los propietarios deberán permitir la entrada a su vivienda y crear las servidumbres necesarias a los operarios de la comunidad para hacer reparaciones y obras necesarias en los elementos comunes.

Las zonas comunes son propiedad de todos los propietarios, por lo que no deberá ser ocupada por ningún objeto, ni acaparada para ningún fin que impida el uso de dichas zonas por los demás vecinos.

No se permitirá ninguna actividad que cause un ruido considerable por la noche. La hora depende de los estatutos de la comunidad o la normativa local, siendo lo más común a partir de las 22h.

La propiedad horizontal es una institución jurídica que hace alusión al conjunto de normas que regulan la división y organización de diversos inmuebles, como resultado de la segregación de un edificio o de un terreno común.

En sí la propiedad horizontal no es un bien inmueble en particular sino un régimen que reglamenta la forma en que se divide un bien inmueble y la relación entre los propietarios de los bienes privados y los bienes comunes que han sido segregados de un terreno o edificio. La propiedad horizontal permite la organización de los copropietarios y el mantenimiento de los bienes comunes.

Se trata por tanto de aquella especial y seccional forma de división de la propiedad que se ejerce sobre viviendas, oficinas, locales comerciales, bodegas, estacionamientos, recintos industriales, sitios y otros en que se divida un condominio y que atribuye al titular de dichas unidades un derecho de propiedad absoluto y exclusivo sobre las mismas, y un derecho de copropiedad forzada respecto a los bienes de dominio común.

Así pues, junto con el piso, el derecho de propiedad horizontal incluye un porcentaje de propiedad sobre los elementos comunes de todos los propietarios de pisos en el edificio en cuestión. Tales elementos se consideran necesarios para el adecuado uso y disfrute del piso, y la cuota que exista sobre ellos es completamente inherente a la propiedad del piso, siendo inseparable de ésta.

La propiedad horizontal es una mezcla de propiedad individual y copropiedad. No es una empresa, una sociedad, una entidad sin ánimo de lucro cualquiera. Es una entidad sin ánimo de lucro distinta a las otras entidades sin ánimo de lucro. Puede haber propiedad individual y copropiedad sin que exista propiedad horizontal y este es el caso de las Unidades Inmobiliarias Cerradas, las que también pueden coexistir dentro de un mismo complejo inmobiliario con las propiedades horizontales. A principios del siglo pasado, y hasta 1960, se expidieron en muchos países leyes que cobijaban tanto a las propiedades horizontales como a las Unidades Inmobiliarias Cerradas, las que se llamaron ley de propiedad por pisos y departamentos, pero luego se tendió a expedir leyes individuales para cada tipo de propiedad.

En el Derecho de España, la propiedad horizontal queda definida en el artículo 396 del Código civil, que afirma que los diferentes pisos o locales de un edificio o las partes de ellos susceptibles de aprovechamiento independiente por tener salida propia a un elemento común de aquél o a la vía pública podrán ser objeto de propiedad separada, que llevará inherente un derecho de copropiedad sobre los elementos comunes del edificio, que son todos los necesarios para su adecuado uso y disfrute.

De esta forma, la propiedad horizontal se define como un tipo especial de propiedad caracterizada por la coexistencia de dos derechos de propiedad distintos:

> El derecho singular y exclusivo de propiedad sobre un espacio suficientemente delimitado y susceptible de aprovechamiento independiente, con los elementos arquitectónicos e instalaciones de todas clases, aparentes o no, que estén comprendidos dentro de sus límites y sirvan exclusivamente al propietario, así como el de los anejos que expresamente hayan sido señalados

en el título, aunque se hallen fuera del espacio delimitado.

La copropiedad, con los demás dueños de pisos o locales, de los restantes elementos, pertenencias y servicios comunes.

El referido artículo 396 del Código Civil, enumera exhaustivamente una serie de elementos considerados comunes, si bien, como fundamenta la sentencia del Tribunal Supremo del 30-03-2007, dicha enumeración tiene un carácter meramente indicativo y abierto, y no de "numerus clausus". De esta manera, se menciona el suelo, vuelo, cimentaciones y cubiertas; elementos estructurales y entre ellos los pilares, vigas, forjados y muros de carga; las fachadas, con los revestimientos exteriores de terrazas, balcones y ventanas, incluyendo su imagen o configuración, los elementos de cierre que las conforman y sus revestimientos exteriores; el portal, las escaleras, porterías, corredores, pasos, muros, fosos, patios, pozos y los recintos destinados a ascensores, depósitos, contadores, telefonías o a otros servicios o instalaciones comunes, incluso aquéllos que fueren de uso privativo; los ascensores y las instalaciones, conducciones y canalizaciones para el desagüe y para el suministro de agua, gas o electricidad, incluso las de aprovechamiento de energía solar; las de agua caliente sanitaria, calefacción, aire acondicionado, ventilación o evacuación de humos; las de detección y prevención de incendios; las de portero electrónico y otras de seguridad del edificio, así como las de antenas colectivas y demás instalaciones para los servicios audiovisuales o de telecomunicación, todas ellas hasta la entrada al espacio privativo; las servidumbres y cualesquiera otros elementos materiales o jurídicos que por su naturaleza o destino resulten indivisibles. Además, este tipo de propiedad está regulado por una Ley especial, cual es la Ley 49/1960, de 21 de julio, sobre propiedad horizontal, que ha sido modificada por la Ley 8/1999 de 6 de abril, de Reforma de la Ley 49/1960, de 21 de julio, sobre Propiedad Horizontal. La última modificación realizada sobre la Ley de Propiedad Horizontal ha sido el 26 de junio de 2013 mediante la Ley 8/2013 de Rehabilitación, Regeneración y Renovación urbanas.

Vecinos conflictivos o morosos, obras molestas, riñas, uso inapropiado de las instalaciones, acuerdos que no cumplen la mayoría requerida… ¿Quién no se ha visto alguna vez involucrado en una disputa de vecinos? Para dilucidar éstos y otros problemas, las comunidades de vecinos han de seguir unas normas que deben cumplir todos los inquilinos del inmueble. La Ley de Propiedad Horizontal, vigente desde 1960 y reformada en su práctica totalidad mediante la Ley 8/1999, regula las relaciones entre propietarios de pisos o locales y recoge también sus derechos y obligaciones. Esta ley tiende a atribuir al titular de la propiedad las máximas posibilidades de disfrute, pero con el límite en los derechos de los demás propietarios y el interés general de la propiedad. De este modo, la ley ampara al propietario en lo referente a su propio espacio y defiende la copropiedad con los demás dueños de pisos o locales de los restantes elementos, pertenencias o servicios comunes. Así, se regulan aspectos como la morosidad en el pago de las cuotas de algún vecino, las mayorías necesarias para tomar determinados acuerdos o qué hacer ante actividades molestas de algún vecino.

Las comunidades de vecinos han de tener un presidente. Entre sus funciones principales se encuentran la de representar legalmente a la comunidad en asuntos que la afecten, canalizar quejas y sugerencias de los vecinos, convocar y presidir las juntas, y ejercitar las acciones judiciales acordadas por la comunidad. La ley también contempla la posibilidad de la figura del vicepresidente, que sustituye al presidente si está ausente, la de un secretario y la de un administrador, tarea de la que se encarga generalmente un administrador de fincas colegiado.

Cualquier propietario de un inmueble de vecinos puede ser presidente de la comunidad. Se elige por votación, de forma rotativa o por sorteo. El nombramiento es por un año, salvo que los estatutos dispongan otra cosa o los vecinos no aprueben su gestión, en cuyo caso pueden proponer su cese antes del plazo.

El presidente elegido tiene la obligación de ejercer su cargo, a no ser que alegue una causa que se lo impida. Para dejar el cargo tiene que presentar sus impedimentos ante el juez, que estimará si las razones alegadas son suficientes. No obstante, si la persona afectada expone razonadamente a los otros propietarios las causas que le impiden desempeñar el cargo, no será necesario acudir al auxilio judicial.

Cuándo impugnar un acuerdo de la Junta de Propietarios

Sólo se puede impugnar un acuerdo de la Junta de Propietarios ante los Tribunales:

Si son contrarios a la ley o a los estatutos de la comunidad de propietarios.

Si resultan lesivos para los intereses de la comunidad en beneficio de uno o varios propietarios.

Si suponen un grave perjuicio para algún propietario que no tenga obligación jurídica de soportarlo o se hayan adoptado con abuso de derecho.

Pero, además, hay que estar legitimado para impugnar el acuerdo. Podrán hacerlo:

Los propietarios que hayan votado en la junta y los vecinos ausentes que comuniquen en el plazo de 30 días su discrepancia.

Los que estén al corriente en el pago de todas las deudas vencidas con la comunidad.

Problemas más habituales de las comunidades de vecinos

Vecinos morosos

La reciente Ley de Enjuiciamiento Civil favorece el cobro de cantidades adeudadas a la comunidad de vecinos. Si el deudor no paga o decide no comparecer en el juicio, el juez puede dictaminar el embargo del piso o local. Es más, si el moroso decide apelar la decisión del juez, antes deberá satisfacer su deuda o consignarla (depositarla en una cuenta del juzgado).

La ley también especifica que los vecinos que no estén al corriente de pago no podrán votar en las juntas de propietarios ni impugnar acuerdos que en ella se adopten. Tienen voz, pero no voto. Finalmente, la ley contempla la posibilidad de dar publicidad del nombre del deudor en el tablón de anuncios de la finca o en las circulares vecinales, por lo que quienes no cumplan con sus obligaciones económicas no podrán esconderse en el anonimato.

¿Qué hacer contra un vecino que realiza actividades molestas?

Cualquier vecino que crea que otro realiza actividades molestas o insalubres, peligrosas o incómodas puede presentar una queja al presidente, quién debe comunicar al dueño del inmueble que causa las molestias que deje de hacerlo.

En el caso de que las molestias continúen, se convocará una junta de propietarios para discutir el asunto, y se autorizaría al presidente a entablar una acción judicial. Una vez presentada la demanda, el juzgado puede ordenar la suspensión cautelar de las actividades.

Todos los propietarios están obligados a pagar un Fondo de Reserva para la conservación y reparación del edificio

Si la sentencia es condenatoria, se puede disponer el cese de actividad, la indemnización de daños y perjuicios y la privación del derecho al uso de la vivienda o el local por un plazo de hasta tres años. Si se trata de un inquilino, se podrá anular su contrato de alquiler.

Ascensor y antenas parabólicas, sí o no

Si un grupo de vecinos quiere instalar un elemento de mejora, como un ascensor, y algún vecino se opone, la junta no puede obligarle a su implicación económica. Se puede realizar la obra, pero dicho vecino no puede usar este servicio (en el caso de los ascensores, la discrepancia se soluciona con llaves que permiten acudir directamente al piso seleccionado y que impiden usar el elevador a quien no paga). Si posteriormente el vecino disconforme quiere utilizar el ascensor, deberá pagar su parte proporcional de la obra, más intereses. No obstante, la problemática de los ascensores es muy conflictiva y la jurisprudencia de las Audiencias provinciales no es unánime. Hay sentencias que desligan el acuerdo de instalación del acuerdo de contribución económica a la obra. Y hay jueces que consideran que, adoptado el acuerdo por 3/5, éste obliga a todos a contribuir.

Por otro lado, ningún vecino se puede negar a la eliminación de barreras arquitectónicas si la demanda proviene de una persona con minusvalías. Cuando no se obtenga la mayoría requerida por la Ley de Propiedad Horizontal, el propietario afectado de minusvalía estará autorizado por ley a realizar la obra, asumiendo todos los costes.

Si un vecino quiere instalar una antena parabólica comunal, tendrá que conseguir que lo apruebe un tercio de los propietarios. Los que se hayan opuesto no tienen la obligación de pagar el coste de instalación o mantenimiento, pero si en el futuro desean tener acceso a las emisiones, deben abonar el importe que les hubiera correspondido, actualizado al interés legal del dinero.

Obras bajo control

Un propietario puede modificar los elementos arquitectónicos (tirar tabiques no maestros, por ejemplo), instalaciones o servicios de su piso, siempre que no perjudique la seguridad del edificio, la estructura general, su configuración o estado anteriores ni vulnere los derechos de otro propietario (no se pueden cerrar balcones o instalar ventanas de distinto color o tamaño). Cualquier obra realizada bajo estas características debe ser comunicada al representante de la comunidad.

Pero los propietarios no pueden realizar acciones prohibidas por los estatutos o que resulten dañosas para la finca o que "contravengan las disposiciones generales sobre actividades molestas, insalubres, nocivas, peligrosas o ilícitas". Y la comunidad puede actuar ante la justicia si dichas actividades no cesan.

Fondo de reserva

Según la nueva Ley de Propiedad Horizontal, los propietarios están obligados a pagar la constitución de un fondo de reserva destinado a las obras de conservación y reparación del edificio (incluyendo el portal). La reserva de este fondo debe ser del 2,5% del presupuesto anual de la comunidad para el primer año y del 5% a partir del segundo.

Si la obra no es de conservación y reparación, puede que implique una modificación de la estructura o configuración de la finca y, por ello, será precisa la unanimidad. Si se califica una obra como de innovación o de mejora, entonces quienes se opongan sólo estarán obligados a contribuir cuando el importe sea inferior a las tres cuotas ordinarias.

La comunidad de vecinos podrá utilizar el fondo para suscribir un contrato de mantenimiento del inmueble o para pagar las obras necesarias para mantener el edificio. También se puede disponer del fondo para contratar un seguro que cubra los daños por riesgos extraordinarios. Por otro lado, todo el dinero que se utilice del fondo se tendrá que reponer en los siguientes presupuestos.

Normas de las Comunidades de Vecinos

Los vecinos y propietarios de una finca tienen la obligación de:

1. Respetar las instalaciones de la comunidad y demás elementos comunes, ya sean de uso general o privativo, evitando que se causen desperfectos.

2. Mantener en buen estado de conservación su piso, local e instalaciones privativas, en términos que no perjudiquen al resto de los propietarios.

3. Consentir en su propiedad las reparaciones que exija el servicio del inmueble y permitir en el las servidumbres imprescindibles requeridas.

4. Permitir la entrada en su piso o local a efectos de realizar las reparaciones requeridas en los apartados anteriores.

5. Contribuir a los gastos generales para el adecuado sostenimiento del inmueble, de acuerdo a la cuota de participación establecida.

6. Contribuir, de acuerdo a la cuota de participación, al fondo de reserva de la comunidad. Con este fondo la comunidad podrá contratar un seguro que cubra los daños causados en la finca.

7. Observar la diligencia debida en el uso del inmueble y en sus relaciones con los demás titulares respondiendo ante éstos de las infracciones cometidas y de los daños causados.

8. Comunicar al Secretario de la comunidad el domicilio a efectos de citaciones y notificaciones de toda índole. En defecto de esta comunicación se considerará como tal el piso o local perteneciente a la comunidad.

9. Comunicar al Secretario de la comunidad el cambio de titularidad de la vivienda o local. quien incumpliere esta obligación seguirá respondiendo de las deudas con la

comunidad devengadas después de la transmisión de forma solidaria con el nuevo propietario.

¿Cuántos votos son necesarios para la toma de decisiones?

Unanimidad: para aprobar o modificar las reglas de la propiedad horizontal o de estatutos de la comunidad.

3/5 partes del total de los propietarios que, a su vez, representen las tres quintas partes de las cuotas de participación: para poner o quitar los servicios del ascensor, portería, conserjería, vigilancia u otros servicios comunes de interés general, incluso cuando supongan que se modifique el título constitutivo o los estatutos.

Mayoría de los propietarios que, a su vez, representen la mayoría de las cuotas de participación: para realizar determinadas obras (excepto las que requieran unanimidad al modificar la estructura o configuración del edificio) o para establecer nuevos servicios comunes que faciliten el acceso o movilidad de personas con minusvalía, incluso cuando impliquen la modificación del título constitutivo o de los estatutos.

Un tercio de los integrantes de la comunidad que, a su vez, representen un tercio de las cuotas de participación: para instalar elementos comunes para el acceso a servicios de telecomunicación o para adaptar los que ya hay, así como para colocar sistemas de aprovechamiento de la energía solar o servicios necesarios para acceder a nuevos suministros energéticos colectivos.

Mayoría total de los propietarios que a su vez, representen la mayoría de las cuotas de participación: para la validez del resto de acuerdos no recogidos en ningún otro tipo de mayoría.

En segunda convocatoria serán válidos los acuerdos adoptados por la mayoría de los asistentes, siempre que ésta represente, a su vez, más de la mitad del valor de las cuotas de los presentes.

Vecinos conflictivos o morosos, obras molestas, riñas, uso inapropiado de las instalaciones, acuerdos que no cumplen la mayoría requerida... ¿Quién no se ha visto alguna vez involucrado en una disputa de vecinos? ¿Qué ocurre si además tenemos que mediar en estos conflictos porque somos los administradores?

Para dilucidar éstos y otros problemas, las comunidades de vecinos han de seguir unas normas que deben cumplir todos los inquilinos del inmueble. Descubre cuáles son los derechos y obligaciones de los vecinos de tu comunidad. Si aún no eres administrador puede que te toque serlo en breve.

¿Cuándo tengo que ser presidente de la comunidad?

Cualquier propietario de un inmueble de vecinos puede ser presidente de la comunidad. Se elige por votación, de forma rotativa o por sorteo.

Si eres elegido presidente de la comunidad tienes la obligación de ejercer el cargo o, por el contrario, alegar alguna causa real que te lo impida.

Si finalmente llegas a ser presidente, como norma general lo serás por un año. En cualquier caso, su por el motivo que fuera, no pudieras cumplir ese tiempo mínimo, deberás convocar una Junta Extraordinaria para nombrar un nuevo presidente.

Por ejemplo:

El Presidente actual vende su vivienda y se traslada, por lo tanto, ya no puede ejercer sus funciones, y otro deberá tomar el relevo. Aunque la idea original sería que el nuevo inquilino fuera el Presidente, será una decisión que deba tomar la Junta de Propietarios.

¿Cuáles serán tus funciones?

La figura del Presidente es de vital importancia, ya que de cara a terceras personas, tú serás el "representante'' de tu Comunidad.

Es decir, como presidente, deberás encargarte de múltiples cosas como avisar al fontanero si hay un escape de gas, firmar un contrato de seguro, representar a la comunidad durante un juicio por falta de pago de un vecino, etc. Así mismo, debes presidir las Juntas de Propietarios, convocarlas y firmar las actas de las reuniones.

Aunque el Presidente no tiene facultad decisoria, puesto que esto corresponde a la Junta de Propietarios, en casi todos los acuerdos, se le faculta al Presidente para que ejecute esos acuerdos.

Por ejemplo:

Después de llegar a los acuerdos necesarios entre la junta de propietarios, el presidente será el encargado de pedir los presupuestos a para arreglar la puerta de entrada, para contratar el seguro de la comunidad o firmar el contrato con la empresa que se encarga de la limpieza de la escalera.

En cualquier caso, el Presidente sí tiene capacidad decisoria, cuando se trata de asuntos de necesidad y urgencia.

Por ejemplo:

Si hay una fuga de agua, el presidente puede llamar al personal cualificado para que arregle la avería, aunque la Junta no se reuniera con anterioridad para facultarle para contratar ese servicio.

Problemas más habituales con los vecinos

Ruidos y actividades molestas

Cualquier vecino puede presentar una queja al presidente si considera que otro realiza actividades molestas, peligrosas o incómodas.

El presidente debe advertir al vecino y en el caso de que las molestias continúen, se convocará una junta de propietarios para discutir el asunto, y se autorizaría al presidente a entablar una acción judicial.

Ascensor y antenas parabólicas ¿Sí o no?

Si un grupo de vecinos quiere instalar un elemento de mejora, como un ascensor o una antena parabólica, y algún vecino se opone, la junta no puede obligarle. La comunidad puede realizar la obra, y el vecino que se opuso a ella no disfrutará del servicio.

Por ejemplo:

En el caso de los ascensores, el problema se soluciona con llaves que permiten acudir directamente al piso seleccionado y que impiden usar el elevador a quien no paga. Si posteriormente el vecino disconforme quiere utilizar el ascensor, deberá pagar su parte proporcional de la obra, más intereses.

Eso sí, ningún vecino se puede negar a la eliminación de barreras arquitectónicas para facilitar el acceso a un vecino con minusvalías.

Obras bajo control

Cualquier propietario tiene derecho a modificar los elementos arquitectónicos, instalaciones o servicios de su piso, siempre que no perjudique la seguridad del edificio, la estructura general o su configuración.

Por ejemplo:

Por mucho que uno de los vecinos se empeñe en ser original, no pueden cerrar los balcones o instalar ventanas de distinto color o tamaño al resto.

Cualquier obra realizada bajo estas características debe ser comunicada al representante de la comunidad.

Aprende de la experiencia

Marta es la administradora de la comunidad desde hace medio año. En los últimos meses se ha encontrado con problemas de todo tipo. En la mayoría de los casos, la ley ofrecía una solución tajante, aunque Marta considera que el diálogo y la palabra son, siempre, las mejores armas para llegar a un acuerdo.

La piscina de la comunidad no tenía socorrista y la puerta de acceso está siempre abierta, con el peligro que eso suponía. Nadie había protestado hasta que la familia Millán se instaló en el tercero centro con sus dos hijos pequeños. Marcos, de 5 años, y Clara, de 3.

Me pidieron que cerráramos la puerta de acceso y contratáramos a un socorrista. Esto último suponía un gasto que seguramente el resto de vecinos no estaría dispuesto a asumir.

Yo sabía que la familia Millán estaba en su derecho de exigir a la comunidad que se corrigieran los defectos de la piscina, y que podrían hacerlo ante los servicios de sanidad autonómicos que, en su caso, precintarían la piscina. ¿Cómo crees que deberían desarrollarse los acontecimientos?

Alternativa 1:

Me limité a cumplir estrictamente mis funciones de presidenta. Convoqué una Junta Extraordinaria para que los nuevos vecinos expusieran su necesidad. Como era de esperar, surgieron más opiniones en contra que favorables. La votación salió negativa y yo recogí el resultado en el acta.

Como era previsible, los Millán presentaron una reclamación en el Gobierno Autónomo y yo, como representante de la comunidad, recibí la orden que exigía el acometimiento de la obra. Lo trasladé al resto de vecinos en otra Junta Extraordinaria, y nos vimos obligados a abonar el capital necesario. Desde entonces, las relaciones de los Millán con el resto de los vecinos han sido tensas.

Alternativa 2:

Antes de comunicarles a los vecinos la situación en una Junta, intenté discutir con cada uno el peligro que suponía tener una piscina sin socorrista, para tener claras sus opiniones y que todos fuesen conscientes de que era una necesidad.

Les argumenté que, ahora ninguno de ellos tenía hijos, pero Alicia y Tomás estaban en trámites para adoptar a un niño, y Adela solía pasar los fines de semana con sus nietos en casa.

La pareja de jubilados del tercero no lo consideraron de su interés, pues apenas visitaban la piscina, sus nietos no solían visitarles, y además no podían permitirse el desembolso.

Tras estas charlas convoqué la Junta. Tras quince minutos de intercambio de opiniones, todos salvo los jubilados del tercero accedieron a las peticiones de la familia Millán.

Se acordó financiar entre el resto el salario del socorrista y la cerradura de la puerta de acceso a la zona de piscina, de cuya llave dispondrían los participantes. Para reducir al mínimo el coste del socorrista, se acordó limitar el uso de la piscina a unas semanas del verano y en un horario restringido (de 12 a 14h por la mañana, y de 16 a 18h por la tarde). Ahora todos disfrutamos de un socorrista que nos ha ahorrado algún que otro susto.

¿Cuál has escogido?

En la alternativa 1, Marta actúa correctamente, según lo que se espera de su puesto, pero no hace nada por evitar un conflicto que era fácilmente previsible.

En cambio, en la otra historia alternativa, Marta añadió a sus funciones la de intermediadora o "juez de paz". Se encargó de velar por el entendimiento entre los vecinos, sin limitarse a aplicar lo establecido por los reglamentos, sino poniendo también en juego las reglas no escritas de convivencia y sociabilidad.

¿Qué técnicas de aprendizaje hemos aplicado?

> Analizar: Para ver cuál es el problema con claridad y descubrir una solución adecuada para todos.

> Argumentar: Para explicar al resto de los vecinos la solución más adecuada al conflicto.

Observación directa: Para conocer las necesidades de cada uno de los vecinos y la mejor forma de llegar a acuerdos que contenten a todos.

¿En qué más puedes aplicarlo?

Antes de saber cómo actuar ante una situación compleja, es conveniente informarse bien de las circunstancias que pueden darse, cómo actuar en cada caso y cuáles son tus "poderes" o posibilidades.

Pero al poner en práctica esos procedimientos, es cuando entran en juego tu propia experiencia y otras habilidades sutiles como el sentido de la oportunidad, la practicidad, etc.

Puedes intentar esta estrategia con los siguientes retos:

☐ Aprender el manejo de un aparato electrónico a partir de su manual de instrucciones.

Analizar

A través de esta técnica podrás hacer distinción y separación de las diferentes partes de un todo, hasta que finalmente puedas llegar a conocer sus principios o elementos.

Se trata de hacer un examen de una situación, un escrito, o de cualquier realidad susceptible de ser analizada.

Te ayudará a...

Resolver situaciones en las que debas tomar decisiones, realizar argumentaciones, conversar, decidir qué información es relevante o no a la hora leer un escrito o estudiar un contenido, etc...

Te recomendamos...

El análisis requiere un tiempo y en muchos casos será necesario que pongas en orden tus ideas en un papel.

Tareas en las que se aplica esta técnica

☐ Reclamación por escrito

☐ Buscar información en Internet

☐ Preparar tu mente para un examen

☐ Examen escrito

☐ Entender un prospecto médico

☐ Dirigir una comunidad de vecinos

Argumentación

Esta técnica te permitirá defender con una idea o tesis aportando unas razones o argumentos que justifiquen tu postura. Esta capacidad para argumentar correctamente suele ir emparejada con la capacidad de influir sobre las personas.

¿Cómo se organiza una argumentación?

En primer lugar, debes hacer una exposición de tu tesis que debe ser lo más breve y clara posible. El cuerpo de tu argumentación puede ser más extenso y debe contener las razones y argumentos que apoyan tu tesis. Por último, debes presentar una conclusión que reafirme tu tesis, una vez razonada.

Los tipos de argumentación

La argumentación positiva o prueba: Consiste en presentar argumentos que respalden nuestra postura ante el tema objeto de la argumentación.

La argumentación negativa o refutación: Consiste en aportar argumentos que sirvan para rechazar los argumentos contrarios a nuestra postura.

Te ayudará a...

Exponer tus ideas y argumentar tus opiniones en situaciones cotidianas como una conversación con tus hijos o una discusión en la reunión de la comunidad de vecinos.

Además, te será muy útil para cualquier presentación en público o entrevistas de trabajo.

Te recomendamos...

Es conveniente utilizar diferentes argumentos a la hora de exponer tus ideas. De lo contrario, corres el riesgo de repetirte y resultar poco convincente.

Te proponemos este tipo de argumentos:

> Racionales: se basan en ideas y verdades aceptadas por la sociedad
>
> De hecho: se basan en pruebas observables
>
> De ejemplificación: aquellos que se basan en ejemplos concretos
>
> De autoridad: están basados en la opinión de una persona reconocida

Tareas en las que se aplica esta técnica

☐ Reclamación por escrito   ☐ Hablar en público

☐ Dirigir una comunidad de vecinos   ☐ Conversación con tu hijo/a

Tema 0. Administrador de fincas

Aunque la ley no exige su contratación, es recomendable contar con una persona ajena a la finca que se mantenga imparcial ante las posibles controversias entre los propietarios.

Figura controvertida

La figura del administrador suscita, con frecuencia, opiniones encontradas entre los propietarios de una comunidad: desde el consabido "cobra todos los meses y no hace nada" hasta el reconocimiento de que "es el único que logró poner orden en el edificio"; desde las acusaciones de no rendir cuentas, hasta los elogios por su paciencia y búsqueda de la armonía entre los vecinos. Más allá de la controversia, lo cierto es que la tarea del administrador ha ganado en complejidad desde que se reglamentó la profesión en 1968: la evolución de las comunidades y la ampliación y diversificación de los servicios requieren respuestas muy diferentes a las de hace 50 años. Y, aunque la ley no exige su contratación, es recomendable contar con una persona imparcial ajena a la finca ante las posibles diferencias que puedan surgir entre vecinos.

Determinar hasta qué punto es necesario contratar los servicios de un administrador externo a la comunidad implica analizar la situación desde tres perspectivas:

Legal: ¿la ley obliga a contar con un administrador?

Práctica: ¿su trabajo puede ser desempeñado por un propietario cualquiera, o requiere de conocimientos específicos?

Económica: ¿cuánto cuesta un administrador? ¿merece la pena la inversión?

Perspectivas legal y práctica

La Ley de Propiedad Horizontal 49/1960 -modificada por la Ley 8/1999- establece en su artículo 13 que las funciones del secretario y del administrador "serán ejercidas por el presidente de la comunidad, salvo que los estatutos o la junta de propietarios, por acuerdo mayoritario, dispongan la previsión de dichos cargos separadamente de la presidencia". Por lo tanto, la ley no obliga a contratar a nadie y hacerlo responde a una decisión de los vecinos de la comunidad.

El mismo artículo agrega más adelante que el cargo de administrador podrá ser ejercido por cualquier propietario, así como por personas físicas con cualificación profesional suficiente y legalmente reconocida para ejercer dichas funciones. También podrá recaer en corporaciones y otras personas jurídicas. La cualificación y el reconocimiento legal que menciona la ley como requisito para poder desempeñar la función de administrador de fincas se obtiene de dos maneras:

Estando en posesión de alguno de los siguientes títulos: licenciado en Derecho, Ciencias Políticas, Económicas, Empresariales, Veterinaria o Ingeniería Técnica Agrícola, Forestal o Agrónoma.

Cursando el plan de estudios de la Escuela Oficial de Administradores de Fincas, promovido por el Ministerio de Fomento e instrumentado por una docena de universidades españolas. La formación, de tres años, incluye contenidos de varias ramas del Derecho (inmobiliario, privado, administrativo, tributario), economía y contabilidad, sociología y planificación urbana, construcción y normas tecnológicas de edificación, gestión medioambiental, técnicas de reuniones y dirección de grupos, entre otros. Este corpus de conocimientos habla por sí solo de los desafíos a que se enfrenta un administrador en la actualidad. Según información suministrada por la Universidad de Alcalá de Henares, una parte significativa de los inscritos en la carrera son profesionales inmobiliarios en ejercicio.

Otro requerimiento legal para ejercer es estar colegiado.

Tareas múltiples

Lejos quedó la época en que el trabajo del administrador se limitaba a pagar la cuenta de luz, cambiar las bombillas y contratar a alguien para que limpiase la entrada y los pasillos.

Por definición, el administrador de fincas se ocupa, en la actualidad, de gestionar el patrimonio común de la comunidad y atender a su conservación y rentabilización. Ese patrimonio puede incluir infraestructura -ascensores, garajes, jardines, trasteros...- y servicios varios -portería, conserjería, seguridad, limpieza, televisión y cable, calefacción y aire acondicionado centralizados...-, cuya administración requiere conocimientos legales, técnicos, contables, financieros, arquitectónicos, urbanísticos y, lo que no es menos importante, tiempo para ocuparse de ellos.

Esta multiplicidad de tareas es evidente en fincas grandes y con muchos servicios. Pero son numerosos también los edificios con menos de diez propietarios y servicios básicos (electricidad, limpieza...), cuya administración podría ser gestionada sin mucha dificultad por parte del presidente o el secretario, lo que ahorraría a los vecinos el costo que supone contratar a un profesional.

Un edificio con 25 propiedades, portería, ascensor y garaje supone unos honorarios de administración de unos 19 euros mensuales por propietario.

Cuánto cuesta su contratación

La del administrador de fincas es una profesión libre, por lo tanto sujeta a la ley de oferta y demanda: no cuesta lo mismo en ciudades como Madrid o Barcelona que en centros urbanos más pequeños. En una misma ciudad también varía según la zona en que se encuentre la finca. Los honorarios se calculan en función del número de horas mensuales de dedicación, lo que depende directamente de la cantidad de componentes (viviendas, locales, garajes) y servicios.

El Colegio de Administradores de Madrid, por ejemplo, establece una tarifa orientativa de 38 euros la hora, y ofrece un sistema para calcular las horas de trabajo según los criterios antes mencionados. Por ejemplo, un edificio con 25 propiedades, portería, ascensor y garaje mediano supone unos honorarios de administración de 476 euros por mes, unos 19 euros por propietario (la junta de la comunidad puede acordar una cuota acorde con el uso de los servicios, como que los que vivan en la planta baja o no tengan coche paguen menos).

De todos modos, cada administrador decide cuánto cobrar; hay ejemplos de profesionales que cobran 6 euros por propietario, o incluso menos. Pero conviene tener en cuenta que si la cifra está fijada en 2 euros por vivienda hay que sospechar de la calidad del administrador contratado.

DESHACERSE DE UN MAL ADMINISTRADOR

Según la Ley de Propiedad Horizontal, las funciones del administrador (junto con las de presidente y secretario) se renuevan en cada junta anual de propietarios. La junta también puede convocarse en forma extraordinaria para revocar al administrador en cualquier momento si hay una "causa justa". Por su parte, el administrador, si considera que ésta no existe, puede entablar una demanda por daños y perjuicios (porque hay un contrato de por medio) y pedir una indemnización.

¿Es obligatorio en un edificio de propiedad horizontal contratar los servicios de un administrador de fincas? Quisiéramos saber, según las leyes vigentes, cuáles son las obligaciones que tiene un administrador de fincas con la comunidad que le ha contratado.

Según la Ley de Propiedad Horizontal, no es obligatorio contratar los servicios de un Administrador de Fincas. Las funciones de secretario y administrador serán ejercitadas por el presidente de la comunidad, salvo que los estatutos o la Junta de propietarios disponga de dichos cargos separadamente por mayoría simple.

Por tanto, el cargo de administrador puede ser ejercido por el mismo presidente o por cualquier otro propietario. Sin embargo, si la comunidad lo desea y así lo decide por mayoría, puede nombrar administrador a una persona física no propietaria, siempre que tenga una cualificación profesional suficiente y legalmente reconocida. También se puede nombrar a una persona jurídica.

Respecto a la segunda cuestión, las obligaciones de un administrador para con la comunidad, desde el punto de vista de sus funciones, son: velar por el buen régimen de la casa, sus instalaciones y servicios, preparar con la debida antelación y someter a la Junta el plan de gastos previsibles y atender a la conservación de la casa, disponiendo las reparaciones y medidas que resulten urgentes. Además. el administrador ejecutará los acuerdos adoptados en materia de obras, efectuará los pagos y realizará los cobros procedentes. Y, en su caso, como secretario de la Junta custodiará, y pondrá a disposición de los titulares, la documentación de la comunidad. Por último, gozará de todas las demás atribuciones que le confiera la Junta de propietarios.

El cobro de la renta, las obras de reparación y mejora y, en general, todo lo que supone la gestión de una finca requiere demasiada dedicación para los propietarios de una vivienda. Además, dos de los grupos más numerosos en las comunidades de vecinos, las parejas jóvenes y las personas mayores, carecen de experiencia en estas cuestiones o se encuentran a menudo limitados para estas labores, por lo cada vez más se recurre a un profesional, un administrador de fincas, para que se haga cargo de dichas tareas, aunque la ley vigente no obliga a ello. En comunidades grandes los vecinos optan por contratar a empresas especializadas del sector, mientras que las más pequeñas escogen a profesionales que trabajan por cuenta propia. Estas son las obligaciones del administrador de una finca o comunidad de propietarios.

La primera vez que se reconoció de forma oficial la figura del administrador de fincas fue a través de un decreto estatal en

1968 que dio paso a la creación del Colegio Nacional de Administradores de Fincas. Posteriormente se fueron creando a lo largo y ancho del país colegios autonómicos en los que hoy se agrupan los profesionales de este sector.

La modificación de la Ley de Propiedad Horizontal, en marzo de 1999, vino a poner orden en este ámbito y a establecer claramente el papel de estos gestores, personas o sociedades jurídicas (pero siempre conformadas por administradores titulados) que tienen la misión de asumir las tareas más complejas que depara la gestión de una comunidad de propietarios.

El 85% de los ciudadanos viven en régimen de comunidad de propietarios en España, según se explica en la Guía Didáctica sobre el funcionamiento de las Comunidades de Propietarios, editada por la Concejalía de Vivienda y Rehabilitación Urbana del Ayuntamiento de Madrid y el Colegio Profesional de Administradores de Fincas de esa capital. Una comunidad, dice la guía, posee obligaciones legales y contractuales en función de los servicios de los que se beneficie la finca. Como elementos de "copropiedad" se citan, entre otros, las fachadas, los pilares, las vigas, el portal, las escaleras, los ascensores, las canalizaciones, las conducciones de agua caliente, sanitaria, calefacción, aire acondicionado, ventilación o evacuación de humos. También se establecen como elementos comunes las instalaciones de portero electrónico y otras de seguridad del edificio, así como las antenas colectivas.

El crecimiento de las ciudades, motivado por la creación de nuevos barrios o desarrollos urbanísticos, especialmente en las urbes más grandes de la geografía española, ha motivado que prolifere la figura del administrador de fincas, que es, a la postre, la persona encargada de velar por el buen funcionamiento del edificio. Son sobre todo las familias jóvenes las que deciden poner su comunidad en manos de un gestor. Lo habitual es que una vez que se cree la Junta Rectora se decida también si se contrata un administrador o no. En caso de que se prescinda de los servicios de éste, el cargo recaerá en el presidente de la comunidad. Sin embargo, tantas responsabilidades resultan, a veces, incompatibles con el quehacer cotidiano. Por eso es raro encontrar ya a un presidente que se dedique también a gestionar el edificio o conjunto residencial.

Obligaciones del administrador

> Velar por el buen régimen de la casa, de sus instalaciones y servicios. En otras palabras, esto significa que el administrador, según explica un profesional del sector, debe procurar el funcionamiento de todos los servicios de que disponga la finca. Por ejemplo: tiene que cerciorarse de que el ascensor, en caso de que lo haya, cumpla todas las normas básicas de seguridad y cumpla las inspecciones que sean necesarias. También debe ocuparse, por citar otro ejemplo, de que exista "un buen clima entre los vecinos".

Preparar y someter a la junta el plan de gastos previsible, proponiendo los medios para conseguirlo: Una comunidad de vecinos, como cualquier otra entidad, tiene una serie de compromisos contractuales como el pago del agua, la luz de las escaleras, la limpieza de las áreas comunes, etc. El administrador debe diseñar el plan para los gastos que se derivarán de la gestión de la finca. Es decir, cuestiones como el mantenimiento del telefonillo, de la antena de televisión, la lectura de los contadores de agua, el pago de la nómina del conserje, si existe; el mantenimiento de la calefacción y de la caldera, entre otros. "En algunas urbanizaciones grandes hay jardines, piscina y club social. También puede haber canchas de tenis y de paddel o de squash, que necesitarán mantenimiento. Si se trata de una piscina para más de 30 vecinos, deberá contratarse un socorrista".

Atender a la conservación y mantenimiento de la casa disponiendo las reparaciones necesarias dando cuenta de ellas al presidente y a los propietarios: El administrador cuidará de hacer el seguimiento de las obras que requiera el edificio y de contratar a las empresas que se dediquen a ello. También estará al tanto de las subvenciones que otorgan los ayuntamientos para la rehabilitación de edificios y estará en condición de elaborar estados de cuenta para explicar a los propietarios la inversión prevista en caso de que sean necesarias reparaciones en la finca.

Ejecutar los acuerdos adoptados en materia de obras, efectuar los pagos y realizar los cobros.

Actuar como secretario de la junta y custodiar a disposición de los titulares la documentación de la comunidad.

Todas las atribuciones que le confiera la Junta.

En términos más prácticos, un profesional de esta rama debe asumir las evaluaciones de riesgo del edificio: la Inspección Técnica de Viviendas o ITV; efectuar el cobro de la renta cuando algunos propietarios tengan alquilado uno o más pisos de su propiedad en el mismo edificio; guardar y gestionar documentación de la comunidad; contratar a los conserjes y porteros y suscribir seguros para cubrir siniestros de daños por agua, así como encargarse del mantenimiento de extintores y de la instalación de protección contra incendios, entre otros.

La Ley exige que quien se dedique a la administración de fincas sea una persona física con reconocimiento legal y cualificación, que debe, además, estar colegiada. Para obtener el título, según explica en su página web el colegio de administradores de fincas de Valencia, hay que poseer alguno de los siguientes títulos universitarios: licenciado en derecho, ciencias políticas, económicas y comerciales, profesor mercantil, procurador de los tribunales, ingeniero técnico agrícola, forestal, ingeniero agrónomo, de montes, veterinario, perito agrícola o ayudante de montes. También se puede optar al título a través de la Escuela Oficial de Administradores de Fincas, autorizada por el Ministerio de Fomento.

En los últimos años ha sido creciente la contratación de empresas gestoras, conformadas por administradores, que se encargan del proceso relativo a la gestión de una comunidad de vecinos. El pago de los servicios de un administrador de fincas depende de dos variables: el número de vecinos y los servicios contratados en la finca. En promedio, las cuotas oscilan entre 12 euros en las comunidades de vecinos de barrios normales, entendiendo por normal los ubicados en una zona sin servicios de lujo pero bien situado, y los 900 euros en comunidades de propietarios que poseen vigilante 24 horas al día, garajes, piscinas, jardines y campos de golf, en un gran complejo de vecinos que cuente con servicios básicos se pueden pagar desde 5 euros. Si nos encontramos en otra finca que igualmente posee servicios básicos (agua, luz de las escaleras y ascensor), pero con pocos propietarios, el precio podrá subir hasta los 7 euros, aunque estas son sólo cifras orientativas. Los precios del mercado son los que parten entre 12 y 900 euros.

Si bien la Ley de Propiedad Horizontal no obliga a los propietarios a contratar los servicios de un administrador, es cada vez más frecuente encontrar edificios que, por muy pequeños que sean, son gestionados por un administrador. Eso sí, bajo ningún concepto el administrador debe suplantar al presidente sino, al contrario, convertirse en un asesor en la toma de decisiones importantes para la comunidad.

El principal problema del sector de los administradores de fincas, según denuncian varios colegios, es la proliferación de personas que sin tener cualificación suficiente desempeñan este papel.

"En la medida en que la calidad del servicio es baja, hay un perjuicio para el consumidor". En casos en los que el gestor no está colegiado, sólo queda la vía judicial para cualquier reclamación. Si, por ejemplo, una comunidad de vecinos contrata a un no colegiado que después le sustrae dinero o que se niega a entregar la documentación de la finca, el colegio difícilmente puede mediar o hallar solución para los vecinos. Sólo queda, entonces, reclamar en los tribunales con todos los inconvenientes que ello acarrea.

Una de las principales recomendaciones a la hora de contratar a un administrador de fincas es cerciorarse de que éste cumple los requisitos que exige la ley y que, sobre todo, está colegiado. Así, cuando surgen divergencias entre los propietarios y el gestor, como por ejemplo que los vecinos consideren que no desempeña bien su trabajo, éstos pueden reclamar en el colegio y conseguir una solución en un plazo no máximo de quince días. Los colegios tienen, además, un seguro de hasta 150.000 euros para cubrir las responsabilidades de los administradores.

El administrador de fincas de mi comunidad desea instalar un ascensor. Una propuesta que se ha denegado durante cinco años seguidos, aunque él insiste en incluir en el orden del día de cada junta de propietarios la aprobación de presupuestos para este fin. ¿Es necesaria una mínima cuota para solicitar poner un tema en el orden del día de una junta comunitaria, o se debe de tratar en el apartado de ruegos y preguntas? Además me gustaría saber si se puede llevar este tema a cada reunión una vez al año y si el colegio de administradores de fincas es una entidad a la que se le puede solicitar intermediación para este caso.

De acuerdo a Ley de Propiedad Horizontal, cualquier propietario podrá pedir que la junta estudie y se pronuncie sobre temas de interés para la comunidad, y para ello debe dirigirle un escrito al presidente en el que especifique los asuntos a tratar, cuestiones que el presidente está obligado a tratar e incorporar en el orden del día de la siguiente junta. No es, por tanto, necesaria una mínima cuota para solicitar que se trate un asunto en el orden del día. Para lo que sí es necesario una cuota mínima, del 25% de propietarios y cuotas, es para convocar una junta cuando tales propietarios deseen promoverla ante, por ejemplo, la inactividad o ausencia del presidente. La insistencia del administrador puede deberse a que actúe según el interés o solicitud de algún propietario, del presidente, o a que considere que la instalación del ascensor sea necesaria por la edad o estado de salud de algunos vecinos. Si esta situación es motivo de conflicto en la comunidad, lo más adecuado es que lo aclaren y solucionen en la siguiente junta, sin necesidad de acudir al Colegio de Administradores de Fincas, pues no parece que la actuación del administrador de fincas sea negligente ni que ocasione daños y perjuicios a la comunidad.

El administrador de una comunidad solicita una subvención de obras fuera de plazo y la paga de su bolsillo

Una comunidad de propietarios aprobó en Junta arreglar la fachada, solicitar la licencia de obras al Ayuntamiento y una subvención pública. Pero el administrador de fincas contratado por la comunidad no lo hizo en el momento oportuno y se pasó el plazo para pedir la subvención. Por esta razón los vecinos presentaron una demanda contra él, y la Audiencia de Madrid, en sentencia de 26 de febrero de 2007, le condenó a pagar a la comunidad 12.000 euros, un importe similar a la subvención que hubieran recibido de haber sido solicitada. El administrador alegó que sólo se encargaba del cobro de recibos y de llevar a cabo labores administrativas y contables. Sin embargo, la Audiencia demostró que no era así porque el contenido del Libro de Actas revelaba la existencia de un contrato por el que cobraba una mensualidad por la realización de todas las funciones propias de un Administrador de Fincas.

Una comunidad de propietarios contrató un administrador de fincas por dos años. Prescindió de sus servicios de manera anticipada, sin alegar incumplimiento de las prestaciones pactadas. El administrador, por esta falta de justificación, reclamó en juicio sus honorarios hasta el fin del periodo pactado.

En el contrato había una cláusula para caso de rescisión: la comunidad debería abonar al administrador los honorarios que le correspondieran por el periodo que restara de aquel ejercicio económico. A no ser que la rescisión del contrato se debiera a justa causa, por incumplimiento de sus funciones por parte del administrador, por voluntad del mismo o por acuerdo mutuo entre las partes.

La comunidad se opuso al pago, por considerar que la cláusula era abusiva. Ganó el pleito y la demanda del administrador fue desestimada.

La Audiencia Provincial de Asturias, en sentencia de 11 de diciembre de 2009, señaló que la cláusula contemplaba que el administrador tenía derecho a los honorarios por el periodo que restase hasta transcurrir aquel ejercicio económico, sin reconocer en cambio derecho alguno a la comunidad de propietarios para el caso en que la desvinculación procediera de la voluntad del profesional. Se quebraba de este modo el requisito de la reciprocidad en los derechos y obligaciones de las partes en el contrato. Esta ausencia de simetría permitió a la audiencia calificar la cláusula como abusiva y nula.

No obstante, no se declaró que el administrador quedara sin derecho a indemnización. Ni que la conducta de la comunidad de propietarios no fuera merecedora de sanción civil. Al anular la cláusula, se excluyó la automaticidad en la indemnización, pero se dejó abierta la posibilidad de que el administrador reclamara por los daños y perjuicios sufridos.

Tema 1. Trucos para ahorrar en la comunidad de vecinos

Reducir calefacción, aminorar gastos en el servicio de limpieza o la implicación de los vecinos en algunas tareas son estrategias para que el recibo no se dispare. Los consumidores tienden a aplicar modelos de ahorro de forma individual (facturas, hogar...), pero también pueden hacerlo de manera colectiva. Una de las más factibles es a través de su comunidad de vecinos, donde se pueden ahorrar unos cuantos euros todos los meses, ya sea al reducir gastos o al eliminar los servicios menos necesarios. Aunque las comunidades de propietarios requieren de una labor mínima de mantenimiento, si se aplican una serie de sencillos consejos, como los que señalan en este artículo, se pueden disminuir los gastos.

Ahorrar en la comunidad

Para lograr ahorrar en una comunidad de vecinos, hay que racionalizar gastos. Si se consigue eliminar o reducir los más innecesarios, el resultado final será que los propietarios tendrán que pagar menos dinero todos los meses por el mantenimiento del inmueble. Se pueden reducir las horas de encendido de la calefacción central, aminorar costes en el servicio de limpieza... y también es posible una mayor implicación de los propios vecinos en estas tareas. Estas estrategias podrían servir para que el goteo de números no se disparase en exceso en cada recibo, sobre todo en los edificios con pocos habitantes, donde muy pocos deben afrontar todos los gastos.

10 estrategias para ahorrar en el inmueble

La crisis, a pesar de los manidos "brotes verdes", no perdona. Y en numerosas comunidades de vecinos se debe utilizar la tijera para eliminar gastos. El abanico de opciones es muy amplio, aunque depende de las características del edificio y del número de vecinos que compongan la comunidad. Sin embargo, a partir de unas premisas básicas la contención de gastos, se puede llegar a buen término:

1. Durante los meses de invierno puede reducirse el gasto en calefacción central, ya sea manteniendo menos temperatura todo el día o apagándola en ciertos tramos horarios.

2. Se pueden eliminar los seguros que, una vez revisados y analizados, tengan poca o nula utilidad para el edificio o para los intereses de los propietarios.

3. Es posible espaciar los días de limpieza del edificio (pueden ser un día a la semana en lugar de varios, por ejemplo), aun a costa de que sean los propios vecinos los que se encarguen de conservar limpias sus dependencias más próximas (vestíbulos, escaleras...).

4. Si la comunidad tiene un crédito, es aconsejable amortizarlo lo antes posible con el fin de que los intereses que genere no se lleven parte de los esfuerzos económicos de cada propietario.

5. Hay que tratar de disuadir el impago de las cuotas comunitarias de los vecinos morosos. De lo contrario, el resto de propietarios debe hacer un mayor aporte para afrontar el presupuesto de la comunidad.

6. Acudir a subvenciones y ayudas oficiales para sufragar algunas reformas y obras en el inmueble (calderas, ascensor, etc.), y así abaratar su coste.

7. La recogida de la basura podría espaciarse durante la semana, y no hacerla todos los días. A cambio, tendría que contarse con la ayuda de los vecinos para mantener limpio el edificio.

8. No realizar obras o reformas innecesarias en algunas de las dependencias del inmueble.

9. Revisar y mantener los principales servicios y componentes del edificio (calderas, ascensor, cuadro eléctrico, etc.) para evitar su deterioro. Si no, el arreglo por su deficiente funcionamiento puede salir muy caro.

10. Ajustar el presupuesto a las mejores ofertas para disponer de un administrador que gestione la comunidad de vecinos. Es deseable buscar varias propuestas y

decantarse por la que mejores garantías ofrezca y cuya tarifa sea la más competitiva.

Necesidad de protección jurídica

Con frecuencia se habla de la necesidad de incorporar un seguro de protección jurídica que cubra muchas de las eventualidades que pueden ocurrir a los propietarios del inmueble. Es cierto que es importante, en especial por las siguientes cinco razones, que evitarán mayores gastos para todos los vecinos:

Sirve como instrumento para defender las necesidades, derechos e intereses de todos los propietarios.

Ayuda a reclamar el impago de gastos, cuotas y derramas por obras, entre otras contingencias.

Se configura como una herramienta de gran utilidad cuando algún vecino incumpla las normas de convivencia o cometa infracciones normativas sobre los elementos comunes del edificio.

Permite adelantar los gastos para mantener los servicios del inmueble, y también la reclamación a empresas por obras o reformas mal ejecutadas.

Posibilita una mejora en los canales de reclamación en los contratos con las empresas suministradoras de servicios (gas, telefonía, jardinería, piscinas, seguridad, limpieza, etc.).

Con la aprobación del Real Decreto de medidas urgentes para la transición energética y la protección de los consumidores, ya no hay excusas para no disponer de tu propia instalación solar fotovoltaica en casa. Tampoco hay trabas, pues los trámites se simplifican mucho con la nueva normativa. Y, además, si te decides por el autoconsumo eléctrico, este cambio beneficiará a tu bolsillo y al medio ambiente. Por si aún tienes dudas, con esta pequeña guía podrás despejarlas.

El real decreto aprobado el 5 de abril trae novedades de calado que, al fin, harán que puedas tener tu propia instalación fotovoltaica aunque habites en un piso y no en una vivienda unifamiliar. Las cuatro más interesantes, las siguientes:

Se reconoce el autoconsumo colectivo en bloques de pisos. Ya no será necesario tener una vivienda unifamiliar en propiedad para generar energía solar y disfrutarla. Queda abierta la posibilidad de que los tejados de las ciudades comiencen a llenarse de paneles solares, reduciendo tanto la contaminación como la factura de la luz.

Se determina cómo se realiza la remuneración de los excedentes vertidos a la red. Esto supone "un antes y un después en el fomento del autoconsumo en nuestro país". ¿Por qué? Facilita la amortización de la instalación y "ofrece una relación con el 'prosumidor' (la persona que es a la vez productora y consumidora de energía) más justa que la que hasta ahora existía".

Se simplifican los trámites administrativos para instalaciones menores de 15 kW, que eran innecesarios y encarecían la colocación. Se eliminan también las gestiones burocráticas que ralentizaban y dificultaban el proceso de dar de alta una instalación solar.

Termina con el mal llamado "impuesto al sol". En realidad, "nunca existió este peaje para instalaciones menores de 10 kW de potencia", apunta la experta. Pero eliminarlo sirve "para perder los miedos y reticencias que existían entre la población y para que las organizaciones se lancen a llenar sus cubiertas de paneles solares".

Empezar a producir energía limpia desde tu propio tejado es muy sencillo. Solo hay que contactar con una de las empresas dedicadas a estas instalaciones, que se trasladarán tu domicilio. Tras una visita técnica y el estudio personalizado del hogar, se colocan los paneles en el tejado y, desde ese momento, ya empezarás a disfrutar de tu propia energía limpia "sin tener que hacer ningún tipo de obra en la vivienda", asegura Laura Ramos.

No obstante, antes es necesario contar con la autorización de la comunidad de propietarios. ¿Por qué? El espacio donde se instalarían los paneles, la azotea, es propiedad de todos los vecinos.

Con la nueva norma, se consagra la figura del autoconsumo colectivo, de tal manera que varios consumidores pueden asociarse a una misma planta de generación. Este hecho impulsará el autoconsumo en comunidades de propietarios y es una novedad muy importante, "pues acercará la energía limpia, distribuida y descentralizada a las ciudades".

¿Hay que hacer mucho papeleo? No, la burocracia se ha reducido al mínimo. La nueva norma ha simplificado al máximo tanto los trámites administrativos como los requisitos para instalar paneles solares en la vivienda (antes, por ejemplo, era obligado tener, para instalaciones menores de 15 kW, un segundo contador o ubicarlo en el exterior de la finca).

Además, lo habitual es que la empresa que realiza la instalación se encargue de solucionar todas las gestiones burocráticas.

Los expertos aseguran que colocar paneles solares es una inversión muy rentable. La inversión inicial que hay que llevar a cabo para la instalación de autoconsumo fotovoltaico en viviendas unifamiliares se recupera en ocho años. "Como la vida útil de estas instalaciones es de 30 años, significa ahorrar los 22 años restantes", aclara Ramos. En el caso de autoconsumos colectivos, la inversión se recupera en siete años, lo que supone 23 años de ahorro.

La inversión inicial oscila entre 600 y 800 euros por metro cuadrado (el importe se reduce proporcionalmente cuanto mayor sea el tamaño de la instalación), pero se amortiza desde el momento de su colocación, con un elevado ahorro en electricidad y gas natural. Según las estimaciones de expertos como los consultados, el ahorro anual en la factura de la luz se cifra en torno al 25 %.

Según el Gobierno, la posibilidad de ahorro va más allá. ¡Puedes ahorrar hasta un 40 % en el recibo de la luz! ¿Cómo? Por la remuneración de los excedentes vertidos a la red, pues es posible descontar toda la energía que produce tu instalación y no has consumido.

No solo en Andalucía pueden instalarse paneles solares y que sea rentable. Respecto a este tema, hay gran confusión, como reconocen los especialistas. No es necesario vivir en zonas muy soleadas para lograr un ahorro significativo tras pasarse a la energía solar. En algunos países europeos, "como Alemania, tienen más instalaciones fotovoltaicas que en España, y el ahorro conseguido es considerable".

Tema 2. Problemas que tienen las comunidades de vecinos y su solución

Ser amable, flexible y respetuoso y tratar de dialogar y negociar con las personas más conflictivas son actitudes que permiten evitar numerosos problemas vecinales. Gritos, ruidos a deshoras, pasillos y ascensores sucios, impagos de la cuota de la comunidad de propietarios... En un vecindario hay cientos de molestias que, de no evitarse o solucionar a tiempo, se convierten en un problema enquistado y de muy difícil remedio. Para evitar conflictos, lo mejor es prevenirlos y ser respetuoso, sin olvidarse de conocer los derechos y las obligaciones. Vecinos morosos, actividades molestas e instalación de nuevas infraestructuras en los edificios son las principales dificultades de las comunidades de propietarios. La morosidad se reparte entre las entidades financieras, que se han quedado con inmuebles a través de los desahucios, los promotores, los vecinos que, debido a su situación económica, no pueden hacer frente al abono de las cuotas y los propietarios que perdieron su vivienda y han dejado deudas pendientes. Pero, además de la morosidad, hay otros problemas que acucian a las comunidades de vecinos y que se detallan a continuación, así como sus soluciones.

Las relaciones entre los vecinos en una comunidad de propietarios, a menudo, plantean choques de convivencia originados por la falta de entendimiento o por el desconocimiento de la legislación vigente. Estas desavenencias pueden derivar en graves enfrentamientos o conflictos si no se les da una solución adecuada.

La convivencia con los vecinos es un foco de problemas que no siempre se pueden esquivar, aunque conviene intentarlo o, al menos, procurar retrasarlos lo más posible y encontrar posibles soluciones ante, por ejemplo, ruidos o impagos. Estas son precisamente las situaciones que más molestan de los vecinos, sobre todo a las mujeres (en especial a las que tienen entre 56 y 65 años), según un estudio sobre causas y consecuencias de conflictos vecinales en España hecho por CPP Protección Legal, una empresa de asesoramiento.

Las seis estrategias que se proponen a continuación pretenden ayudar a evitar o minimizar este tipo de conflictos con los vecinos.

1. Prevenir los conflictos

Los problemas entre vecinos no siempre se pueden prevenir, pero hay que intentarlo y tener una actitud respetuosa. Prevenir un conflicto siempre será mejor que tener que gastar tiempo, fuerzas y dinero en solucionarlo. Cada vecino debe poner algo de su parte y es responsabilidad de cada uno pensar en el bien común y no alterar el orden establecido en la comunidad.

2. Ser amables, pero sabiendo mantener las distancias

Hay que ser educados y amables con los vecinos siempre que surja la ocasión (saludar al cruzarse con ellos, abrirles la puerta o ayudarles si van muy cargados, etc.) y estar dispuestos a echarles una mano en caso de que tengan un problema. Pero no conviene ser obsequioso ni confundir vecindad con amistad, ya que se pueden crear malentendidos. Lo más oportuno es, siempre, ser amigables pero marcando cierta distancia.

3. Ante los morosos, flexibilidad pero con la ley en la mano

Un problema recurrente (más durante estos años de crisis) es el impago de las cuotas de la comunidad por parte de algún propietario. Conviene dialogar para intentar solucionar el problema con el vecino moroso y negociar una manera de pago alternativa durante el tiempo que necesite.

Se calcula que el 20% de los vecinos, de los doce millones de comunidades de propietarios que existen en España, tiene deudas con su finca. A la morosidad de los particulares se suma ahora la de los bancos y las promotoras.

Como consecuencia de la crisis financiera y del sector inmobiliario, gran número de constructoras y familias no han podido hacer frente al pago de su deuda hipotecaria y las entidades financieras, tras los desahucios ejecutados, han pasado a ser propietarias de los inmuebles. Por ello, el Consejo

General de Colegios de Administradores de Fincas alerta de la creciente morosidad que los bancos españoles están adquiriendo con las comunidades de propietarios, lo que está provocando incumplimientos en sus obligaciones económicas.

En cualquier caso, las comunidades de vecinos pueden reclamar las cantidades que se les deben, a través de un juicio monitorio, siempre que la deuda pueda ser acreditada con documentos (recibos, facturas, reconocimientos de deuda, etc.). El proceso monitorio, previsto por la Ley de Enjuiciamiento Civil (artículos del 812 al 818), es un procedimiento más rápido que un juicio declarativo y la consecución de cobro es de un 70%. Para recurrir al monitorio (cuya duración es de unos cinco meses), las comunidades no necesitan abogado ni procurador y es el deudor quien debe hacer frente a las costas y no la comunidad.

4. ¡Obras! Solicitar permiso para hacerlas e informar a los vecinos

Las obras son, casi de manera inevitable, una fuente de conflictos en un vecindario. Quienes las hagan deben informar al presidente y a los vecinos que se verán más afectados por ella, además de no olvidarse de colocar una fotocopia del permiso en la puerta de casa. Se debe indicar, también, el horario en el que trabajan los operarios y la fecha de término de la obra. Es el mejor modo de hacer las cosas bien y de mostrar respeto por los vecinos.

A menudo, las comunidades de propietarios tienen que soportar el ruido de vecinos que organizan fiestas de madrugada, ponen la música muy alta o utilizan un taladro en su casa por la noche. Cuando en una vivienda se desarrollan actividades molestas, peligrosas, nocivas o insalubres, el presidente de la comunidad debe requerir al vecino para tratar de llegar a un entendimiento con él y que deje de realizarlas.

Si el propietario desoye estas indicaciones, es recomendable poner al corriente del asunto al administrador, además de comunicar a la Policía Municipal la existencia de ruidos, para que efectúe una medición y adopte las medidas oportunas.

En último término, la comunidad de propietarios puede proceder de manera judicial contra el vecino infractor, al emprender una acción de cesación. El juez puede ordenar el cese cautelar o definitivo de la actividad y la indemnización correspondiente por los daños y perjuicios ocasionados. Asimismo, puede privar al vecino del derecho al uso de su vivienda o local por un tiempo que podría llegar hasta los tres años. Si el infractor es inquilino del inmueble, el juez puede obligar su desalojo.

5. ¿Ruidos? Ante todo, mucha calma... y diálogo

Si la fiesta de un vecino no deja dormir y ha pasado una hora prudencial, será el momento de acercarse a su casa para hablar con él; pero siempre, con una sonrisa y midiendo muy bien las palabras. Un tono agresivo puede ser el detonante de una discusión, mientras que si se da a entender al vecino que su ruido está molestando a toda la comunidad, es probable que atienda a razones y deje de armar jaleo.

Si es al contrario, y la fiesta la damos nosotros (o se hará una actividad más ruidosa de lo normal), se debe avisar en persona a cada uno de los vecinos a los que pueda molestar y darles una hora aproximada del término de la reunión. De este modo, verán que la intención es molestar lo menos posible.

6. Tener normas de uso claras de las zonas comunes y respetarlas

Garaje, ascensor, local social, piscina... Cada uno de estos espacios comunes pueden ser utilizados por todos los vecinos, por lo que muchas veces son una gran fuente de problemas. Para que la convivencia sea armoniosa, deben estar meridianamente claras las normas de uso de zonas comunes como la piscina (invitar o no amigos de fuera de la comunidad, etc.), el cuidado del jardín (si se permite usar pelotas o bicicletas a los niños), etc.

Tener previstas de antemano las situaciones y unas respuestas concretas hará más difícil que surjan problemas de envergadura.

Actuar de manera conjunta con el resto de vecinos

Si un vecino molesta y, a pesar de haber tratado el problema con él de buenas maneras, no cambia de actitud, nunca hay que tomar decisiones ni actuar sin conocimiento de toda la comunidad. En ese caso, hay que convocar una reunión de la comunidad, haciéndoles saber a los vecinos nuestras quejas y dejar todo reflejado en el libro de actas. Si el vecino no acude a la reunión, o no varía su actitud, se debe celebrar otra reunión recogiendo de nuevo en el libro de actas todos los problemas y detalles. Este escrito lo deberían firmar todos los asistentes. Con el libro de actas, el presidente de la comunidad deberá formular una denuncia en el juzgado.

Uno de los conflictos más frecuentes en las comunidades de propietarios es el de la instalación de un ascensor. Mientras que los vecinos más mayores y los que viven en pisos altos quieren colocarlo, otros no lo consideran necesario, puesto que es una obra con un coste elevado que, en algunos casos, puede superar los 100.000 euros.

Por norma general, la colocación de un ascensor requiere la aprobación de tres quintas partes del total de propietarios que, a su vez, representen las tres quintas partes de las cuotas de participación.

Sin embargo, si la finalidad del ascensor es la supresión de barreras arquitectónicas que dificultan el acceso o la movilidad de personas con discapacidad o mayores de 70 años, es suficiente con el voto favorable de la mayoría de los propietarios que, a su vez, representen la mayoría de las cuotas de participación.

El coste del ascensor lo tienen que afrontar todos los vecinos (incluidos los pisos o locales bajos), independientemente del uso que se hará de él.

Son numerosas las comunidades que deciden la instalación de nuevos suministros energéticos colectivos (gas natural, caldera, etc.) o la colocación de una antena parabólica en la comunidad. Para este tipo de acuerdos basta con el voto favorable de un tercio de los propietarios que, a su vez, representen un tercio de las cuotas de participación.

La comunidad no podrá repercutir el coste de dichas instalaciones, ni el mantenimiento, ni su conservación, a los propietarios que no hayan votado de modo expreso en la junta a favor de dicho acuerdo. Aun así, si los que votaron en contra solicitan tener acceso a los servicios, tienen que pagar la parte de gasto que les hubiera correspondido actualizada con el interés legal.

Si un vecino discapacitado o mayor de setenta años solicita unas obras de accesibilidad del portal, la comunidad tiene que sufragarlas, siempre que los trabajos no supongan para cada propietario un gasto que supere lo que correspondería a doce meses de gastos comunes. Sin embargo, se exime de la obligación de pagar estas obras a las familias que tienen ingresos anuales inferiores a 2,5 veces el IPREM (Indicador Público de Renta de Efectos Múltiples, que para 2013 es de 6.390,13 euros), excepto cuando estos vecinos reciban ayudas públicas que impidan que el coste anual de las tareas repercutidas supere el 33% de sus ingresos anuales.

Por el contrario, cuando es la comunidad de propietarios la que adopta el acuerdo de realizar obras de accesibilidad, toda la comunidad queda obligada al pago de los gastos, aun cuando su importe exceda de doce mensualidades.

El artículo 17.1 de la Ley de Propiedad Horizontal establece que el arrendamiento de elementos comunes que no tengan asignado un uso específico en el inmueble y sin que suponga una alteración de los mismos requiere el voto favorable de las tres quintas partes del total de los propietarios que, a su vez, representen las tres quintas partes de las cuotas de participación, así como el consentimiento del vecino afectado, si lo hubiera.

Cuando los elementos comunes tienen asignada una utilización específica o el alquiler conlleva una modificación de elementos comunes, se requiere el acuerdo unánime de la comunidad de propietarios. Así, el arrendamiento de la azotea de la comunidad para instalar un anuncio publicitario o una antena de telefonía, que modifica la estructura, requiere la unanimidad de los vecinos.

Cada vez son más las comunidades que deciden prescindir del servicio de portería, debido a sus elevados costes. De hecho, la Ley permite suprimirlo con el voto favorable de las tres quintas partes del total de los propietarios que, a su vez, representen las tres quintas partes de las cuotas de participación.

Videoporteros y empresas de limpieza sustituyen al conserje tradicional en las dos tareas más valoradas: el aseo del inmueble y la seguridad. La figura del portero ha ocupado, durante años, un papel cotidiano y visible en las comunidades de vecinos; tan útil que, en muchos casos, resultaba casi impensable prescindir de sus servicios. Más allá de custodiar el portal, dar los buenos días, recibir la correspondencia o mantener a punto el inmueble, sus tareas, en ocasiones, excedían lo estrictamente laboral y daban paso a una relación personalizada, con un toque de familiaridad. No era un copropietario más, pero residía en el edificio, conocía a todos por su nombre y eso permitía que los vínculos fueran más estrechos que en otro tipo de trabajos.

El oficio todavía existe, aunque en proporciones cada vez menores. En la actualidad, son pocos los porteros que se ajustan al esquema clásico. Por lo general, trabajan en comunidades con un poder adquisitivo alto o medio alto, están en edad de jubilarse y, cuando lo hacen, el puesto no se renueva. Al menos, no con las características de antaño. Los que son contratados hoy en día ya no viven en el edificio donde trabajan, se limitan a unas tareas concretas y cumplen un horario estricto, respondiendo más al perfil de un conserje. Pero tampoco ellos son ya lo habitual en los inmuebles. El avance de las nuevas tecnologías, el ahorro y el propio ritmo de la vida actual inciden de manera directa en que las comunidades de vecinos prefieran un buen sistema electrónico y la contratación de empresas de servicios -como el de limpieza o mantenimiento- a asumir los costes mensuales que supone un portero tradicional. Si el debate se reduce a números, casi no hay discusión posible: es más barato y más simple instalar un videoportero.

Desde el punto de vista material, el modelo anterior no compensa. Al menos, así lo asegura Juan Antonio Díez, administrador de fincas, quien afirma que es más rentable contratar a una empresa de limpieza o a alguien que acuda a cambiar las lamparillas, que afrontar un sueldo con sus pagas extra, las vacaciones, las bajas, y la vivienda. Porque, además de proporcionar una residencia al portero, muchas veces sus gastos básicos corren por cuenta de la comunidad, antes se llegaba a acuerdos, dependiendo de cada edificio. Algunas veces, los propietarios pagaban un porcentaje de las facturas de luz, agua y teléfono. Otras, lo pagaban todo. De ahí que la tendencia sea la eliminación del personal, que los vecinos ya no soliciten este tipo de servicio, y que prefieran alquilar o vender el inmueble que antes ocupaba el empleado, sueldo de un portero ronda los 800 euros mensuales, de los que se descuenta la seguridad social, pero algunas veces llega a más, sin contar las propinas, que también suman. "Tener uno en el edificio es un lujo que, actualmente, no muchos pueden permitirse".

El hecho es que, de un tiempo a esta parte, los porteros tradicionales trabajan en edificios cuyos propietarios gozan de cierto poder adquisitivo. Para establecer una simple relación basta decir que cuanto mayor es el nivel socioeconómico de una comunidad, mayor es también la probabilidad de que contrate los servicios de este profesional. Tanto es así que esta ecuación se nota en el mercado y, aunque resulte sorprendente, la existencia o no de un portero físico puede condicionar la compra de un inmueble, hay dos vertientes muy claras. Por un lado, en los pisos que rondan los 265.000 euros, no tener portero favorece la venta, puesto que evita una serie de gastos mensuales. Por otro, en pisos de precio más elevado, se valora positivamente la presencia de un portero y el servicio que presta, porque soluciona problemas y a los propietarios les gusta tener a una persona que se ocupe de ellos. Algo similar ocurre con los alquileres, donde el hecho de contar con un portero físico se convierte, incluso, en un reclamo; un valor añadido, como el ascensor o la calefacción, que cotiza mejor el inmueble a la hora de arrendarlo, la figura del portero está en franca extinción, y asegura que quedan en pocos sitios. Antes los había en viviendas de tipo medio, pero eso ha desaparecido, además de que ya no se solicita este servicio, quienes lo buscan tampoco lo encuentran.

La apuesta por las innovaciones costosas de incipiente implantación en el mercado, o por los esquemas clásicos tradicionales encierra un debate más simple: ¿qué es preferible, contratar a una persona, o instalar una máquina? Hay quienes se muestran partidarios de la primera opción, aunque resulte más cara, porque sostienen que ningún aparato aporta la dosis de humanidad de un portero: No da los buenos días, no carga las bolsas, ni atiende los recados cuando el vecino está fuera de casa.

Pero también hay numerosos defensores de la instalación de un portero automático porque es más barato y más práctico, y porque preserva mejor la intimidad. Nadie como un portero posee tanta información sobre los vecinos de un edificio, y nada mejor que un dispositivo electrónico para erradicar esta cuestión. En cualquier caso, la elección de uno u otro depende de los propios vecinos, de cuáles sean sus necesidades y de que logren llegar a un consenso. Porque, "la eliminación de un portero físico requiere que 3/5 partes de la junta de vecinos esté de acuerdo, y eso no siempre es fácil".

No cabe duda de que los porteros de antaño y los conserjes actuales cumplen teóricamente las mismas funciones, pero tampoco escapa a nadie que la relación laboral es completamente distinta. En la actualidad, se contrata a una persona que cumple un horario y luego se va a su casa. Ya no está disponible las veinticuatro horas del día, como antes, que incluso se encargaba de tareas mucho más personales. Eso supone un cambio radical. Pero la disponibilidad permanente no es lo único que se ha perdido. Existe otro cambio notable: el portero de hoy está solo.

Ocuparse de la portería es casi siempre un trabajo netamente masculino. No obstante, cuando se contrataba a un conserje tradicional, gran parte de las veces el hombre se trasladaba al edificio acompañado por su familia. Y el resultado casi siempre era el mismo: todo el núcleo familiar se encontraba al servicio de la comunidad. "El portero se ocupaba de sus tareas y ganaba dinero extra arreglando pequeños desperfectos en las viviendas, o limpiando plazas de garaje. Al mismo tiempo, su mujer cogía dos o tres pisos para limpiar. Si tenían hijos, éstos hacían recados en los comercios cercanos. Al final, trabajaban todos". De ahí que las comunidades echen de menos lo que tenían antes; algo que "ya no existe".

Lo que sí hay, y se utiliza con frecuencia en edificios de lujo, son empresas que ofrecen servicios de mantenimiento y conserjería. Pero, incluso en estos casos, el sistema es distinto. Por empezar, el portero ya no es empleado de la comunidad, sino de la empresa, con la que se acuerda un régimen horario total o parcial. Al mismo tiempo, la firma cubre otro tipo de tareas, como la limpieza, las desinfecciones o la jardinería. De hecho, algunas de estas empresas nacieron como consorcios de limpieza y, con el tiempo, fueron ampliando el abanico de ofertas, oficios y clientes, ya que también atienden las necesidades de los edificios públicos, oficinas y clínicas.

Si la familiaridad -ventaja para unos y motivo de recelo para otros- no encaja en esa dinámica, la incorporación de porteros ni siquiera es un tema de debate para los propietarios de un edificio. Lo cierto es que "hoy por hoy, el tema no figura en ninguna orden de junta". En contrapartida, lo que gana terreno es la instalación de porteros electrónicos con cámara. El sistema es más efectivo y da más seguridad".

Eso parece ser lo más importante a la hora de hacer una elección, porque de todas las tareas que podía desempeñar un conserje tradicional, la más valorada es la seguridad, seguida de la limpieza. Eso explica que, actualmente, se extienda el uso de videoporteros, se instalen dobles puertas cuando las características del edificio lo permiten y se contrate a alguien que limpie las zonas comunes del inmueble. En este último caso, algunas veces los copropietarios se encargan de la gestión por sí mismos y otras, se decantan por una firma especializada. La oferta abunda en el mercado y no es novedad que las empresas de limpieza suponen una solución para gran parte de las comunidades.

En cuanto a la seguridad, el ahorro que supone un dispositivo electrónico es una razón de peso para decidirse por esta opción. Cuando se instala un portero electrónico, se hace un único desembolso. Luego existe un servicio de mantenimiento, como con el ascensor, que cada cierto tiempo revisa que todo esté bien. En cualquier caso, "el coste es mucho menor", que si se cambia, se hace hacia lo moderno. Esto significa que, en las reuniones vecinales actuales, la disyuntiva no pasa por contratar a un portero físico o instalar un portero electrónico, sino en qué tipo de portero electrónico será más útil a la comunidad.

Cualquier edificio de varios pisos, ya sea antiguo o de nueva construcción, posee un portero electrónico. Aún más, cada vez con mayor frecuencia, las viviendas urbanas cuentan con videoporteros. Su precio en el mercado varía mucho, desde los 400 euros hasta lo que la imaginación permita, y está sujeto a diversos factores, como la marca, el instalador, los materiales de fabricación, las prestaciones del equipo o la cantidad de viviendas que tenga el portal.

No es lo mismo un videoportero de plástico que uno de aluminio, ni es igual uno que ofrezca imagen en blanco y negro a otro que tenga pantalla a color. El precio de base de un dispositivo sencillo -que ronda los 400 euros- consiste en un kit pensado para viviendas unifamiliares, con una pieza exterior (donde se encuentra el pulsador del timbre y la cámara), una pieza interior (donde está el teléfono y la pantalla), y un manual con instrucciones claras para que la instalación no suponga un problema. Efectivamente, parte del ahorro estriba en que el cliente aporte la mano de obra. Esto no ocurre, sin embargo, en los aparatos diseñados para edificios con muchas viviendas, pues la complejidad de la instalación requiere de un especialista, normalmente, un empleado de la empresa que vende el producto.

Según una empresa del ramo, el precio en su catálogo de un videoportero digital para tres viviendas oscila entre los 900 y los 2.000 euros. Aunque la marca y el vendedor es el mismo en todos los casos, los modelos tienen prestaciones distintas que inciden directamente en el coste. Entre ellas, el tipo de tecnología, la resolución de la pantalla, el contar con elementos inalámbricos, la posibilidad de grabar imágenes para saber quién ha venido a casa o el diseño de los componentes. Estos detalles también influyen en el valor de los videoporteros para cuatro viviendas o más, cuyo precio se va incrementando según aumenta la cantidad de pisos.

La tecnología se ha impuesto y casi todos los inmuebles cuentan con porteros, o videoporteros, electrónicos. Pero hay empresas que van "un paso más allá". Suelen trabajar con edificios modernos, diseñados para el lujo, y su cometido es integrar diferentes tecnologías, centralizar el control de las mismas e incrementar su potencial. Así lo sintetiza Tona Torres, representante de una de una importante firma de domótica. Para hacerse una idea de los servicios que ofrece, basta con una frase de arranque: "No entendemos las promociones inmobiliarias que no incluyan videoporteros". A partir de aquí, comienza su trabajo.

Integran ese dispositivo en el televisor, por ejemplo, para que el cliente pueda ver en la pantalla quién le llama y abrirle la puerta con el mando a distancia sin tener que levantarse del sofá. También se ofrece la posibilidad de memorizar las imágenes de las personas que acudieron a la casa en el último mes, para tener un registro de visitas, o se puede conectar el timbre al móvil, para que el dueño de casa reciba un sms cuando alguien toca timbre y él no está, según enumera Torres. El perfil de sus clientes, por tanto, es el de alguien con un nivel económico alto, exigente y que está familiarizado con la tecnología. Cuando un promotor quiere ofrecer un valor añadido al inmueble, instala de serie un sistema domótico, una prolongación del simple videoportero. Los beneficios están a la vista: incrementa el confort y la seguridad. También el coste, pues se trata de un artículo de lujo. De momento, porque la tecnología se populariza a ritmo de vértigo y, como matiza Torres, "lo que en principio es para unos pocos, acaba generalizándose, igual que ocurrió con los móviles".

Se dedican durante años a la limpieza, conservación y vigilancia de las zonas comunes y, al vivir en el inmueble, conocen mejor que nadie la escalera y a sus habitantes. Pero el de portero es un oficio que se ha ido extinguiendo y progresivamente está siendo sustituido por el portero automático, el conserje o las contratas de limpieza y mantenimiento. ¿Qué hacer en estos casos con la vivienda en la que residía el portero, o cuando le llega el momento de la jubilación? Una de las opciones más rentables es vender o alquilar la portería, una manera de obtener el dinero necesario para hacer frente a reformas, modernizar el inmueble o simplemente proporcionar los servicios que los vecinos requieren cada día: luz, gas, electricidad o limpieza... especialmente, para las comunidades en situación de endeudamiento. En otras ocasiones, sin embargo, la comunidad decide otorgar el usufructo vitalicio de la vivienda al portero aunque éste se haya jubilado.

Antes de tomar la decisión de vender o alquilar el piso, las comunidades de vecinos deben decidirse en una cuestión muy importante: determinar qué hacen con el portero si no se ha jubilado. Para prescindir de sus servicios hace falta estudiar previamente las funciones que realiza, y compararlas con las de otros profesionales y reflexionar si el cambio compensa a la comunidad. Es importante tener en cuenta que el inmueble, ya sea por desacuerdo de los vecinos, desidia o desconocimiento, puede permanecer sin inquilino durante años, con el deterioro que esto conlleva. Sin embargo, la venta o el alquiler de la portería se puede traducir para los vecinos en un respiro económico a los propietarios, pero antes es necesario que la junta de propietarios plantee si desea venderla o arrendarla, ya que los procedimientos son distintos a la hora de tomar una u otra decisión.

A cada vecino le corresponde, además de la propiedad de su piso o local, la copropiedad, junto al resto de los residentes, de los elementos comunes del edificio como son portales, patios, ascensores, fachadas, escaleras o la propia portería. Estos elementos están supeditados a un uso común -el portero da servicio al conjunto del inmueble y reside en una casa propiedad de todos- y están indisolublemente unidos a la finca, por lo que no pueden ser objeto de transmisión de forma independiente. Así, los propietarios tienen una cuota de participación sobre estos elementos, según la cual contribuyen al sostenimiento y a los beneficios.

Puesto que la portería un elemento común, cada vivienda representa una cuota de participación que se estableció, en su momento, en el título constitutivo de la propiedad. Es éste un documento en el que se fijan una serie de cuestiones fundamentales como son los estatutos básicos, las normas que han de respetar los vecinos o el porcentaje de participación de cada vivienda dentro del conjunto. Así es que vender la casa del portero supondría, en primer lugar, modificar este título constitutivo, puesto que habría que incorporarla a la propiedad horizontal y pasaría de ser un elemento común a ser una vivienda privada. Para vender la portería también sería necesario cambiar previamente la naturaleza de este bien y convertirlo en una vivienda individualizada con el fin de que pueda ser enajenada. Con la venta, el porcentaje de participación de cada vivienda en los elementos comunes cambiaría porque contarían con un elemento menos -la portería- y el nuevo propietario pasaría a tener una cuota de participación sobre las zonas comunitarias. Supondría, por tanto, cambiar el título constitutivo.

Según establece el artículo 17 de la Ley de Propiedad Horizontal, "la unanimidad sólo será exigible para la validez de los acuerdos que impliquen la aprobación o modificación de las reglas contenidas en el título constitutivo de la propiedad horizontal o en los estatutos de la comunidad".

Así es que para vender la portería es necesario que todos los vecinos estén de acuerdo y voten a favor en la junta de propietarios, pues requiere cambiar la consideración de elemento común de la finca a elemento privativo del inmueble. El problema surge cuando uno de los propietarios no desea vender, bien porque no lo considera necesario y prefiere seguir disfrutando de este elemento común, o simplemente por antiguas rencillas que muchas veces se producen entre los vecinos -por peticiones personales denegadas anteriormente, enemistad...-. Y si uno de los propietarios no quiere vender, no se puede vender. Queda entonces la opción de alquilar, que requiere de unos acuerdos menos rígidos que no permiten a un solo vecino bloquear las decisiones comunitarias.

SUPRIMIR EL PORTERO

Según el Convenio Colectivo de Empleados de Fincas Urbanas de Madrid, los porteros -que viven en el mismo inmueble que el resto de los vecinos, para los que trabajan- se encargan de la limpieza, el cuidado y conservación de las dependencias que tengan acceso por un elemento común del inmueble, así como de todos los aparatos eléctricos que haya en esas dependencias;

vigilan las zonas comunes y a las personas que entran y salen del inmueble, cuidan las fincas vacías y atienden, con discreción, a las personas que soliciten información sobre sus ocupantes; abren y cierran el portal, encienden y apagan las luces y la calefacción; se hacen cargo de la correspondencia o avisos para los vecinos, trasladan los cubos de basura colectivos y pueden encargarse del cobro de los alquileres si así se lo piden los propietarios. Desde luego, son las personas que mejor conocen la escalera, a los residentes y las actividades que cada uno de ellos realiza. Saben cuáles son las instalaciones de la finca y su funcionamiento y juegan un papel importante en las relaciones sociales y en la convivencia, ya que se relacionan con todos los vecinos y facilitan el conocimiento entre unos y otros.

Sin embargo, durante las últimas décadas se han producido cambios sociales que han hecho que este trabajo no sea tan atractivo ni para el empleado ni para la comunidad. Muchos de los nuevos porteros ya no están dispuestos a vincularse en una relación laboral que implique vivir 24 horas con las personas para las que trabaja. Si, además, se le descuenta del salario un porcentaje destinado a la portería que habita, -se le puede reducir el sueldo un 15%, pues se supone que lo recibe en especie,- el portero no cumple con uno de los objetivos esenciales de muchos trabajadores que es la compra o alquiler, en el futuro, de una vivienda que le permita vivir de manera independiente.

La figura del portero se reduce cada vez más a inmuebles con un nivel económico alto, ya que es un trabajador que da prestigio a la finca, algo que se puede comprobar en los anuncios clasificados de venta o alquiler en los que se destaca su presencia como un elemento muy valorado. Para las comunidades de vecinos de poder adquisitivo medio o bajo contratar un portero a tiempo completo con pagas extraordinarias, seguros sociales y, además, correr con los gastos de la portería: la luz, el gas o el teléfono, es un lujo que no pueden permitirse. Por este motivo muchos inmuebles optan por una solución intermedia: contratar un conserje, que realiza las mismas funciones pero no reside en el edificio, o ceder los servicios de mantenimiento y limpieza a una empresa. Con la renta que reciban de la portería pueden costear una buena parte del sueldo mensual de estos profesionales. También hay comunidades en las que la limpieza de la escalera se hace por turnos entre los vecinos y el portero físico se sustituye por el automático.

Según la Ley de Propiedad Horizontal, "el establecimiento o supresión de los servicios de ascensor, portería, conserjería, vigilancia u otros servicios comunes de interés general, incluso cuando supongan la modificación del título constitutivo o de los estatutos, requerirá el voto favorable de las tres quintas partes del total de los propietarios que, a su vez, representen las tres quintas partes de las cuotas de participación". Una vez aprobada en Junta la supresión o sustitución del servicio de portería, la comunidad pagará la indemnización correspondiente al portero, si se ha producido un despido improcedente, según los años que haya trabajado en el inmueble. El Convenio Colectivo de Empleados de Fincas Urbanas de Madrid establece que el portero debe abandonar la vivienda en el plazo de 60 días naturales, que se cuentan a partir del momento en que se extinga su contrato laboral. Sin embargo, otras comunidades autónomas o localidades entienden que debe dejar la finca el mismo día en que finalice su empleo, salvo que exista un pacto con la comunidad.

La opción del alquilar supone conservar la casa del portero como elemento común de la finca, para lo cual no es necesario cambiar el título constitutivo del edificio y, por tanto, la aprobación de este acuerdo está sujeto a otros porcentajes. En concreto, han de votar a favor tres quintas partes del total de los propietarios que, a su vez, representen las tres quintas partes de las cuotas de participación.

En este sentido, la ley establece que cada propietario tendrá un voto. Si una persona es dueña de cuatro viviendas en la misma comunidad de vecinos sólo podrá votar una vez y no cuatro. Con esto se intenta evitar abusos por parte de los propietarios que podrían llegar a controlar la comunidad en solitario. Es el caso de un promotor que haya vendido tres viviendas y siete sigan siendo de su propiedad. Si tuviera siete votos siempre se haría lo que él quisiera, y la figura de la Junta de Propietarios carecería de sentido y perjudicaría, sobre todo, en la conformación del título constitutivo pues, una vez creado, es muy difícil de modificar ya que se necesita unanimidad. Pero este vecino sí se vería amparado por la normativa que, junto al sistema de votos, crea las cuotas de participación.

Todos los propietarios tienen un voto y, además, una cuota de participación. La Ley de Propiedad Horizontal, en el artículo 5, establece que esta cuota se determina "de acuerdo a la superficie útil de cada piso o local en relación con el total del inmueble, su emplazamiento interior o exterior, su situación y el uso que se presuma racionalmente que va a efectuarse de los servicios o elementos comunes". La cuota se fija en el título constitutivo -puede ser diferente en cada edificio- y determina tanto el porcentaje de participación como la cuota mensual que se paga a la comunidad. Si en el inmueble hay, por ejemplo, viviendas de 200 metros y otras de 100, se puede establecer que las primeras tengan una cuota de participación y las más pequeñas, sólo media. Así, a la hora de alquilar la portería no sólo se tienen en cuenta los votos -3/5 de los propietarios- sino que quienes poseen más cuotas también tienen un mayor poder de decisión.

Hay que tener en cuenta que la Ley de Propiedad Horizontal establece que se computarán como votos favorables los de aquellos propietarios ausentes de la Junta que hayan sido debidamente citados y que, informados del acuerdo establecido entre los presentes, no manifiesten su discrepancia en el plazo de 30 días naturales.

Algunas comunidades ceden al portero el usufructo vitalicio de la vivienda por lo que puede residir en ella incluso después de haberse jubilado

El alquiler, por tanto, puede ser una opción muy interesante para la comunidad de vecinos -en cuya cuenta se ingresará la renta mensual que pagará el nuevo inquilino- puesto que puede sanear la economía de la escalera y se lleva a cabo sin tantas trabas como la venta. En otros casos, la vivienda del portero ni se vende ni se alquila, sino que la comunidad de vecinos se la cede al portero en usufructo vitalicio. Es decir, le permite el uso y disfrute del piso mientras viva, o hasta que renuncie al mismo. Según informa este portal de Comunidades de Propietarios, concertar un usufructo vitalicio requiere la aprobación del acuerdo por unanimidad, porque ya no se trata de un mero acto de administración de un bien, sino de un acto de disposición.

En la década de los 60 era imprescindible; hoy, es casi excepcional. El oficio de portero es desplazado por las nuevas tecnologías (cámaras de vigilancia y dispositivos automáticos), las contratas de limpieza y mantenimiento y la aparición de figuras como los conserjes o bedeles. En teoría, brindan una asistencia similar, aunque con matices. La dedicación de los porteros es casi exclusiva, mientras que los servicios actuales se rigen por turnos, en general, más reducidos. Éste es el principal inconveniente y, a su vez, la explicación del declive de esta figura. Buena parte de los vecinos no están dispuestos a afrontar el gasto que conlleva un portero: sueldo, alta en la

Seguridad Social y una vivienda en el bloque. Por ello, con el paso de los años, han tendido a desaparecer de las comunidades pequeñas y medianas, mientras que todavía hoy son un sello de distinción propio de los inmuebles con propietarios de alto poder adquisitivo, además de un valor añadido y un reclamo para vender o alquilar un piso.

El portero vigila la entrada y salida de todas las personas. Realiza el mantenimiento de las zonas comunes de una comunidad, como patios, terrazas o descansillos. Pero según el Convenio Colectivo de Empleados de Fincas Urbanas de Madrid, aprobado en 2001 y todavía vigente, estos profesionales son también los encargados de la limpieza, el cuidado y la conservación de las dependencias que tengan acceso por un elemento común del inmueble, así como de todos los aparatos eléctricos; abren y cierran el portal, encienden y apagan las luces y la calefacción; se encargan de repartir la correspondencia, recogen los cubos de basura colectivos y pueden, en ocasiones, gestionar el cobro de los alquileres y de las cuotas de la comunidad, si la junta vecinal así lo acuerda. Además, el portero cuida de los pisos y los locales vacíos del inmueble e, incluso, acompaña a las personas que desean verlos, siempre que la propiedad no decida lo contrario.

Sin embargo, la creación de un número considerable de empresas que ofrecen estos y otros servicios a las comunidades -limpiadores, conserjes o vigilantes- y la falta de herederos de esta profesión tradicional, han relegado el oficio de portero a un plano casi anecdótico.

El portero es un valor añadido y un reclamo para vender o alquilar un piso

Las diferencias con el conserje son significativas. Éste es una persona ajena a la finca, que no permanece en ella una vez finalizada su jornada laboral. El portero, al contrario, vive en una casa-habitación del inmueble, propiedad de la comunidad, por lo que su relación con los vecinos suele ser más estrecha. Su profesión es un estilo de vida, mientras que para el conserje es un puesto de trabajo.

La cobertura de servicios y horarios también puede variar mucho. Pese a que en ambos casos la jornada laboral no debe superar las 40 horas semanales, con dos días de descanso, es habitual que el portero atienda las urgencias, como el arreglo de un cañería rota o un corte de luz. En el caso de los conserjes, permanecen en su puesto de trabajo durante el horario estipulado, por lo que no tienen obligación de acudir en situaciones de emergencia.

El portero recibe el 85% de su sueldo en metálico y el 15% en especie. Además del salario y el alta en la Seguridad Social, se le facilita una casa-habitación en el inmueble pese a que la comunidad no puede, por lo tanto, recibir ingresos por la venta o alquiler de la misma.

El desembolso es menor si se subcontrata a una empresa especializada en servicios auxiliares. Éstas ejercen de vínculo entre la comunidad y los conserjes, seleccionan al empleado y, en caso de baja, contratan a un sustituto. En cifras, de acuerdo a la última renovación del Convenio Colectivo de Empleados de Fincas Urbanas de Madrid, el salario base inicial mensual. Ésta es la cantidad mínima que deben recibir.

Si los propietarios desean contar con un servicio de vigilancia y mantenimiento sin gastar mucho dinero, una alternativa para abaratar costes es el alquiler o venta de la portería (para lo cual 3/5 partes de los vecinos deberán estar de acuerdo). Los ingresos que se obtengan con la operación se podrán destinar a la contratación de un conserje, que trabajará en turnos de mañana o tarde.

Los sustitutos electrónicos

La mayoría de los inmuebles disponen de porteros automáticos, ya sean modelos sencillos o videoporteros de última generación con infinidad de prestaciones y servicios. Entre las nuevas propuestas, el dispositivo más modesto está compuesto por una pieza exterior en la que, además de ubicarse los timbres, se instala una cámara. En cada vivienda se coloca un telefonillo y una pantalla receptora de imagen. Los sistemas más sofisticados permiten la conexión al televisor o al ordenador del inmueble, así como la apertura del portal con un mando a distancia.

Los sistemas básicos tienen un precio cercano a los 300 euros, si se instalan en viviendas unifamiliares. Los modelos más punteros pueden sobrepasar los 2.000 euros. No obstante, conviene escoger el equipo que se adapte mejor a las necesidades de cada familia. Cuando se adquiera un modelo con cámara, hay que comprobar la calidad, nitidez y brillo de la imagen que ofrece.

PROS Y CONTRAS

Ningún aparato puede sustituir la labor que realiza un portero o un conserje, sobre todo, cuando se trata de atender emergencias. Sin embargo, conocer la identidad de quien llama a la puerta, gracias a los videoporteros, otorga seguridad a los vecinos.

En el plano económico, pese a que la inversión inicial supere a la contratación de un conserje, a largo plazo, la adquisición de estos dispositivos resulta más barata.

Estos sistemas deshumanizan la profesión, pero ciertos propietarios e inquilinos los prefieren. La función principal de un portero es controlar a quienes entran y salen del edificio que custodia, por lo que algunas personas encuentran incómodo que, con el paso del tiempo, conozca sus rutinas u horarios.

Los porteros automáticos son frecuentes en las viviendas. Constituyen un elemento de seguridad para evitar la entrada de personas intrusas. Para ello, están compuestos por un terminal de llamada que se coloca en el exterior de la vivienda y otro de apertura que se instala en el interior. De esta manera, se puede conocer la identidad de quien llama a la puerta o, incluso, verle gracias a la instalación de una cámara de video.

El terminal de llamada dispone de un altavoz con micrófono, un botón de llamada y una cámara, si el portero tiene sistema de video. Por su parte, el terminal de apertura suele constar de un auricular o altavoz con micrófono, un botón de apertura de la puerta (o dos, según el número de accesos) y un monitor de videoportero. Para la conexión de ambos terminales, tan sólo hay que unir los cables de transmisión y el cable de señal de apertura de la cerradura.

Esta cerradura eléctrica está formada, a su vez, por una cerradura tradicional que posee un relé encargado de permitir la apertura de la puerta cuando recibe la señal eléctrica. Otra opción es colocar un teclado junto a la puerta de entrada e introducir una clave. Al marcar los números correctos, la puerta se abre automáticamente.

En lo que se refiere a la instalación del portero automático en la vivienda, hay que colocar el teléfono, los cables de la instalación y la regleta de conexionado en la pared. Posteriormente, se ajusta el nivel de audio y la orientación de la cámara si fuera necesario. Lo correcto es que cada vivienda tenga un teléfono principal y un máximo de tres repetidores, alejados de fuentes de calor. En el exterior se coloca la placa de llamada empotrada en un tabique.

Si el portero automático está correctamente instalado, debe permitir recibir la señal de audio cuando se descuelga el auricular. En el caso de tener cámara de vídeo, la imagen del exterior se debe poder ver con el auricular colgado y percibir la señal de audio y vídeo cuando el auricular está descolgado.

Estanqueidad

Un aspecto importante a tener en cuenta en la instalación del portero automático es la estanqueidad que deben tener tanto el terminal de llamada como la cerradura para que no aparezcan problemas de humedades que podrían estropear el sistema. El hecho de estar en la calle le hace más vulnerable a los efectos de la lluvia. Materiales como el aluminio permiten un mejor estado de conservación.

En las instalaciones que se realizan en viviendas unifamiliares, que atraviesan el jardín, hay que extremar las precauciones para no interferir con otros cables. Es aconsejable que la instalación se mantenga, como mínimo, a medio metro de distancia de los cables más cercanos. De esta forma se evita que se produzcan interferencias en el audio. Asimismo, hay que cuidar que estos cables tengan una protección especial para que no se estropeen con el agua o al ser pisados. No deben estar pelados ni tocar otros objetos metálicos.

Posibles averías

Cuando el portero automático no funciona correctamente, puede deberse a que el volumen está demasiado alto, los cables de transmisión no se han conectado de forma correcta o el equipo principal no está programado o encendido. Los remedios para solucionar estas situaciones son sencillos:

Si se producen acoplamientos, seguramente será porque el volumen está demasiado alto. Hay que ajustar el volumen hasta que el sonido deje de acoplarse.

Si el sistema de apertura de la puerta no funciona, hay que asegurarse de que los cables de transmisión y apertura están conectados.

Cuando el monitor interior no transmite la imagen del exterior, se debe comprobar que la cámara está conectada al sistema y que se ha programado el videoportero para recibir la señal de vídeo.

Si el timbre de llamada no se percibe en el interior de la vivienda, hay que confirmar que el equipo principal está bien programado.

Un piso en la planta baja propiedad de la comunidad estuvo destinado a vivienda de portero hasta hace quince años (desde entonces está deshabitado). He comprobado que el presidente de la comunidad lleva años utilizándolo como trastero, algo del todo incorrecto, más cuando al resto de los vecinos se nos niega el acceso. Desearía saber qué usos permite la Ley para un piso como éste, que, a mi juicio, se infrautiliza

Llama la atención el hecho de que el presidente utilice la vivienda para su uso personal durante varios años porque ocupa un cargo que se renueva anualmente (tome nota para la próxima Junta de Propietarios). Según la nueva Ley de Propiedad Horizontal, el cargo de presidente es de carácter obligatorio y se designa, cada año, por turno o sorteo entre los propietarios del inmueble. También es posible su destitución antes de vencer este plazo mediante un acuerdo, por mayoría simple, en una Junta Extraordinaria convocada con tal propósito.

Respecto al uso de la vivienda del portero, la Ley contempla las opciones de alquilarla, o venderla (los beneficios se ingresarían en la cuenta común de la comunidad). En el primer supuesto, de arrendamiento, se requiere el acuerdo unánime de los vecinos, si el título del edificio especifica el destino de la vivienda (como puede ser la del portero); si el título no contempla destino alguno, basta con la mayoría de las 3/5 de los propietarios y cuotas. La venta de la casa, en cambio, depende exclusivamente de que se logre un acuerdo unánime; aunque la Ley dice que basta una mayoría de 3/5 para acuerdos relativos a la creación y supresión de servicios comunes como el de vigilancia y portería, en este caso no se trata de suprimir el servicio, sino de modificar el uso de un bien común.

Bien para el alquiler o para la venta de este piso, se deben seguir además estos trámites: incluir este punto en el orden del día, citar a todos los vecinos con antelación suficiente, adoptar el acuerdo en la Junta, y transcribirlo al Libro de Actas, notificando los acuerdos a los propietarios ausentes. En el caso de que el actual presidente se negase a entregar la llave, o de que se adoptasen acuerdos en beneficio de un propietario y en perjuicio de la comunidad, se sugiere acudir a un abogado para utilizar la vía judicial civil.

Si aparecen signos extraños en buzones o puertas de la vivienda, conviene avisar a la policía y borrarlos hasta que no quede ningún rastro.

La ausencia durante días o semanas en verano de miles de familias de sus viviendas habituales propician que en la época estival aumenten los robos de casas. Antes de perpetrar un asalto a un domicilio, los amigos de lo ajeno recaban información acerca de la "presa" escogida, para lo cual vigilan durante dos o tres días el entorno y codifican los movimientos generales, como las entradas y salidas de cada integrante. Por ello, conviene ser cauteloso, y seguir las pautas que se recomiendan para mantener la seguridad en el hogar (ropa tendida, tele o radio encendida, buzón sin cartas...), con el fin de intentar que parezca habitada mientras se está fuera.

Además de marcas o rayones, hay otros indicios con las que los ladrones señalan sus objetivos, como cintas atadas a las escaleras o botellas vacías en la entrada del portal

En Internet, sobre todo, pero también en algunos diarios, circulan informaciones sobre las señales y símbolos que, en teoría, dejarían los ladrones para marcar sus objetivos. Estas marcas, muy precisas, indicarían las características de la vivienda: a qué horas está vacía, si hay mujeres solas, la presencia de perros grandes... Incluso se habla de que existen diferentes códigos según las nacionalidades de los cacos.

En plena era tecnológica, la tiza y los punzones seguirían siendo una herramienta básica de trabajo, y la marca hecha con boli que aparece al lado del portero automático o algunos rayones en el buzón serían símbolos de aviso entre bandas. Pero no solo estas, ya que algunos expertos apuntan que se ha incorporado el aerosol como un instrumento útil para los cacos. Por ello, conviene también prestar atención a esas "pintadas de gamberros" que tanto afean la calle. Y también pueden despertar sospechas algunas pegatinas del tipo "cerrajería rápida".

Otros indicios para sospechar

Los signos de los "amigos de lo ajeno" no solo son marcas o símbolos garabateados en puertas y fachadas. Hay otros indicios que pueden dar pistas de la presencia cercana de cacos.

La existencia de objetos en ciertos lugares puede ser una señal de que se está en peligro de ser el blanco de un robo: una cuerdita o cinta atada en las escaleras o las rejas de la casa, botellas vacías en la entrada o cinta adhesiva pegada en la puerta. Con esta técnica, los ladrones tardan tres o cuatro días en asegurarse de que la vivienda no está habitada, y no se despiertan sospechas. Los momentos propicios para esta modalidad de robo son los fines de semana largos o puentes, las vacaciones de Navidad y el verano.

Los cacos continúan tanteando los obstáculos visitando antes a sus víctimas

Junto a estos métodos, está otro más tradicional: tantear los obstáculos con una visita previa a sus víctimas. Para ello, sobre todo en domicilios de personas mayores o que viven solas, se hacen pasar por mendigos, religiosos o lectores de los contadores de luz o del agua.

Y hay otras actitudes que deben levantar sospechas: excesiva atención de un técnico u operario que va a casa a arreglar algo, si pide ir al baño, etc. En estos casos, más vale pecar de precavido que ser víctimas de un robo. Por ello, conviene asegurarse siempre de que quien visita la vivienda para cualquier tipo de reparación es quien dice ser. Además, si reparan el baño o la cocina, no se debe permitir a nadie que merodee ni curiosee por el resto de habitaciones de la casa. Por supuesto, si se tienen sospechas, nunca hay que dudar de que la mejor opción es acudir a la policía.

Cómo actuar ante signos extraños en la fachada o buzón

Las autoridades, aunque por lo general se muestran escépticas ante la idea de las marcas dejadas por ladrones, afirman que lo primero que hay que hacer, si aparece alguna señal que a un vecino o propietario le parezca extraña o sospechosa, es avisar a la policía para que la analice.

Y tras la inspección de los agentes, se debe proceder a borrarlas o hacerlas desaparecer sin dejar el más mínimo rastro.

Los amigos de lo ajeno "trabajan" incluso en vacaciones, sobre todo aprovechando los desplazamientos de muchas de sus víctimas. Una de sus pautas de actuación, según apunta la rumorología, se basa en el uso de una simbología específica que informa a otros "colegas" sobre las particularidades de la vivienda que se pretende desvalijar. ¿Es cierta la existencia de tales señales? ¿Cómo actúan los ladrones? ¿Quiénes son sus víctimas predilectas? Lo cierto es que, a pesar de ser "vox populi", hay una cierta controversia entre los expertos sobre si los ladrones se sirven o no de un lenguaje cifrado para fijar sus objetivos. Pero de lo que no cabe duda es de que los delincuentes realizan labores de investigación acerca de las costumbres de los vecindarios para tener la mayor información posible antes de atracar un domicilio.

Estos "códigos", según el Ministerio del Interior, serían utilizados por bandas, y en ellos se especificarían datos cómo las horas que el domicilio permanece sin vigilancia, si viven personas de avanzada edad sin compañía, si hay artículos de valor o si la casa está vacía. Fuentes de Interior señalan que los cacos utilizan desde hace tiempo este tipo de marcas en los domicilios, e incluso las fuerzas del orden han llegado a contar con un documento que ejercía las funciones de "piedra Rosetta", un apoyo para poder descifrar los códigos. Un escrito que no resulta de utilidad durante mucho tiempo, ya que los ladrones cambian la simbología constantemente para evitar ser localizados. Además, las citadas marcas no serían de "conocimiento amplio" en el mundo delictivo, sino que son únicas y exclusivas para cada red o grupo de atracadores.

En los robos perpetrados en domicilios particulares los ladrones llevan a cabo una labor previa de vigilancia y observación

La credibilidad concedida por los ciudadanos a la existencia de símbolos que señalan objetivos es tal que incluso en los foros y espacios de debate en Internet se comparte información sobre ellos. Y en algunos medios de comunicación se ha llegado a facilitar un documento que permite interpretarlas. Los expertos recuerdan, sin embargo, que tales escritos no puede utilizarse por los ciudadanos como medida de prevención.

Utilicen o no señales (algunas fuentes policiales dudan de la existencia de estas marcas), de lo que no cabe duda es de que en la casi totalidad de los robos perpetrados en domicilios particulares los ladrones llevan a cabo una labor previa de vigilancia y observación. A partir de este ejercicio, conocen la rutina de quienes viven en una casa, cerciorándose de sus horas de salida y regreso, y de cuánto tiempo dispondrían para dar el golpe, así como de las opciones de huida que ofrecen el inmueble o el entorno donde se encuentra situada la casa.

Todos, posibles víctimas

En España cada año se producen robos en casi 400.000 hogares. Hay que considerar que como atracos a viviendas no sólo se contabilizan aquellas ocasiones en las que los ladrones tienen acceso a la casa, sino que también se computan los ataques que se producen en las dependencias del inmueble:

portales, ascensores, zonas comunes como trasteros o patios... A pesar de la disparidad de sitios en que se puede ser víctima de un asalto dentro de un edificio, más del 70% de los robos se producen o bien en el interior del domicilio o en el portal de acceso.

¿Quiénes son las víctimas? Aunque pudiera pensarse que sólo las personas más adineradas pueden sufrir este tipo de atracos, lo cierto es que no puede hablarse de un perfil concreto de víctima, ya que los hurtos en domicilios se producen indistintamente en zonas acomodadas y en barrios populares.

Para evitar convertirse en una de ellas es siempre una buena práctica tomar medidas básicas de precaución:

No informar a mucha gente sobre las ausencias prolongadas.

No dejar que el correo se acumule en el buzón.

Ser precavidos a la hora de abrir la puerta a desconocidos y comprobar siempre la identidad de las personas que solicitan el acceso al interior de la vivienda argumentando querer comprobar contadores de suministros como el gas o la electricidad.

Qué hacer en caso de robo

A pesar de tomar precauciones, nadie está libre de ser víctima de un asalto en su propio domicilio. Tanto las empresas especializadas en proporcionar seguridad privada como el Ministerio del Interior señalan que, si el robo se ha producido en ausencia de los dueños, no se deben mover las cosas de lugar y conviene dejar todo "tal cual" hasta la llegada de la Policía, a la que conviene avisar de inmediato. Si el asalto al domicilio se produce mientras los propietarios están en la vivienda, lo mejor es evitar enfrentarse directamente con el ladrón, ya que puede mostrarse violento y causar algún daño físico. En el caso de sorprenderlo "in fraganti" al llegar a casa, lo más sensato es alejarse rápidamente y pedir la intervención de las fuerzas de seguridad.

Cuando se produce un robo siempre hay que denunciar. Para tramitar la denuncia es necesario contar con un documento que acredite ser propietario (o, en su defecto inquilino) de la vivienda que haya sido objeto de robo. Si se da la circunstancia de que se han sustraído objetos de valor (pequeños electrodomésticos como televisores, ordenadores o reproductores audiovisuales) lo más acertado es acompañar la denuncia con un recibo que justifique el pago de dichos objetos. La importancia de contar con una denuncia es tal que, como recuerdan desde las compañías aseguradoras, sin ella no es posible pedir al seguro la indemnización por los daños que se hayan podido ocasionar en el domicilio.

ESTAR SEGURO EN CASA

Ocho de cada diez personas que han sufrido robo con violencia en su domicilio se interesan por la contratación de servicios de seguridad privada. Hay distintos "paquetes" de protección, cuyo coste varía en función de la empresa que los ofrezca y los componentes que tenga.

Los más sencillos constan de un dispositivo de alarma que emite una señal a la central. A partir de ahí se activa un procedimiento mediante el cual o bien se da aviso a los cuerpos de seguridad públicos, o se atiende el aviso de emergencia con personal de la propia empresa. Su precio es a partir de 500 a 600 euros. Los añadidos y extras se pueden multiplicar exponencialmente hasta cubrir las necesidades del usuario; obviamente, también se multiplicará el precio. Entre los suplementos más populares destaca un servicio anticorte de línea telefónica, que suma 100 euros al presupuesto inicial.

Además de la seguridad privada, muchos de quienes han sufrido un robo en casa optan por la adquisición de una puerta reforzada, con precios a partir de 300 euros. Las puertas blindadas (400 euros) o las acorazadas (a partir de 1.200 euros) son también muy utilizadas. Las ventanas también suelen reforzarse, pues tienden a ser consideradas como los lugares de más fácil acceso tanto en pisos bajos como en los más próximos a los tejados. Asimismo conviene prestar especial atención al cuidado de las fachadas, balcones, terrazas, salientes e incluso cañerías que discurran paralelas al domicilio, ya que permiten una rápida y fácil entrada a su interior.

Qué procedimiento seguir ante un copropietario moroso

1. Se debe convocar una junta de propietarios, en la que se proceda a la liquidación de la deuda para notificárselo al copropietario moroso y darle una última oportunidad de ponerse al corriente de pago de las cuotas debidas. Además, en el acta conviene dejar constancia de que se exigirá la deuda mediante una acción judicial. Hay que tener en cuenta que solo se puede reclamar la cantidad que se certifique en la reunión.

2. La deuda debe ser notificada al moroso de forma fehaciente a través de burofax o acta notarial. Esta notificación tiene que efectuarse en el domicilio designado por el vecino moroso o, si se desconoce, a través del tablón de anuncios de la comunidad (firmada por el secretario y con el visto bueno del presidente), durante un plazo de tres días. Concluido ese tiempo, se considera notificado.

3. Si tras el requerimiento extrajudicial el deudor no paga, se acude al juicio monitorio para reclamar lo que debe a la comunidad y se presenta ante el Juzgado de Primera Instancia del lugar donde está ubicada la finca. Junto con la reclamación de la cantidad adeudada, hay que

incorporar el certificado de deuda con el visto bueno del presidente de la comunidad.

4. Una vez presentada la demanda, el deudor dispone de un plazo de 20 días para pagar y se archivarán las actuaciones.

5. Si el moroso presenta un escrito de oposición, el procedimiento monitorio se convierte en un proceso declarativo (verbal u ordinario), en el que sí es necesario abogado y procurador, cuando lo reclamado supera los 2.000 euros. Si el demandado no comparece, se dicta un auto con una condena de abono de la deuda principal, los intereses y las costas. En caso de que no pague, la comunidad tiene hasta cinco años para solicitar el embargo de sus bienes, una vez se haya dictado el auto. En este sentido, la comunidad de propietarios tiene preferencia de cobro frente a otras hipotecas y embargos.

Tema 3. ¿Qué servicios debe pagar la comunidad de vecinos de modo obligatorio?

Los propietarios deben pagar las obras y servicios necesarios para conservar el edificio habitable, accesible y seguro, además de los gastos comunes generales. Y es que los costes que acarrea mantener un edificio suponen un esfuerzo que no todas las economías familiares pueden ya realizar. Por ello, es imprescindible conocer de qué gastos se puede prescindir y cuáles se han de sufragar de acuerdo a lo dictaminado por la Ley de Propiedad Horizontal, el marco regulatorio que rige la normativa y disposiciones de la comunidad.

1. ¿Qué dice la ley?

Las comunidades de vecinos están sometidas y regidas por la Ley de Propiedad Horizontal, que tiene por objeto la regulación de la forma especial de propiedad establecida en el artículo 396 del Código Civil, denominada propiedad horizontal. Además, cada comunidad puede establecer sus propios estatutos internos. Estos documentos, que deben estar inscritos en el Registro de la Propiedad correspondiente, sirven para aproximar y adecuar la normativa legal a las necesidades de cada comunidad. Por ello, pese a que no son obligatorios, su adopción es recomendada por expertos y juristas con el fin de evitar y resolver situaciones de conflicto.

Tal y como especifica el artículo 10 de la Ley, es obligación de la comunidad realizar las obras necesarias para el sostenimiento y conservación del inmueble y de sus servicios, para que reúna las condiciones estructurales, de estanqueidad, habitabilidad, accesibilidad y seguridad. Esta contribución, se llevará a cabo con arreglo a su respectiva cuota de participación.

2. ¿Qué gastos comunes son obligatorios?

Cuotas comunes

Según el artículo 9 de la Ley de Propiedad Horizontal, los propietarios deben contribuir (con arreglo a su cuota de participación) a los gastos generales para el sostenimiento del inmueble, sus servicios, cargas y responsabilidades que no sean susceptibles de individualización.

Así, según el tipo de inmueble y sus características, las zonas comunes de las que se beneficia cada uno de los vecinos (portal, escalera, ascensor, piscina o azotea), los gastos generales derivados de la conservación y reparación (electricidad, limpieza, portería, vigilancia, calefacción central o mantenimiento de instalaciones) o los gastos municipales (si la parcela donde está el edificio tiene referencia catastral, tendrá que costear la recogida de basuras o abonar el Impuesto sobre Bienes Inmuebles) han de ser sufragados en función de las distintas cuotas de participación fijadas en junta. Ello es así, siempre que no haya otros acuerdos en los estatutos.

Por tanto, el conjunto de propietarios de un edificio constituido en comunidad de vecinos debe compartir la responsabilidad y los beneficios de ese inmueble, aunque no utilicen todas sus dependencias o incluso aunque no residan en él. El carácter imperativo de esos gastos, al que todos los propietarios deben contribuir, se fija en función de la obligatoriedad de mantener en perfecto estado los bienes y servicios comunes del inmueble.

Por su parte, la cuantía de las cuotas de participación de cada uno se determina de forma porcentual y el baremo está fijado de antemano en las escrituras; unas cuotas que se deciden en función de la superficie de cada piso o local, de su incidencia en la comunidad, ubicación o el uso de elementos y servicios comunes.

Obras necesarias

De acuerdo a la ley, todos los propietarios están obligados a sufragar la cuota establecida por la comunidad para el pago de los gastos generales, pero también de aquellos que se deriven de las obras necesarias, siempre en función de su cuota de participación.

Así, deberán sufragar los gastos derivados de la realización de las obras de conservación y accesibilidad necesarias para el mantenimiento del edificio y de sus servicios, para que reúnan las condiciones estructurales, de habitabilidad y seguridad. Esto es, todas aquellas obras puntuales realizadas en zonas comunes, derramas o demás gastos imprescindibles.

Fondos de reserva

La comunidad de vecinos debe contar con el denominado fondo de reserva, una cuantía que se fija de forma anual tras la aprobación del presupuesto de la comunidad y que, según la Ley, debe superar el 5% de su último presupuesto ordinario. Este fondo será utilizado para atender las obras de conservación y reparación de la finca o bien realizar una derrama extraordinaria, como las causadas por incendios, explosiones o inundaciones, para que los propietarios contribuyan de forma económica a dichas obras o reparaciones.

3. ¿Qué gastos pueden evitarse?

Reformas u obras de mejora no exigibles

La Ley de Propiedad Horizontal refleja en su artículo 11 que ningún propietario podrá exigir nuevas instalaciones, servicios o mejoras no requeridos para la adecuada conservación, habitabilidad, seguridad y accesibilidad del inmueble.

Gastos extraordinarios

La ley señala que cuando la junta de propietarios adopte acuerdos para realizar innovaciones no exigibles (aquellos servicios o mejoras no necesarios para la conservación, habitabilidad y seguridad del inmueble) y cuya cuota de instalación exceda del importe habitual de tres mensualidades ordinarias de gastos comunes, aquel propietario que no esté de acuerdo con este gasto no tendrá obligación de acometerlo.

Asimismo, tampoco podrá modificarse la cuota que deba pagar, aunque no pueda privársele de la mejora o ventaja. Ahora bien, esto será posible, siempre y cuando impugnen la decisión de la junta en un plazo no superior a tres meses y se encuentren al corriente de pago de cuantas deudas vencidas hubiese.

Si el Impuesto sobre Bienes Inmuebles no se paga en el plazo establecido, se añaden recargos, sanciones e intereses a la deuda y, en última instancia, se procede al embargo. Los propietarios de bienes inmuebles, como viviendas, locales, garajes o terrenos, están obligados al pago anual del Impuesto sobre Bienes Inmuebles (IBI) de su municipio. Este tributo constituye una de las principales fuentes de ingresos de los ayuntamientos y varía de una localidad a otra. Las corporaciones locales, encargadas de su gestión y cobro en coordinación con las diputaciones provinciales, han elevado el IBI de forma constante en los últimos años. Dada la precaria situación actual de buena parte de las economías domésticas, son numerosas las familias que se ven abocadas a aplazar o incluso descartar el abono de este tributo. Como se explica a continuación, el impago del IBI acarrea graves consecuencias: desde un aumento de la deuda en forma de intereses, sanciones o recargos, hasta el embargo de bienes, entre los que se incluye la propia vivienda. La cuota que finalmente paga el ciudadano en concepto de IBI depende de dos variables, el valor catastral (el valor del suelo más el valor de construcción; normalmente, representa en torno a la mitad del valor de merca-do de la vivienda) y el tipo o coeficiente impositivo. Para hacer el cálculo de la cuota íntegra que el propietario debe abonar cada año, se multiplica el valor catastral por un tipo impositivo cuyos mínimos y máximos están marca-dos por la Ley Reguladora de Haciendas Locales de 1988, y su ley de reforma 51/2002. Para saber si la política fiscal de un ayuntamiento en materia de vivienda es más o menos gravosa, el usuario debe fijarse (además de, por supuesto, en la cuota final que paga), en el valor catastral de su vivienda y en el tipo impositivo que aplica el ayunta-miento. La cuota íntegra de IBI que todo propietario debe desembolsar está sujeta también a bonificaciones especiales.

Los sujetos pasivos, es decir, la persona física o jurídica propietaria del bien inmueble sobre el que recae el impuesto.

También pagan los titulares de una concesión administrativa sobre bienes inmuebles o sobre los servicios públicos a los que se hallen afectados. En cuanto al alquiler, las partes pueden acordar en el contrato que esta cuota la pague el arrendatario. Cuando se adquiere un inmueble es obligatorio pre-sentar declaración, debido a la alteración jurídica que se produce respecto a la titularidad sobre el bien. El titular debe presentar el modelo que establezca el Ministerio de Economía y Hacienda. Si no lo hace, se le impondrá una multa. Además, si la persona que transmite el inmueble tuviese débitos por este impuesto anteriores al cambio, responderá el adquiriente si no hace cambio de titularidad ante la Dirección del Catastro, si la transmisión no consta en documento ante notario o si está escrito en registro público. Por ello, es muy importante cuando se adquiere una vivienda informarse de la existencia o no de deudas pendientes por parte del propietario del inmueble

¿Qué es el IBI?

El Impuesto sobre Bienes Inmuebles (IBI) es un tributo directo, real, objetivo y periódico de carácter local que grava la propiedad, la titularidad de derechos reales de usufructo, de superficie o de una concesión administrativa, sobre los bienes situados en cada término municipal. Es, por tanto, un tributo que han de pagar de forma anual los propietarios de un inmueble, como una casa, un piso, un terreno, un garaje, etc, al ayuntamiento de la localidad donde se encuentren emplazados.

Este tributo grava el valor de la titularidad y otros derechos que recaigan sobre cualquier bien inmueble, pero de manera diferente en función de su naturaleza, ya sea urbano, rústico o con características especiales. Para la clasificación se recurre al catastro, además de servir como fuente de origen de las titularidades de los bienes inmuebles o los derechos reales establecidos.

El IBI es uno de los impuestos más importantes para las haciendas locales

El IBI está regulado por la Ley de Haciendas Locales y el texto refundido de la Ley del Catastro Inmobiliario. Su gestión se comparte entre la Administración del Estado y los ayuntamientos. La Ley de Haciendas Locales contempla las posibles modulaciones en los impuestos, permite establecer exenciones adicionales en determinados casos y aplicar distintos coeficientes de los tipos de gravamen aplicables en cada supuesto.

El Impuesto sobre Bienes Inmuebles se paga anual-mente y se devenga el primer día del periodo impositivo, que coincide con el año natural. Es decir, si se adquiere una vivienda el 10 de enero, la contribución la paga el anterior propietario. Cada Ayuntamiento fija y determina las fechas de pago, que pueden variar de unos consistorios a otros. Algunos permiten el pago del IBI en dos plazos semestrales

¿Qué consecuencias tiene un impago del IBI?

Los propietarios de bienes inmuebles disponen de un plazo voluntario para satisfacer dicho tributo. Las notificaciones de los pagos se realizan entre 1 y el 15 de cada mes y deben abonarse el día 20 del mes siguiente.

Fase de apremio:

En el caso de no satisfacer el tributo en el plazo voluntario, se inicia el pago en el periodo ejecutivo y se notifica una providencia de apremio, una notificación de un procedimiento iniciado por el ayuntamiento en el que se indica la existencia de una deuda por no haberla sufragado. Se establece de esta manera otro plazo similar al anterior para el pago de la deuda, pero habrán de abonarse una serie de recargos ejecutivos en forma de porcentajes sobre la deuda. La citada cantidad oscila entre un 5% y un 20%, en función del periodo del retraso.

Diligencia de embargo:

Si transcurrido el plazo voluntario y el de apremio, la deuda continúa sin pagarse, se procederá contra los bienes y derechos del deudor tributario: desde dinero en efectivo o en cuentas abiertas en entidades de crédito, a sus bienes inmuebles. Todo ello, con la premisa de cubrir las cantidades referentes a la deuda, los intereses de demora, los recargos y las costas del procedimiento de apremio. Es decir, se dictará una diligencia de embargo sobre las cuentas bancarias o las nóminas, de acuerdo al artículo 169 de la Ley General Tributaria.

Si bien, como indica la Ley de Enjuiciamiento Civil, no pueden embargarse los ingresos iguales o inferiores al Salario Mínimo Interprofesional (SMI) y si los ingresos del afectado superan esa cantidad, solo se puede embargar el 30%, 50%, 60%, 25% y 10% del segundo, tercero, cuarto, quinto, sexto y siguientes tramos del SMI.

En última instancia, y en caso de que la deuda no pueda satisfacerse, se procederá al embargo de la vivienda por el importe que corresponda, incluidos gastos de costas, intereses, etc.

¿Quién debe pagarlo y quién está exento del pago del IBI?

La gran mayoría de los propietarios de inmuebles están obligados al pago de este impuesto, aunque hay excepciones, puesto que la ley contempla que algunos inmuebles quedan exentos. Entre las principales excepciones destacan:

Los inmuebles que son propiedad de la Iglesia Católica en los términos previstos en el Acuerdo de 1979 entre el

Estado español y la Santa Sede sobre Asuntos Económicos. También los pertenecientes a asociaciones confesionales no católicas reconocidas por la ley.

Los que son propiedad del Estado, de las comunidades autónomas o de las entidades locales relacionados con la seguridad ciudadana, con los servicios educativos (comisarías, cárceles o colegios) o la defensa nacional.

Inmuebles de Cruz Roja Española, entidades sin ánimo de lucro y fundaciones.

Sedes diplomáticas extranjeras, bienes comunales de municipios y montes vecinales.

Los catalogados como patrimonio histórico.

Los antiguos de las grandes ciudades.

Cómo se calcula el IBI

Valor catastral: se parte del valor catastral del inmueble, aquel que refleja el valor del suelo en el que se ubica y el de la edificación. Se obtiene de los datos del Catastro, tomando como referencia el valor de mercado. Por lo general, el valor catastral suele ser la mitad del valor del mercado y se revisa cada diez años.

Tipo impositivo: al valor catastral hay que aplicarle el tipo impositivo o de gravamen que cada ayuntamiento fija dentro de unos márgenes que le vienen ya impuestos.

Bonificación: es la reducción de un porcentaje de la cuota de la que se benefician las familias numerosas o ciertos inmuebles, como las viviendas de protección oficial.

Deuda tributaria: es la suma final que se debe pagar tras aplicar las bonificaciones a la cuota íntegra.

El cálculo de la cantidad a pagar es muy sencillo. Hay que partir del valor catastral de la vivienda, al que se le aplica el tipo impositivo o de gravamen que fija el Ayuntamiento para ese año. Al resultado (cuota) se le aplican las bonificaciones que en cada caso correspondan. De todo ello se obtiene la deuda tributaria.

El valor catastral se obtiene tomando como referencia el valor de mercado. Normalmente se calcula aplicando un coeficiente que reduce a la mitad el valor resultante en la ponencia de valores. En esta valoración se tienen en cuenta la antigüedad de la construcción, su estado de conservación, la localización de la finca, etc.

Si no se está de acuerdo con la valoración que se ha hecho de los bienes, el titular puede reclamar a través de dos tipos de recursos delos que tendrá que elegir uno de ellos. En primer lugar, se puede interponer un recurso de reposición ante la

Gerencia del Catastro que haya dictado el acto. Una segunda posibilidad es presentar una reclamación económico-administrativa ante el Tribunal Económico-Administrativo.

Independientemente de la vía elegida, el plazo para presentar el recurso es de un mes desde la recepción de la notificación por parte del Catastro mediante correo certificado entrega-do en mano. El Centro de Gestión Catastral tiene como límite para entregarla notificación el 31 de diciembre de cada año. En cualquier caso, haya o no recurso, el contribuyente tiene la obligación de pagar el recibo del IBI, la reclamación viene después

Recursos

Concepto

Actos recurribles

Actos no recurribles

Clases de recursos

Cómo formular un recurso

Plazos

A quién se dirigen

Lugar de presentación

Suspensión de los actos administrativos recurridos

Resolución

Modelos de solicitud

Servicios Electrónicos

CONCEPTO

Los recursos administrativos son actuaciones de los particulares en los que se solicita de la Administración la revisión o revocación de una resolución administrativa o de un acto de trámite, si éstos deciden directa o indirectamente el fondo del asunto, determinan la imposibilidad de continuar el procedimiento, producen indefensión o perjuicio irreparable a derechos e intereses legítimos, porque no se consideran acordes con el ordenamiento jurídico o porque están viciados de desviación de poder.

ACTOS RECURRIBLES

Las resoluciones y los actos de trámite, si éstos deciden directa o indirectamente el fondo del asunto, determinan la imposibilidad de continuar el procedimiento, producen indefensión o perjuicio irreparable a derechos e intereses legítimos.

Los actos que incurran en nulidad de pleno derecho o anulabilidad.

Son nulos de pleno derecho los actos de la Administración que:

Lesionen los derechos y libertades susceptibles de amparo constitucional.

Los dictados por órgano manifiestamente incompetente por razón de la materia o del territorio.

Los que tengan un contenido imposible.

Los que sean constitutivos de infracción penal o se dicten como consecuencia de ésta.

Los dictados prescindiendo total y absolutamente del procedimiento legalmente establecido o de las normas que contienen las reglas esenciales para la formación de la voluntad de los órganos colegiados.

Los actos expresos o presuntos contrarios al ordenamiento jurídico por los que se adquieren facultades o derechos cuando se carezca de los requisitos esenciales para su adquisición.

Cualquier otro que se establezca expresamente en una disposición de rango legal.

También serán nulas de pleno derecho las disposiciones administrativas que vulneren la Constitución, las leyes u otras disposiciones administrativas de rango superior, las que regulen materias reservadas a la Ley, y las que establezcan la retroactividad de disposiciones sancionadoras no favorables o restrictivas de derechos individuales.

Son anulables:

Los actos de la Administración que incurran en cualquier infracción del ordenamiento jurídico, incluso la desviación de poder. No obstante, el defecto de forma sólo determinará la anulabilidad cuando el acto carezca de los requisitos formales indispensables para alcanzar su fin o dé lugar a la indefensión de los interesados.

La realización de actuaciones administrativas fuera del tiempo establecido para ellas sólo implicará la anulabilidad del acto cuando así lo imponga la naturaleza del término o plazo.

ACTOS NO RECURRIBLES

Los actos administrativos de los miembros y órganos del Gobierno.

En particular, en la Administración General del Estado:

Los emanados de los Ministros y los Secretarios de Estado en el ejercicio de las competencias que tienen atribuidas los órganos de los que son titulares.

Los emanados de los órganos directivos con nivel de Director general o superior, en relación con las competencias que tengan atribuidas en materia de personal.

En los Organismos públicos y entidades de derecho público vinculados o dependientes de la Administración General del Estado, los emanados de los máximos órganos de dirección unipersonales o colegiados, de acuerdo con lo que establezcan sus estatutos, salvo que por ley se establezca otra cosa.

Contra las disposiciones administrativas de carácter general no cabe recurso en vía administrativa.

CLASES DE RECURSOS

Hay tres tipos de recursos, que pueden ser interpuestos según las circunstancias de cada caso:

Alzada

Potestativo de Reposición

Extraordinario de revisión

El error o la ausencia de la calificación del recurso por parte del recurrente no será obstáculo para su tramitación, siempre que se deduzca su verdadero carácter.

El recurso de alzada es el que se interpone contra las resoluciones y actos a los que se refiere el artículo 112.1 de la Ley del Procedimiento Administrativo Común de las Administraciones Públicas, esto es, contra las resoluciones que no pongan fin a la vía administrativa y los actos de trámite, si éstos deciden directa o indirectamente el fondo del asunto, determinan la imposibilidad de continuar el procedimiento, producen indefensión o perjuicio irreparable a derechos e intereses legítimos. Puede fundarse en cualquiera de los motivos de nulidad o anulabilidad.

El recurso potestativo de reposición se puede interponer contra los actos que pongan fin a la vía administrativa.

El recurso extraordinario de revisión es el que se interpone contra los actos que agotan la vía administrativa o contra los que no se haya interpuesto recurso administrativo en plazo, cuando concurra alguna de las circunstancias siguientes:

Que al dictarlos se hubiera incurrido en error de hecho, que resulte de los propios documentos incorporados al expediente.

Que aparezcan documentos de valor esencial para la resolución del asunto que, aunque sean posteriores, evidencien el error de la resolución recurrida.

Que en la resolución hayan influido esencialmente documentos o testimonios declarados falsos por sentencia judicial firme, anterior o posterior a aquella resolución.

Que la resolución se hubiese dictado como consecuencia de prevaricación, cohecho, violencia, maquinación fraudulenta u otra conducta punible y se haya declarado así en virtud de sentencia judicial firme.

CÓMO FORMULAR UN RECURSO

La interposición del recurso deberá expresar:

El nombre y apellidos del recurrente, así como la identificación personal del mismo.

El acto que se recurre y la razón de su impugnación.

Lugar, fecha, firma del recurrente, identificación del medio y, en su caso, del lugar que se señale a efectos de notificaciones.(Conviene expresar el DNI).

Órgano, centro o unidad administrativa al que se dirige.

Las demás particularidades exigidas, en su caso, por las disposiciones específicas.

PLAZOS

Recurso de alzada: El plazo para la interposición del recurso de alzada será de un mes, si el acto fuera expreso. Transcurrido dicho plazo sin haberse interpuesto el recurso, la resolución será firme a todos los efectos, sin perjuicio, en su caso, de la procedencia del recurso extraordinario de revisión. Si el acto no fuera expreso el solicitante y otros posibles interesados podrán interponer recurso de alzada en cualquier momento a partir del día siguiente a aquel en que, de acuerdo con su normativa específica, se produzcan los efectos del silencio administrativo.

Recurso potestativo de reposición: El plazo será de un mes, si el acto fuera expreso. Transcurrido dicho plazo únicamente podrá interponerse recurso contencioso-administrativo, sin perjuicio, en su caso, de la procedencia del recurso extraordinario de revisión.

Si el acto no fuera expreso, el solicitante y otros posibles interesados podrán interponer recurso de reposición en cualquier momento a partir del día siguiente a aquel en que, de acuerdo con su normativa específica, se produzca el acto presunto.

Recurso extraordinario de revisión: Se interpondrá cuando se trate de la causa primera (actos dictados incurriendo en errores de hecho), dentro del plazo de cuatro años siguientes a la fecha de la notificación de la resolución impugnada. En los demás casos, el plazo será de tres meses a contar desde el conocimiento de los documentos o desde que la sentencia judicial quedó firme.

A QUIÉN SE DIRIGEN

El recurso de alzada se dirige al órgano superior jerárquico del que dictó el acto que se desea impugnar. A estos efectos, los Tribunales y órganos de selección del personal al servicio de las Administraciones Públicas se considerarán dependientes del órgano al que estén adscritos o, en su defecto, del que haya nombrado al presidente de los mismos.

El recurso potestativo de reposición se dirige ante el órgano que dictó el acto recurrido.

El recurso extraordinario de revisión podrá interponerse ante el órgano administrativo que los dictó.

LUGAR DE PRESENTACIÓN

Las solicitudes, escritos y comunicaciones que los ciudadanos dirijan a los órganos de las Administraciones Públicas podrán presentarse:

En los registros físicos de cualquier órgano de la Administración General del Estado, de órganos de las Administraciones de las Comunidades Autónomas y de entidades que integran la Administración Local.

En el registro electrónico de la Administración u Organismo al que se dirijan, así como en los restantes registros electrónicos de cualquier órgano administrativo que pertenezca a la Administración General del Estado, a las Administraciones de las Comunidades Autónomas, a las entidades que integran la Administración Local o al sector público institucional.

En las representaciones diplomáticas u oficinas consulares de España en el extranjero.

En las oficinas de asistencia en materia de registros.

En las oficinas de Correos.

SUSPENSIÓN DE LOS ACTOS ADMINISTRATIVOS RECURRIDOS

La interposición de cualquier recurso, excepto en los casos en que una disposición establezca lo contrario, no suspenderá la ejecución del acto impugnado.

No obstante, el órgano a quien competa resolver el recurso, previa ponderación, suficientemente razonada, entre el perjuicio que causaría al interés público o a terceros la suspensión y el ocasionado al recurrente como consecuencia de la eficacia inmediata del acto recurrido, podrá suspender de oficio o a solicitud del recurrente, la ejecución del acto impugnado, cuando concurra alguna de las siguientes circunstancias:

Que la ejecución pudiera causar perjuicios de imposible o difícil reparación.

Que la impugnación se fundamente en alguna de las causas de nulidad de pleno derecho.

RESOLUCIÓN

La resolución del recurso estimará en todo o en parte o desestimará las pretensiones formuladas en el mismo o declarará su inadmisión.

Cuando existiendo vicio de forma no se estime procedente resolver sobre el fondo, se ordenará la retroacción del procedimiento al momento en el que el vicio fue cometido, salvo lo dispuesto para la convalidación de actos anulables (artículo 52 de la Ley del Procedimiento Administrativo Común de las Administraciones Públicas).

El órgano que resuelva el recurso decidirá cuantas cuestiones, tanto de forma como de fondo, plantee el procedimiento, hayan sido o no alegadas por los interesados. En este último caso se les oirá previamente. No obstante, la resolución será congruente con las peticiones formuladas por el recurrente, sin que en ningún caso pueda agravarse su situación inicial.

Los plazos para dictar la resolución varían en cada recurso:

Recurso de alzada: El plazo máximo para dictar y notificar la resolución será de tres meses. Transcurrido este plazo sin que recaiga resolución, se podrá entender desestimado el recurso, salvo en el supuesto previsto en el artículo 24.1, tercer párrafo de la Ley del Procedimiento Administrativo Común de las Administraciones Públicas.

Contra la resolución de un recurso de alzada no cabrá ningún otro recurso administrativo, salvo el recurso extraordinario de revisión en los casos establecidos en el artículo 125.1 de la Ley del Procedimiento Administrativo Común de las Administraciones Públicas.

Recurso de reposición: El plazo máximo para dictar y notificar la resolución del recurso será de un mes. El sentido del silencio administrativo es desestimatorio, tanto si se interpone contra actos expresos como contra desestimaciones tácitas.

Contra la resolución de un recurso de reposición no podrá interponerse de nuevo dicho recurso.

Recurso extraordinario de revisión: Transcurrido el plazo de tres meses desde la interposición sin haberse dictado y notificado la resolución, se entenderá desestimado, quedando expedita la vía jurisdiccional contencioso administrativa.

Tema 4. El problema de instalar un ascensor

Demasiado a menudo los ascensores constituyen una fuente de problemas más que un elemento de comodidad. Su instalación en edificios que todavía carecen de él, las discrepancias entre vecinos, el impago de derramas, la contratación del servicio de mantenimiento y otras muchas complicaciones hacen recomendable recordar los aspectos legales más importantes en torno a los ascensores.

Aunque la colocación de un ascensor siempre suscita polémica, si la mayoría de los vecinos decide ponerlo, deberá hacerse la obra y pagarla entre todos. Instalar un ascensor casi siempre suscita polémica en una comunidad de propietarios. Ya sea porque los dueños de los locales no creen necesario pagar su colocación o porque los residentes de los pisos más bajos se oponen a una obra larga y costosa para la comunidad, la decisión no deja indiferente a nadie. Pero si la mayoría de los vecinos decide instalarlo, deberá hacerse la obra, que será sufragada por todos, aunque se opusieran a ella. Además, conviene saber qué sucede si el ascensor se pone para eliminar barreras arquitectónicas, cuánto cuestan los trabajos de construcción y dónde puede colocarse.

Subir escaleras es un ejercicio muy saludable, hasta el punto de que en una sociedad tan sedentaria como la nuestra convendría que lo hiciéramos de modo cotidiano. Pero, como siempre ocurre, hasta las cosas buenas las preferimos elegidas que impuestas. En este caso, si nunca viene mal disponer de ascensor cuando se vive en un tercero o un cuarto, qué no decir si la subida es hasta un quinto o sexto piso. El ascensor viene de serie desde hace unos diez años en las viviendas de nueva construcción, pero subir las escaleras varias veces al día representa un quebranto para muchas personas que residen en edificios sin este equipamiento, que normalmente tienen varias décadas de existencia a cuestas. Además de depreciar el valor de un inmueble entre un 30% y un 45% respecto de si lo tuviera, carecer de ascensor en la vivienda supone una merma en la calidad de vida de las personas con dificultades de movilidad o edad avanzada. Este problema es muy frecuente en los cascos históricos, zonas y barrios en los que la proporción de personas ancianas es notable y la carencia de ascensor, mayoritaria. Por ello, numerosas comunidades de vecinos se plantean su instalación, una iniciativa que no siempre suscita adhesiones unánimes.

Carecer de ascensor deprecia el valor de un inmueble entre un 30% y un 45% respecto de si lo tuviera

A pesar de las subvenciones públicas que reducen en parte la inversión y de la indiscutible mejora que siempre supone para un edificio poner ascensor cuando no lo hay, es frecuente que algunos propietarios rechacen asumir el gasto que supone la instalación de un elevador en su comunidad. El coste de la instalación es relevante: colocar un ascensor en un inmueble de cinco plantas requiere invertir 60.000 euros, que han de pagar entre todos los propietarios según la cuota de participación de cada uno. La falta de consenso sobre su instalación suele concretarse en el desacuerdo entre los dueños de los primeros pisos, plantas bajas y locales y el resto de propietarios, y el conflicto adquiere a veces tal grado de irresolubilidad que acaba en manos de un abogado. El letrado, con la ley en la mano, no cesará de hacer números para lograr la mayoría necesaria y dar luz verde a una obra onerosa cuyo coste cuesta asumir, pero que además de aumentar la comodidad y accesibilidad del edificio mejora el valor del inmueble en general y de cada piso en particular.

La Ley de la Propiedad Horizontal de 1960, reformada el 6 de abril de 1999, regula las relaciones vecinales entre los propietarios de pisos o locales de un edificio y deja sentado que la comunidad de propietarios no puede negarse a instalar un ascensor o plataformas elevadoras si estas infraestructuras mejoran la habitabilidad del inmueble. Esta es la razón por la que, en principio, no es necesaria la unanimidad en la junta de propietarios para que pueda procederse a la instalación de un ascensor. Sin embargo, en función de la situación en la que se presente la propuesta, las mayorías requeridas serán diferentes.

Si ningún vecino sufre impedimento alguno para acceder a su vivienda, ya sea por edad avanzada o por alguna discapacidad, para que el acuerdo de instalación del ascensor sea válido se exige que tres quintas partes de los votos sean afirmativos.

Pero, en cambio, si el ascensor se instala para que una persona con movilidad reducida o mayor de 70 años pueda subir y bajar de su vivienda, bastará con la mayoría simple, esto es, la mitad de los votos más uno. Si aun en ese supuesto no se alcanzara la mayoría, el propietario interesado en la instalación puede acogerse a la ley que ampara la eliminación de barreras arquitectónicas y encargar la realización del proyecto. Para ello, deberá notificar por escrito a la comunidad la necesidad de ejecutar obras de adecuación, acompañando la documentación que acredite su condición de discapacitado o de que se trata de una persona anciana, y el proyecto técnico de las obras que se deben realizar. Si transcurre un máximo de 60 días sin que la comunidad informe por escrito de su consentimiento u oposición, se entiende que se accede a la ejecución de las obras.

El principal motivo de discusión no es tanto conseguir la autorización para que se haga la instalación como afrontar la financiación de la obra, y más cuando se pretende instalar el ascensor en comunidades de vecinos sin propietarios ancianos ni discapacitados. La diversidad de las interpretaciones que pueden hacerse de la Ley de la Propiedad Horizontal (artículos 11 y 17) no hace sino propiciar que la controversia sea mayor. Acogiéndose al art. 17, los más interesados en poner ascensor pueden defender que el acuerdo adoptado por las tres quintas partes obliga a todos, tanto a quienes votaron a favor como a quienes lo hicieron en contra, a correr con los gastos de la reforma. Pero si quienes se oponen aseguran que no es necesaria dicha instalación y, aun admitiendo que la obra se realice, afirman que no van a sufragar estos gastos porque el art. 11 establece que "si la cuota de instalación excede del importe de tres mensualidades ordinarias de gastos comunes, el disidente no resultará obligado, ni se modificará su cuota, incluso en el caso de que no se le pueda privar de la mejora", ya está el lío montado.

En ocasiones, la comunidad se encuentra con que las escrituras de propiedad de bajos o locales comerciales especifican la exención de pagos en caso de instalación de ascensor. En este caso, los propietarios de los bajos no pagarán los gastos ocasionados por el nuevo ascensor. Y si no fuera así, los propietarios de estos pisos y locales siempre pueden solicitar que la junta someta el asunto a votación. Aunque su situación no sea muy airosa: si un solo propietario se opone a que los dueños de los bajos queden liberados de los pagos, deberán desembolsar las cantidades estipuladas. Y si alguno de estos propietarios de bajos o locales se niega a pagar, podrá ser demandado por impago, si bien la decisión de la junta puede ser impugnada. De cualquier manera, para emprender esta u otra acción judicial es necesario que los vecinos implicados estén al día en los pagos a la comunidad. Huelga decir que siempre es mejor llegar a acuerdos razonables que no dañen la convivencia entre los vecinos.

Un caso curioso: si los vecinos que se niegan a pagar la cantidad que les corresponde por la instalación del elevador venden su piso una vez generados varios impagos, la responsabilidad de las cuotas no pagadas no recae únicamente en quien era propietario en el momento en que éstas vencieron, sino también en el comprador. Ahora bien, este último sólo debe hacerse cargo de los impagos producidos en el año de compra de la vivienda y en el anterior. De todos modos, lo más sensato -y la ley no lo impide- es que, en el momento de firmar la escritura, vendedor y comprador acuerden descontar del precio de compra de la vivienda las cantidades que se adeudan a la comunidad de vecinos.

Si en el inmueble reside al menos una persona con discapacidad física y/o avanzada edad, tal y como se ha dicho anteriormente, los vecinos no pueden negarse a sufragar su parte de la obra de instalación del ascensor. Conviene saber que la incapacidad no tiene que ser oficial ni reconocida por institución administrativa alguna, aunque es conveniente contar con informes médicos que acreditan las deficiencias de movilidad o la discapacidad física. En el caso de las personas mayores, tampoco es necesario disponer de un justificante médico que certifique las molestias, o los efectos en caderas y piernas originados por los esfuerzos de subir y bajar escaleras. Es conveniente que los propietarios conozcan cómo se distribuyen los porcentajes que deben pagar por la instalación del ascensor. Las cifras que tendrán que abonar se calculan de acuerdo a la cuota de participación que cada propietario tiene en función de la ubicación y altura de su vivienda. El valor de la cuota se asigna por la superficie útil de cada piso o local, en relación con el total del inmueble referido en centésimas.

Si se desea poner un ascensor en el inmueble, ahora la comunidad de vecinos lo tiene más fácil que hace unos años. La Ley de rehabilitación, regeneración y renovación urbanas permite instalar un ascensor en una finca con solo el acuerdo de la mayoría de propietarios que, a su vez, representen la mayoría de las cuotas de participación.

Si en la junta que se celebre para discutir el asunto de la colocación los votos a favor son con esa doble mayoría (de propietarios que a su vez representen una mayoría de cuotas), el acuerdo es válido y el ascensor se construirá.

Poner un ascensor siempre supone que la vida será más cómoda para los vecinos. Pero, además, hay casos en que es una necesidad, como para quienes utilizan sillas de ruedas o muletas y también para las personas mayores. La ley dice que, en estos casos, la construcción de un ascensor para eliminar barreras arquitectónicas puede hacerse incluso sin haber acuerdo aprobado en junta de propietarios. Así, la ley permite la instalación de ascensores que faciliten el acceso a personas con discapacidad y mayores de 70 años que vivan o trabajen en el edificio.

Pueden darse dos situaciones:

Régimen obligatorio, sin necesidad de acuerdo, para obras de bajo coste que no excedan de 12 mensualidades. Siempre que los trabajos sean solicitados por algún residente con interés legítimo (personas con discapacidad o mayores de 70 años que necesiten el ascensor para poder acceder a los elementos comunes), la obra es de obligada aceptación por los demás vecinos. Y todos deben asumir su coste, siempre que no exceda de 12 cuotas de comunidad.

Régimen de mayorías. Cuando las obras son de coste mayor a 12 mensualidades, para llevarla a cabo se necesita el voto favorable de la mayoría de los propietarios (que representen la mayoría de las cuotas de participación). Ello supone en la práctica que un acuerdo será válido, si lo adopta el 51% de los vecinos.

Si no se consigue un acuerdo con esa cuota de participación, los interesados pueden hacer la obra de adaptación -en este caso, el ascensor-, y ellos asumirán el sobrecoste. Pero la parte correspondiente a 12 cuotas de comunidad sí es obligatoria para todos.

Cuando se celebra una junta de vecinos no siempre acuden todos. ¿Cómo saber el valor de su voto? Para poder sumar el voto de los ausentes a favor de la instalación del ascensor, primero se tiene que haber alcanzado un acuerdo favorable entre los presentes.

Si se ha obtenido el necesario doble quórum, hay que notificar a los ausentes el acuerdo y estos tienen un plazo de 30 días naturales para manifestar su opinión. Si en ese tiempo no se oponen, se entiende que su voto es a favor de la colocación del ascensor.

Sí. Estén o no de acuerdo con su instalación, los propietarios deben pagar el coste del ascensor en su cuota correspondiente. Si se consigue el doble quórum exigido en la ley para proceder a ponerlo en el inmueble, todos los vecinos deben pagar de manera obligatoria, incluso si el importe repercutido a cada uno supera 12 mensualidades ordinarias de gastos comunes.

El ascensor se suele colocar en el hueco de la escalera. Pero no siempre hay un espacio para instalarlo, sobre todo en los inmuebles más antiguos, lo que complica la obra y, por supuesto, la encarece. Por este motivo hay propietarios que no son favorables a este cambio, más aún si viven en las plantas bajas y no se verán demasiado beneficiados.

En caso de que se llegue al acuerdo de su colocación, y no haya hueco, se intenta situar en el patio de luces (o, a veces, en la fachada). Si estas soluciones no son posibles, se procede a demoler la escalera y crear un hueco suficiente para poner un ascensor, reubicando la nueva escalera.

Las obras siempre tardan más de lo que gustaría. Pero, en el caso de una instalación de ascensor, lo más lento son los trámites que, aunque no son muchos ni complicados, pasan demasiado tiempo en el ayuntamiento.

Cuando al fin se inician las labores de colocación, su duración media está entre seis y ocho meses.

El precio de poner un ascensor se mueve en una horquilla que va desde 45.000 euros hasta 70.000 euros. Estas tarifas se aplican en caso de que haya hueco y varía en función de las alturas del inmueble.

Si la obra es más complicada y hay que demoler las escaleras, el coste se sitúa entre 95.000 euros y 125.000 euros, según las alturas.

Para colocar un ascensor a veces hay que realizar trabajos en espacios destinados a fontanería, electricidad, gas... Todo ello encarece aún más el importe de la instalación.

Para las comunidades de vecinos que se decidan a mejorar la accesibilidad, hay ayudas públicas. En concreto, pueden conseguir hasta un 35% del coste (que puede llegar hasta el 50% en caso de ser necesario por accesibilidad).

Además, las comunidades autónomas también ofrecen subvenciones de diversa cuantía para la colocación de ascensores. Deben consultarse en las consejerías de Vivienda o Urbanismo de cada comunidad autónoma.

La instalación de un ascensor casi siempre es motivo de polémica entre los vecinos. Más aún si no hay espacio para colocarlo y la obra resulta más complicada. Algunos propietarios estiman que no compensarán los gastos, que si no hay hueco de escalera es imposible poner un ascensor o que afeará el patio o la fachada.

Los antiguos inmuebles, con vecinos ya mayores y situados en los centros de las ciudades, carecen a veces de ascensor. Precisamente, sus moradores son personas que lo necesitan, ya que les cuesta más subir escaleras, tienen más achaques... Pero, a veces, hay dificultades para instalarlo, tanto económicas como técnicas.

Una de las situaciones que, a priori, parece más complicada es no tener hueco para poner un ascensor. Pero, ¿cómo se puede solucionar este problema? Ante todo, hay que pensar en el espacio que se necesitará, que para poder colocar un ascensor para una persona o dos el mínimo sería de 65 centímetros de ancho por 100 de fondo.

A veces el ascensor es motivo de conflicto, porque los vecinos del bajo o el primero no se ponen de acuerdo dado que no están tan necesitados de su instalación

La alternativa más común, de Instalaciones Complejas, es demoler la escalera e intentar crear un hueco suficiente para poner un ascensor, reubicando la nueva escalera. Esto se realiza siempre y cuando no haya otras soluciones, como colocarlo en los patios de luces. Los tipos de escalera varían: unas son de ida y vuelta (dos tramos), otras son rectas (de un tramo) y, a veces, para crear el hueco se hacen rectas con un pasillo.

En algunas ocasiones, la ubicación de la escalera impide la cota cero. Es decir, que en el recorrido desde el ascensor a la vivienda hay escalones o se tiene que subir o bajar para llegar a los pisos. Otras veces, los vecinos tienen que ceder parte de su casa y se habilita un hueco por dentro... Y resulta bastante complicado cuando los dueños del bajo o primeros no se ponen de acuerdo, dado que no están tan necesitados de ascensor.

El precio es uno de los aspectos que más ampollas puede levantar entre los propietarios a la hora de tomar la decisión de instalar un ascensor. Oscilan, de media, en una horquilla que va desde 45.000 euros hasta 70.000 euros con hueco, y según las alturas. Si hay que demoler las escaleras, su coste varía entre 95.000 euros y 125.000 euros, también dependiendo de las alturas.

Además, hay aspectos que encarecen el importe de la colocación de un ascensor, como los trabajos que se tengan que realizar en espacios destinados a fontanería, gas, electricidad, centralización de contadores... Otras veces, el ancho de la escalera no es suficiente y, aparte de demoler, hay que "morder" a las paredes medianeras para conseguir esos centímetros que faltan, etc.

Quienes solicitan más el servicio de instalar ascensores sin hueco son, con diferencia, las comunidades de vecinos de edificios antiguos. Para poder llevar a cabo el proyecto, una vez que se haya decidido poner el ascensor, es esencial pedir varios presupuestos, sobre todo de empresas especializadas. Una vez seleccionada, es importante -si hay posibilidad- ver alguna obra que hayan realizado ya, y hablar con los vecinos para obtener información de la compañía, de cómo resultaron los trabajos, etc.

Respecto a los trámites y burocracia que se deben llevar a cabo no son difíciles ni muchos; sin embargo, son muy lentos. El mayor problema, según los expertos, es la gran cantidad de tiempo que pasan en el Ayuntamiento.

Una vez terminada la burocracia, se empieza la obra. Su duración media desde que se inicia (no desde que se firma) es de entre seis y ocho meses.

Se esté o no de acuerdo con su colocación, si se aprueba por mayoría todos los vecinos deben pagar el coste del ascensor en su cuota correspondiente. Más comodidad y, además, revalorización de la vivienda. Parece que colocar un ascensor solo supone ventajas para los vecinos, pero es, sin embargo, uno de los aspectos que más discusiones provoca entre ellos. Los habitantes de los pisos bajos y los primeros, en general, no ven con buenos ojos tener que meterse en una obra que será incómoda y cara cuando para ellos apenas es necesario. Pero, como se aborda en este artículo, estén o no de acuerdo con su instalación, deben pagar el coste del ascensor en su cuota correspondiente. Además, con la nueva ley, basta el voto favorable de la mayoría de propietarios que representen la mayoría de cuotas de participación.

¿Por qué pagar la derrama de un servicio que no se usará? Es la pregunta que se hacen a veces los vecinos que no utilizarán un ascensor, como los propietarios de un local -que a veces ni siquiera tienen llaves del portal- o quienes residen en un bajo. Pero estas no son razones suficientes para no pagar su instalación, a no ser que en los estatutos de la comunidad quede recogido que alguno de los propietarios está exonerado del pago, algo poco común.

La ley obliga a que todos los propietarios abonen la colocación de un ascensor, vivan en el bajo o en el décimo piso. Hasta hace poco más de un año, instalar uno requería el voto favorable de las tres quintas partes del total de propietarios de la comunidad, que además representaran las 3/5 partes de las cuotas de participación (cuando la finalidad era la supresión de barreras arquitectónicas, solo era necesario el voto favorable de la mayoría de propietarios).

En junio de 2013 se aprobó la modificación de la Ley de Propiedad Horizontal. Desde entonces, para poner un ascensor solo se precisa el voto favorable de la mayoría de los propietarios que a su vez represente la mayoría de cuotas de participación.

La ley reformada en 26 de junio de 2013 señala en su artículo noveno, referido a las obligaciones del propietario, que este debe contribuir, con arreglo a la cuota de participación fijada en el título o a lo especialmente establecido, a los gastos generales para el adecuado sostenimiento del inmueble, sus servicios, cargas y responsabilidades que no sean susceptibles de individualización.

Además, el artículo 17.2 de la misma ley expone con meridiana claridad la mayoría que se necesita para la instalación de un ascensor en un inmueble. Así, señala que "sin perjuicio de lo establecido en el artículo 10.1 b), la realización de obras o el establecimiento de nuevos servicios comunes que tengan por finalidad la supresión de barreras arquitectónicas que dificulten el acceso o movilidad de personas con discapacidad y, en todo caso, el establecimiento de los servicios de ascensor, incluso cuando impliquen la modificación del título constitutivo, o de los estatutos, requerirá el voto favorable de la mayoría de los propietarios, que, a su vez, representen la mayoría de las cuotas de participación".

Y el citado artículo 10.1 b) indica que la colocación de un ascensor tendrá carácter obligatorio por solicitud de los propietarios y sin acuerdo previo de la Junta de propietarios, siempre que "el importe repercutido anualmente de las mismas, una vez descontadas las subvenciones o ayudas públicas, no exceda de 12 mensualidades ordinarias de gastos comunes".

MANTENIMIENTO

El mantenimiento y la conservación del ascensor son obligación de la Comunidad de Propietarios, que debe velar por el perfecto funcionamiento de la máquina e impedir su uso cuando no ofrezca las debidas garantías de seguridad.

¿Qué obligaciones le corresponden a la comunidad?

(a) Contratar el mantenimiento y revisiones de la instalación con una empresa inscrita en el Registro de Empresas Conservadoras.

(b) Solicitar las inspecciones periódicas.

(a) Impedir el funcionamiento de la instalación cuando tenga conocimiento de que no reúne las debidas condiciones de seguridad.

(c) Notificar los accidentes al órgano territorial competente de la Administración Pública (por lo general, la delegación territorial del Departamento de Industria) y a la empresa encargada del mantenimiento. Además, no se podrá utilizar el ascensor hasta que, tras los reconocimientos pertinentes, lo autorice la Administración.

(d) Facilitar a la empresa de mantenimiento las revisiones y comprobaciones.

Contratos de mantenimiento

Los contratos de mantenimiento pueden tener una duración de un año, tres, cinco o incluso diez años, según las empresas. La mayoría de los contratos incluye cláusulas de prórroga automática por iguales periodos al inicial si ninguna de las partes pide, con una antelación de varias mensualidades antes del término del acuerdo, su conclusión definitiva. Además, recoge una cláusula que cuantifica la indemnización a favor de la empresa de mantenimiento en caso de ruptura anticipada por parte de la comunidad de propietarios.

¿Son legales los plazos tan largos?

Los plazos largos son abusivos. Suponen un privilegio a favor de la empresa, que se asegura la permanencia de la clientela bajo la amenaza de compensaciones económicas desorbitadas. Esto representa un claro perjuicio para las comunidades, privadas de contratar a otras empresas que ofrezcan condiciones mejores.

¿Pueden las empresas de mantenimiento exigir grandes cantidades de dinero si la comunidad rescinde anticipadamente el contrato?

Esa práctica constituye un abuso si no se pacta también una indemnización a favor de la comunidad para el caso de que sea la empresa quien resuelva anticipadamente. No obstante, esta condición no evita siempre la obligación de la comunidad de indemnizar. Lo que hacen algunos tribunales es reducir la indemnización señalada en el contrato.

Nuestros consejos

> Antes de contratar una empresa de mantenimiento, soliciten varios presupuestos.

> Si rescinden el contrato con antelación, cumplan los plazos de preaviso.

> Si el plazo del contrato es muy largo y la indemnización abusiva, intenten alcanzar un acuerdo, dejando constancia escrita. Y, si fuera preciso, lleven a juicio a la empresa.

En los inmuebles de antigua construcción en ocasiones ni tan siquiera hay un hueco para la instalación de un ascensor. Eso sí, si el edificio dispone de ese espacio, aunque no sea muy grande, la ley permite su instalación a pesar de que la cabina se construya con pequeñas dimensiones.

En los edificios que carecen de hueco para la instalación del ascensor, la comunidad se ve obligada a buscar otras soluciones, lo que a veces significa ocupar el espacio de otras viviendas o locales comerciales de la finca. La primera consideración es que, pese a que el bien de la comunidad prima sobre el interés particular de un vecino, los propietarios afectados están en su derecho a oponerse a que la instalación del ascensor les prive de su espacio. Además los tribunales españoles, en sentencias recientes, dejan sentado que ninguna ley permite a las comunidades ejecutar una expropiación forzosa a uno de sus propietarios. Por tanto, si el vecino afectado acepta finalmente la colocación del ascensor, la comunidad está obligada a compensarle económicamente. Si la indemnización propuesta no convence al propietario afectado, deben buscarse otras soluciones técnicas para salvar este grave obstáculo que, normalmente, resultarán más costosas para la comunidad. Dos que se han adoptado estos últimos años: una, colocar el ascensor por la parte exterior de la fachada, siempre con autorización del ayuntamiento; otra, la instalación de orugas mecánicas con enganche para sillas de ruedas o plataformas de elevación y sillas salva escaleras que no requieren obra pero no resultan tan útiles como un ascensor.

La responsabilidad del mantenimiento y la conservación del ascensor recae sobre la comunidad de propietarios

En los edificios muy antiguos es habitual que la colocación del ascensor requiera sacrificar un espacio de la escalera que no se sabe con exactitud a quién pertenece. Se trata de cuartos o recovecos cuya función no es del todo clara, pero que el constructor del edificio vendió años atrás a uno de los propietarios. En estos casos, el primer paso es comprobar qué consideración tiene ese cuarto en los estatutos de la comunidad, e investigar en qué condiciones y cuándo tuvo lugar la venta. Se puede dar una prescripción adquisitiva, o lo que es lo mismo, que el dueño haya creado propiedad sobre ese espacio. Si la operación se cerró en su día de buena fe y justo título, la propiedad se habrá adquirido por el transcurso de 10 años.

La responsabilidad del mantenimiento y la conservación del ascensor recae sobre la comunidad de propietarios, que debe asegurarse del perfecto funcionamiento de esta infraestructura e impedir, a su vez, su uso cuando no ofrezca las debidas garantías de seguridad. Esto no significa que, una vez alcanzado el acuerdo que aprueba la instalación del ascensor, la junta de propietarios pueda determinar que a los vecinos que no vayan a hacer uso de él se les exima de pagar las cuotas de mantenimiento del ascensor. Hay muchos mecanismos y soluciones técnicas a las que pueden recurrir las comunidades de vecinos para asegurarse de que los vecinos que acordaron con la junta de propietarios no pagar su instalación no utilicen el ascensor, desde cabinas que sólo funcionan previo uso de llave o ascensores con clave personal, hasta llaves específicas que activan el mecanismo del ascensor para subir y bajar directamente al piso asignado a cada una de ellas. Toda comunidad debe contratar el mantenimiento y las revisiones de la instalación con una empresa inscrita en el Registro de Empresas Conservadoras. La duración de estos contratos puede ser de uno, tres, cinco o diez años.

La mayoría de estos acuerdos incluye cláusulas de prórroga automática por iguales periodos de tiempo si ninguna de las partes solicita su cese, con una antelación de varias mensualidades antes de que finalice el contrato. Además, algunos contratos incorporan una cláusula que fija una indemnización a favor de la empresa de mantenimiento en caso de ruptura de contrato por parte de la comunidad de propietarios. Ésta es una práctica no del todo legal, ya que constituye un abuso si no se pacta a su vez una indemnización a favor de la comunidad si es la empresa quien cesa el contrato de manera anticipada. Además, los plazos tan largos de contratación son también abusivos porque suponen un privilegio a favor de la empresa, que se asegura que el cliente no se va a ir a la competencia, bajo la amenaza de compensaciones económicas desorbitadas. Por eso, la comunidad de vecinos debe conocer al dedillo las condiciones de contratación del servicio antes de formalizar el acuerdo. Y, por supuesto, los precios de esta asistencia técnica.

Subvenciones para la instalación

Las diversas comunidades autónomas prevén la concesión de ayudas económicas para la instalación de ascensores y la eliminación de barreras arquitectónicas. Antes de comenzar las obras se aconseja consultar con el Departamento de Vivienda de cada comunidad autónoma para informarse sobre las posibles subvenciones, los documentos a presentar y los requisitos a cumplir.

A modo de orientación, atiéndase a estos:

Hay que solicitar la licencia de obra.

Un perito debe firmar la documentación de la obra.

Se precisa la conformidad de la comunidad de vecinos.

La obra debe garantizar la seguridad del ascensor, además de la del conjunto del inmueble.

Hay que cumplir los requisitos de instalación del ascensor en materia de seguridad, como los relativos a la superficie necesaria para instalar una cabina y puertas automáticas

Vivo en un bloque de cinco pisos que no tiene ascensor, pero sí hueco para ponerlo. Los vecinos así lo queremos, pero cuando hemos comenzado a hacer gestiones nos hemos topado con que el inquilino de la lonja no quiere vender al dueño el trozo que necesitamos. Querría saber si se puede tomar alguna medida legal ahora o en el futuro.

Para instalar el ascensor, dependiendo de las circunstancias de cada comunidad, es necesario el acuerdo unánime, el mayoritario o el de 3/5 de los vecinos. Para transformar un elemento privado en común, o viceversa, es necesario un acuerdo unánime que implica modificación de las cuotas de participación, modificación que ha de constar en el Registro de la Propiedad. En este caso, existiendo acuerdo unánime de la Junta de propietarios para instalar el ascensor y también para trasformar parte de un local privado en elemento común, podrían en principio instalarlo. Pero el problema va más allá, al estar el local alquilado y no dar el inquilino su consentimiento a las obras.

Los artículos 1554 y 1557 del Código Civil obligan al propietario del local a mantener al inquilino en el goce pacífico del local arrendado, y a no variar la forma de la cosa arrendada, salvo que el arrendatario consienta en dicha modificación. Toda intervención del propietario que vaya más allá de efectuar reparaciones necesarias a fin de conservar el local arrendado, necesita el consentimiento del arrendatario. Esta afirmación no es absoluta, pero la evolución legislativa y la jurisprudencia actual entienden que el propietario pierde toda posibilidad de modificar el local mientras dure el contrato. Por tanto, para realizar las obras de instalación de ascensor invadiendo la superficie y modificando la forma del local, habrían de esperar a la finalización del contrato de alquiler u obtener el consentimiento del inquilino.

Tema 5. Obras permitidas por ley en un piso

El incumplimiento de las normas puede desembocar en el pago de una indemnización e incluso en la privación del derecho al uso de la vivienda o local. Tirar tabiques, dividir un gran espacio en dos, reformar por completo baños y cocina... Es difícil encontrar a alguien que no haya realizado alguna obra en su vivienda, actuaciones para las que se debe contar con la conformidad de la comunidad de propietarios, especialmente cuando se trata de reformas de envergadura. Los dueños de una vivienda, o sus arrendatarios, deben seguir una serie de pasos legales y de respeto a la convivencia para evitar conflictos, ya que ante las molestias provocadas por obras los vecinos pueden recurrir a la junta de la comunidad o a su presidente para obligar a quien causa trastornos a cesar con los trabajos, o a que los realice cumpliendo con las normativas. Además, conviene tener en cuenta que los conflictos de este tipo pueden llegar a la instancia judicial e incluso, en casos extremos, tener como consecuencia el pago de una indemnización o hasta la privación del uso de la vivienda o local a su dueño.

Cuando se desea realizar una obra en un inmueble, lo primero que se debe tener en cuenta es que no existe una normativa "universal", sino que el marco legal al que debe atenerse quien las lleve a cabo está sujeto a las ordenanzas municipales de cada ayuntamiento. No obstante, en las viviendas de propiedad horizontal, unifamiliares o locales se pueden mencionar unos parámetros básicos y generales. Así, cada propietario puede realizar obras, modificando los elementos arquitectónicos, instalaciones o servicios, a condición de que:

No reduzca o altere la seguridad del edificio, su configuración y estructura general, o su estado exterior.

No perjudique los derechos de otro propietario.

Comunique la realización de tales obras previamente al presidente de la comunidad.

Es decir, los trabajos no pueden ser molestos, insalubres, peligrosos o ilícitos , ni poner en peligro la seguridad del edificio o de las fincas vecinas. Si se llegara a detectar que se incurrió en alguna de estas faltas, el responsable puede ser apercibido para que finalice las obras y, si hace caso omiso, terminar en juicio. En ningún caso, un propietario puede alterar la estructura del edificio o de sus zonas comunes; y si advirtiese la necesidad de reparaciones urgentes, "deberá comunicarlo al presidente de la comunidad o a su administrador".

Los ruidos son una de las consecuencias más molestas de las obras, por lo que hay que seguir un estricto horario para realizar los trabajos. Aunque los tramos permitidos pueden variar según cada municipio, generalmente se puede hacer obras de lunes a viernes, de 10:00 a 14:00 horas y de 16:00 a 20:00 horas, y los sábados de 10:00 a 14:00 horas. Los domingos suele estar prohibido.

LOS VECINOS PERJUDICADOS

Ante un perjuicio sufrido por una obra ajena, el vecino damnificado primero deberá consultar con el presidente de la comunidad para tomar conocimiento de la existencia de las licencias correspondientes. Si el propietario no cuenta con estas licencias, entonces deberá comunicar tal circunstancia ante la policía municipal. Si la obra tuviera licencia, pero se ha sufrido un daño o lesión por el incumplimiento del resto de normativas, entonces el vecino puede presentar un requerimiento al través de un burofax al propietario para intentar, por la vía amistosa y en un plazo determinado, percibir los costes de indemnización para cubrir las lesiones sufridas. Una vez vencido este plazo, si no se recibe respuesta por parte del responsable, puede recurrir a la vía judicial interponiendo una demanda por responsabilidad extracontractual a través de un abogado.

Las sanciones siempre son impuestas por el ayuntamiento. Si se han infringido horarios permitidos, se han colocado materiales de manera indebida o provocado contaminación acústica, las respuestas a tales actuaciones serán sanciones administrativas. Pero si se ha afectado a particulares -por poner un ejemplo, que un vecino se haya lesionado al tropezar con restos de material dejados en zonas comunes y, en consecuencia, haya sufrido un problema traumatológico- el damnificado podrá solicitar una indemnización. Ante un perjuicio particular de este tipo, el vecino perjudicado puede denunciar al propietario para obtener compensación por el perjuicio sufrido, ante el juzgado, no ante la Administración o la policía local. Ante estas autoridades, lo que debe presentar es una denuncia en la que incluya datos sobre si e propietario que ejecuta las obras incumple alguna normativa, como la falta de licencia o la insalubridad.

En relación a las indemnizaciones, no existe un baremo determinado ya que dependerá de la lesión sufrida por el damnificado. La medida de expulsión de la vivienda o local está contemplada por la ley pero, tal como expone González, "difícilmente se aplica", ya que para que un juez dicte una sentencia de este calibre deberían incumplirse absolutamente todas las normativas y preceptos de conducta ciudadana.

Siempre que se trate de una obra de envergadura, es decir, que pueda interferir en la convivencia con el resto de los vecinos o que afecte a la configuración de la vivienda, el propietario deberá informar en principio al presidente de la comunidad. Esto es así porque, según el caso, una obra podría afectar a muros maestros de toda la finca y, por lo tanto, no podría llevarse a cabo. Esta solicitud se realiza por escrito y debe contener los datos del propietario, de la propiedad y el detalle de las obras que se van a realizar.

Una vez obtenida la autorización de la comunidad, el permiso habrá de presentarse al área correspondiente del ayuntamiento para obtener las licencias necesarias. La obligatoriedad de disponer de una licencia depende de la dimensión de la obra, pero también de las consecuencias que implique. Hay obras menores como el cambio de suelo o de sanitarios, por ejemplo, pero si suponen el uso de las zonas comunes para el retiro de residuos, etc., también necesitan licencias. Estas licencias no se suelen demorar demasiado, aunque depende de la agilidad de la Administración local.

Para el retiro de los residuos, el propietario deberá contar con un contenedor provisto por el ayuntamiento, y deberá mantener la higiene y limpieza de toda la finca, en la medida de lo posible, "una de las medidas más difíciles de cumplir".

El propietario de la vivienda el responsable final de las consecuencias de una obra, aunque quien realice reformas sea el inquilino, quien deberá obtener por ello, por escrito, el permiso del dueño. Con este permiso es el inquilino quien se puede encargar de solicitar las licencias y autorizaciones pertinentes.

También es responsable de los daños y de la infracción que los obreros, por error u omisión, hagan de la normativa, como puntualizan en iAbogado.com. Porque aun cuando las obras notificadas al presidente de la comunidad sean autorizadas, y se permita el desplazamiento de los obreros y el transporte de los materiales por las zonas comunes, hay que tener en cuenta que se trata sólo de "derecho de paso", y que se debe ser cuidadoso y respetuoso con los vecinos.

Incumplimiento de las normas

Si se diera el caso de que el propietario no comunicara las obras que pretende realizar o está haciendo, el presidente de la comunidad, a iniciativa propia o de cualquiera de los vecinos, deberá requerir por escrito el detalle de las mismas, para cumplir con el procedimiento correspondiente. Si se trata de obras ilícitas, podrá solicitar que cesen inmediatamente e informar al propietario que, de lo contrario, se iniciarán acciones administrativas y/o legales.

Si el infractor persiste en su conducta, el presidente, previa autorización de la junta de propietarios, podrá presentar a través de un abogado la demanda judicial acompañada del requerimiento remitido al infractor (burofax). Si el caso llega a tal extremo, será ya el juez quien dicte la sentencia correspondiente. Entre las medidas más habituales figuran:

Cese definitivo de la actividad ilícita iniciada.

Indemnización por parte del infractor a la comunidad por los daños y perjuicios causados.

Privación del derecho al uso de la vivienda o local por un tiempo no superior a los tres años.

El propietario de un piso o un local en un edificio tiene derecho a cualquier reforma sobre su propiedad, siempre que las obras no pongan en riesgo la seguridad del inmueble ni perjudiquen a sus vecinos. Lo mismo ocurre con el aspecto exterior de la casa, aunque en este caso es necesaria la autorización de la comunidad de vecinos y también del ayuntamiento. Existen, de todos modos, algunas excepciones relacionadas con locales comerciales. Al hacer obras en casa, se deben respetar dos normas: no poner en riesgo la seguridad del edificio ni perjudicar a los vecinos.

La persona propietaria de un piso o local en un edificio puede realizar en su interior las reformas que considere oportunas, siempre y cuando no ponga en riesgo la seguridad del edificio ni perjudique a otros propietarios. La modificación de un muro de carga o un tabique maestro puede comprometer en cualquier momento la seguridad de todo el inmueble, con el peligro incluso de que la construcción se derrumbe.

En concreto, el artículo 7.1 de la Ley de Propiedad Horizontal (ley 49/60, cuya una modificación data del 2 de agosto de 2011), establece lo siguiente: "El propietario de cada piso o local podrá modificar los elementos arquitectónicos, instalaciones o servicios de aquél cuando no menoscabe o altere la seguridad del edificio, su estructura general, su configuración o estado exteriores, o perjudique los derechos de otro propietario, debiendo dar cuenta de tales obras previamente a quien represente a la comunidad". Es decir, al presidente.

Un ejemplo de obra que no se puede realizar porque ocasionaría un perjuicio a los vecinos es modificar la estructura de las tuberías bajantes de agua, la cual comparten todos los vecinos. Para cualquier trabajo relacionado con esa estructura, o con otra similar, se necesita la aprobación de la comunidad.

Modificar el aspecto exterior del piso (balcón, terraza, obra para la instalación de un aparato de aire acondicionado, etc.) implica alterar la fachada del edificio. Por ello, exige no solo la aprobación de la comunidad de vecinos, sino que además la reforma debe estar avalada por el ayuntamiento, ya que tal medida representa una alteración del espacio público.

Junto con la aprobación de esas dos partes, es necesario contar con una licencia de obras, que puede ser de tres tipos diferentes según las necesidades:

> Realizar obras, reformas, construcciones, etc., en un piso o local.

> Abrir nuevas oficinas, comercios y otras actividades en un local.

> Cambiar de uso un edificio (de oficinas a viviendas o viceversa) o un local comercial (abrir una tienda de ropa donde hasta ahora había una cafetería).

En cambio, no es necesaria la licencia de obras ni permiso de reformas para trabajos menores, como pintar, cambiar solados, alicatar o sustituir instalaciones de saneamiento, agua, electricidad o calefacción, tanto para viviendas como para locales.

El mencionado artículo de la Ley de Propiedad Horizontal se completa con la siguiente explicación: "En el resto del inmueble (el propietario) no podrá realizar alteración alguna y si advierte la necesidad de reparaciones urgentes deberá comunicarlo sin dilación al Administrador".

Existen, no obstante, estatutos o títulos constitutivos de comunidades de vecinos que autorizan a propietarios a realizar obras sin el consentimiento exigido por la ley. En estos casos, la jurisprudencia (es decir, el criterio común adoptado por la Justicia acerca de un problema a partir de una pluralidad de sentencias que estuvieron de acuerdo) indica que esos reglamentos son nulos, puesto que no pueden vulnerar la ley.

Sin embargo, hay una excepción para estos casos: la de los locales comerciales de propiedad horizontal, en los cuales en general sí se acepta que un propietario pueda efectuar reformas sin autorización. En todo caso, siempre debe respetar las dos normas "de convivencia" básicas: que no se vea afectada la seguridad del edificio ni se ocasione perjuicio alguno sobre el resto de los vecinos.

Así como un propietario no puede realizar obras que afecten a la seguridad del edificio o a sus vecinos sin consentimiento de la comunidad, tampoco puede oponerse a que se realicen trabajos necesarios para el bien de la comunidad en su propia casa. Así lo establece el artículo 9.1.c de la citada ley 49/60, que señala como obligación de cada propietario "consentir en su vivienda o local las reparaciones que exija el servicio del inmueble y permitir en él las servidumbres imprescindibles requeridas para la creación de servicios comunes de interés general (...), teniendo derecho a que la comunidad le resarza de los daños y perjuicios ocasionados". Este compromiso -por poco agradable que, llegado el caso, pudiera resultar- también forma parte de lo que se asume al adquirir un inmueble.

Tener en propiedad un piso de 200 ó 300 metros cuadrados puede convertirse en una molestia, ya sea por los elevados gastos fijos que requiere su mantenimiento o por la dificultad que entraña vender una vivienda de tales dimensiones. En muchos casos, la mejor solución pasa por recurrir a su división para poder darle salida de forma más rápida. Pero se trata de una decisión que debe pensarse con detenimiento; hay que estudiar los gastos y posibles ganancias con rigor, y , en todo caso, realizar la obra con el asesoramiento de un experto en la materia. Además, para poder proceder a la segregación del piso se debe contar con la aprobación de la comunidad, cumplir los mínimos exigidos por la cédula de habitabilidad, elaborar un proyecto y pagar todas las gestiones y tasas.

La segregación

Dividir un piso o cualquier inmueble de uso residencial es una decisión que suele responder al deseo de donárselo a los hijos, a la necesidad de afrontar la subida de las hipotecas y vender una parte, o a la urgencia de venderlo y observar que resulta más rápido deshacerse de dos pisos pequeños que de una casa de grandes dimensiones.

El término técnico para definir la división de un piso en dos es "segregar", un concepto civil, hipotecario -es decir, registral-, tal y como establece.

La segregación, se refiere a hacer "una partición, acatando la norma urbanística". Tanto la finca matriz como la segregada deben estar sujetas a las normas, y cumplir todos los parámetros urbanísticos, como parcela mínima o edificabilidad, entre otros. En España, es legal realizar esta división siempre y cuando lo permitan las normas de propiedad horizontal; además, debe estar consentido por las normas urbanísticas de ordenación detallada del plan general del municipio.

La aprobación de la comunidad

La Ley sobre Propiedad Horizontal establece que los pisos podrán ser objeto de división material para formar otros más reducidos o independientes y aumentados por agregación de otros colindantes del mismo edificio, o reducidos por segregación de alguna parte. Pero dividir un piso en dos afecta a la comunidad de propietarios, ya que se modifica el título constitutivo con la creación de un nuevo componente (es decir una propiedad más).

Por ello, para realizar tales operaciones de agregación o segregación se requerirá, además del consentimiento de los titulares afectados, la aprobación de la junta de propietarios que, por afectar al título, deberá ser unánime, lo cual está determinado y precisado en el artículo 17 de la propia norma.

En el caso de que los copropietarios no aprobaran la modificación el propietario del piso tendría que impugnar el acuerdo negativo a dicha división y alegar las razones que entienda ajustadas a derecho. Lo cierto es que ante una situación de este tipo, lo único que cabría alegar es un "abuso de derecho".

El propietario que no accede a que otro proceda a la división de su piso no tiene la obligación de precisar ni argumentar nada para emitir su voto en contra. En algunas comunidades, los vecinos no desean incrementar el número de propiedades ni de propietarios. Sin perjuicio de la necesidad de cumplir con los requisitos impuestos por la comunidad, para dividir un piso, hay que solicitar también autorización municipal, sin la cual no pueden llevarse a efecto modificaciones de ningún tipo.

Otros requisitos

La base legal sobre la que se establece la segregación de un piso es la Ley de Propiedad Horizontal, pero además antes de partir en dos una vivienda hay que tener en cuenta otras normativas. En cuanto al aspecto urbanístico, se debe revisar la regulación de urbanismo de cada comunidad autónoma; si bien es cierto que hay criterios comunes para toda España, no se debe nunca dejar de lado este ordenamiento en el caso de que la división sea muy complicada, por ejemplo un piso muy viejo, con una distribución muy desigual que cuente con habitaciones excesivamente grandes y otras minúsculas. Además, hay que tener también en consideración la Ley de Suelo, aplicable a todo el territorio nacional.

Una vez obtenido el permiso de la comunidad de propietarios se deben cumplir con los mínimos exigidos en la cédula de habitabilidad:

1. Accesos independientes mínimos de 30 metros cuadrados de superficie en cada uno de los nuevos pisos (ambos con lavabos y cocinas)

2. Dimensiones mínimas de habitación de 10 metros cuadrados en cada uno

3. Aislamiento de muro medianero entre ambas viviendas (20 centímetros)

4. Aislamiento térmico y acústico

Es importante asimismo confirmar la densidad permitida por hectárea, así como los requerimientos específicos según cada localidad. Por ejemplo: superficie de fachada, si los nuevos pisos dan al exterior o al interior... Si se está ante un caso complicado de distribución y división de la vivienda, es recomendable que antes de solicitar la cédula de habitabilidad se cuente con el asesoramiento de un arquitecto y se contemple hasta el menor detalle.

Aunque hay criterios comunes para toda España, se debe revisar la ley de urbanismo de cada comunidad autónoma, especialmente en los casos de partición complicada

La cédula de habitabilidad se tramita en el correspondiente ayuntamiento, con un visado del profesional técnico habilitado. Si se exceptúa la actual reglamentación sobre prevención de incendios y superficies mínimas, el resto es general para toda España.

Además, para poder proceder a la división de un piso es necesario contar con:

Licencia de obra mayor: Se solicita en el Ayuntamiento, y se deben pagar las tasas correspondientes.

Realización del proyecto: Debe hacerse un proyecto técnico realizado por un arquitecto. Dividir un piso en dos es un proyecto de segregación de única propiedad, que debe estar ejecutado por un profesional adecuado (arquitecto/arquitecto técnico). Además, en el plano legal habrá que realizar una segregación en la escritura del piso.

Los profesionales involucrados

Dividir un piso es una obra de cierta envergadura, que requiere la presencia de los técnicos adecuados. Además de contar con los servicios de un arquitecto o arquitecto técnico (y, si el proyecto técnico lo requiere, de ambos), hay que contratar a un abogado que redacte la escritura de segregación, un notario que la autorice y un registrador de la propiedad que inscriba los nuevos pisos.

Tanto en los colegios de abogados como en los de notarios y registradores que haya en la localidad en que se encuentre situado el piso objeto de partición, pueden solicitarse a modo de presupuesto los honorarios y gastos que serán facturados por los mencionados profesionales, con el fin de calcular estas cantidades y tener previsto el gasto que supondrán. Por ejemplo, los gastos aproximados por la gestión de notario y arquitecto serían de 300 euros para el notario (200 de honorarios y 100 euros para copias, sellados...), y de 800 euros para el arquitecto (500 de honorarios más 300 euros para el resto de gastos). Para no dar pasos en falso en cálculos de tamaña importancia, conviene consultar además la ley de urbanismo de cada comunidad, ya que cada autonomía tiene su propia normativa y, aunque suelen ser similares, siempre difieren algo entre sí.

Cuando la vivienda está en un edificio, es necesario tener, además, el permiso de la comunidad para realizar la división. La Ley de Propiedad Horizontal exige el acuerdo de las 3/5 de los propietarios, que representan al menos 3/5 partes de las cuotas de participación, para aprobar la división de la vivienda. "La última modificación de la LPH eliminó el requisito de la unanimidad. Actualmente, es necesario el voto de las 3/5 partes de la comunidad (Art. 10.3B)", salvo que sea "a consecuencia de la inclusión del inmueble en un ámbito de actuación de rehabilitación o de regeneración y renovación urbanas en cuyo caso tendrá carácter obligatorio (Arto. 10.1E)".

No obstante, si en los Estatutos de la Comunidad está ya recogida la posibilidad de segregar o dividir las viviendas no será necesario la aprobación de la Junta de propietarios. "La comunidad podrá oponerse solamente si la segregación no se ajusta a lo establecido en los Estatutos o normativas urbanísticas, o perjudica a algún vecino o a los elementos comunes del inmueble".

La división de la vivienda supone una nueva estructura de los apartamentos resultantes que exige una redistribución de las cuotas a pagar en la comunidad. Generalmente, esta cuota se calcula en proporción a la superficie de la vivienda, por lo que, si esta cambia, habrá que modificarla. "El acuerdo por el que se autoriza esta modificación de la vivienda debe fijar también los nuevos porcentajes. Por lo general, en la propia solicitud el propietario hace una propuesta para que la comunidad la vote junto con la autorización".

La división de la vivienda debe hacerse obligatoriamente en escritura pública según el art. 50 del Reglamento Hipotecario y art. 3 de la Ley Hipotecaria, para acceder al Registro de la Propiedad. "Ha de inscribirse en el Registro para que las partes resultantes de la división cuenten cada una con hoja registral propia y gocen de los efectos registrales". "La escritura de división supone hecho imponible del Impuesto de actos jurídicos documentados".

Sin la escritura pública no se pueden inscribir las nuevas viviendas en el Registro de la Propiedad, y si se vende o arrienda la propiedad tampoco se podrá inscribir, con lo que el nuevo propietario estará desprotegido. Además, si se compra la vivienda con financiación hipotecaria, "la hipoteca precisa para su inscripción de la previa inscripción de la propiedad de la finca a favor del hipotecante".

La división puede hacerse de forma diferente según se trate de una casa independiente o de un piso en un edificio. En un chalet, la división puede ser: horizontal, dejando cada piso como una vivienda diferente, o vertical, llamada división horizontal tumbada, en la que se divide la finca de arriba abajo creando dos chalets apareados. "Si la obra antigua ya está declarada en escritura pública e inscrita en el Registro, no es necesario pedir licencia de obra, ni licencia de parcelación para escriturar la división". Sin embargo, hay que pedir licencia de primera ocupación para que cada vivienda pueda tener su propio suministro de luz, agua y gas. La división de un piso puede hacerse dividiendo el espacio en dos viviendas o por segregación, cuando solo se separa una parte del piso.

¿ES RECOMENDABLE DIVIDIR UN PISO?

La finalidad de las particiones puede ser muy variada, pero en la decisión del propietario siempre deben pesar los gastos de gestión y construcción que habrá de afrontar, así como el tiempo que durará la obra. Y, por supuesto, analizar qué rentabilidad obtendrá, de tal modo que la división compense económicamente. Respecto a la financiación, se debe considerar que cada nuevo piso podrá ser objeto de hipoteca tras la segregación, ya que serán dos viviendas independientes. El propietario que decide hacer una segregación puede pedir una hipoteca para cubrir los gastos de la obra y de los trámites (un préstamo para refacción).

Segregar un piso es, en muchos casos una buena forma de rentabilizar una propiedad, y se da con mucha frecuencia en pisos grandes de Madrid y Barcelona porque se venden o alquilan mejor los pisos más pequeños. Sin embargo, los resultados de cada unidad habitacional tras dividir un piso no son del todo buenos: habitaciones pequeñas, exceso de pasillos, accesibilidad incómoda de una de las unidades, etc.

Una de las primeras dudas que se plantean cuando se realiza una obra sin recurrir a un profesional es sobre la necesidad de adquirir algún tipo de licencia de obra. La respuesta dependerá de la importancia de la reforma.

Si la obra no va a afectar a la estructura ni a la fachada de la vivienda no será necesario realizar ningún tipo de trámite administrativo, esto supone no tener que presentar un proyecto de la reforma que se vaya a emprender que la encarece en un 4%. No obstante, aunque no sea necesario solicitar una licencia de obra si será necesaria realizar una actuación comunicada, que es gratuita.

Antes emprender la rehabilitación de una casa antigua, bien sea para convertirla en su segunda vivienda o su residencia habitual, es sumamente importante conocer una serie de detalles. El más trascendente es el tipo de calificación que posee el terreno.

En suelo urbano puede construirse un determinado número de viviendas, en rústico no está permitido levantar ningún tipo de construcción, aunque cada comunidad autónoma pueda tener su propia legislación. Por ejemplo, hay que disponer de un determinado número de metros cuadrados de terreno para poder construir y no se podrá hacer, o habrá que atenerse a una serie de requisitos, si se trata de una zona protegida.

Para averiguar la calificación del terreno se deberá acudir al catastro, también se deberá investigar si en un futuro cercano el terreno va a ser recalificado. Y si de lo que se trata es de comprar la vivienda, consultar si la casa o el terreno están hipotecados.

Terrazas, balcones, áticos y azoteas son lugares muy utilizados en verano, sobre todo en las grandes urbes, pues amplían y 'estiran' la vivienda al convertirse en auténticos balones de oxígeno para el ciudadano. Para disfrutar de estos lugares con plenitud es fundamental atender una serie de recomendaciones, especialmente si en el hogar hay niños.

Es imprescindible mantener los balcones y las terrazas de una vivienda en buen estado, incluso en la estación fría, y no convertirlos en una especie de trastero, donde se va acumulando multitud de aparatos y enseres que ensucian, empolvan y 'afean' un área de la que se puede disfrutar más de seis meses al año en zonas de clima suave.

Si en el hogar viven niños es fundamental atender una serie de recomendaciones, cuyo descuido puede propiciar graves situaciones de riesgo para los mismos. Según un informe de la Unión Europea, la mayoría de las lesiones y muertes de menores de cuatro años corresponden a accidentes en el hogar; las caídas de balcones y terrazas son una de las principales causas, junto con las quemaduras, las intoxicaciones, la asfixia y el ahogamiento.

En primer lugar, conviene revisar a conciencia el estado de todas y cada una de las partes de la terraza o el balcón. Los barrotes oxidados, las paredes con desconchones y humedades, los suelos con irregularidades, las barandillas sueltas y los puntos de luz en mal estado pueden ocasionar desde leves heridas o rasguños innecesarios a graves accidentes. Todas estas cuestiones deberían resolverse de inmediato para evitar riesgos posteriores.

Los niños menores de diez años no deben permanecer sin vigilancia en esta zona de la casa

Es muy importante también asegurar los accesos a estos lugares de la casa, instalando sistemas de bloqueo en ventanas y puertas que impidan su apertura a los niños. A continuación se exponen una serie de recomendaciones específicas para los más pequeños, consejos que valen poco si el adulto no respeta la regla principal: los niños menores de diez años no deben permanecer sin vigilancia en esta zona de la casa, aunque se haya inspeccionado al milímetro y todo se encuentre "aparentemente" en buen estado:

> Los barrotes de puertas, ventanas y balcones deben estar bastante próximos entre sí para evitar que los niños introduzcan el cuerpo entre ellos. La distancia de separación de los mismos no puede superar los 12 cm.

Las barandillas de los balcones deben tener una altura mínima de seguridad, que habitualmente se apunta en las Normas de Habitabilidad y Diseño de las comunidades autónomas. Las Normas Tecnológicas de la Edificación (NTE) establecen que la altura de las barandillas no podrá ser menor a 100 cm para alturas de caída inferiores a 25 m, y no podrá ser menor a 110 cm para alturas de caída superiores. Las barandillas no deben incorporan elementos de vidrio o cristal.

Evitar la proximidad a la barandilla de objetos a los que puedan subirse los niños, como mesas, banquetes, jardineras, maceteros y otros elementos decorativos.

Mosquiteros y mallas de protección no evitan posibles caídas de los más pequeños.

Conviene que los suelos estén despejados y sin losetas mal ajustadas. No deben utilizarse ceras o productos resbaladizos en su limpieza.

Ojo con las plantas y sustratos. Si el niño es muy pequeño puede llevarse a la boca la tierra de las macetas. Además en la zona verde es posible que se instalen avispas y otros insectos que pueden dañar al menor. El adulto deberá limitar el acercamiento del pequeño a la zona ajardinada.

Los tiestos y las jardineras nunca deben colocarse de forma que puedan caer sobre el niño. Será mejor ponerlas sobre el suelo que sobre mesas o mobiliario auxiliar. Esta recomendación rige también con todos los objetos y elementos decorativos: lámparas, centros de mesa, ceniceros, vajilla...

Si la terraza es grande, será conveniente destinar un área a zona infantil. Cuanto más delimitada esté la misma, mejor aprenderán los niños que ése es un espacio en el que se encuentran protegidos de riesgos innecesarios.

Hay que tener mucha precaución al instalar piscinas, ya que en ocasiones se colocan modelos con capacidades de litros que no soportan la infraestructura de la terraza o azotea. Antes de poner una piscina de este tipo, es recomendable consultar con un arquitecto, pues en principio puede no causar ningún tipo de problema, pero pasado un tiempo puede terminar cediendo la terraza. Hace unas semanas se dio este suceso en un inmueble barcelonés donde estaba instalada una piscina (entre 2.000 y 3.000 litros de capacidad) en una terraza situada al mismo nivel de la planta de la vivienda. Murió una niña de seis años y otros tres menores resultaron heridos leves al ceder la terraza.

Tema 6. Obligaciones del dueño de un garaje

No hay demasiadas ofertas concretas de hipotecas para garajes, para la compra de locales o de multiuso. Su comercialización no está muy extendida, a pesar de la fuerte demanda que genera la adquisición de estos bienes entre los usuarios, pues son más baratos que un piso. Lo que hay son créditos muy específicos que requieren de un diseño propio y que se ofrecen con plazos de amortización más suaves que a través de las hipotecas tradicionales (un máximo de 15 años) y financian poco más de la mitad de la nueva compra. Este artículo repasa la oferta de este tipo de préstamos.

Estos créditos hipotecarios son más flexibles, pues son los propios usuarios quienes pueden elegir el tipo de interés (fijo o variable), en función de sus necesidades. En cualquier caso, la oferta que presentan los bancos se limita tan solo a un par de propuestas puntuales con las que satisfacer la demanda de sus clientes, aunque es un segmento de exploración por las entidades financieras y no es descartable que en los próximos meses aparezcan más.

Una de las propuestas parte de Novagalicia Banco que, bajo la denominación de Hipoteca Atenciones Diversas, permite financiar la compra de inmuebles no destinados a vivienda, tales como locales y garajes. Se financia hasta el 60% del valor de tasación o de compraventa del inmueble (el menor de ambos), con un plazo de amortización que alcanza hasta los 15 años para devolver el préstamo mediante cuotas mensuales.

El Banco Santander ha desarrollado un modelo de financiación aún más específico que el anterior, a través del Supercrédito Local, para los casos en que sus clientes lo que necesiten es disponer de un local o cambiar el destino de su negocio. Esta entidad financia su adquisición, mediante un préstamo, cuando la actividad sea de comercio minorista. El plazo máximo para devolver el dinero es también de 15 años, y se puede seleccionar entre un tipo de interés fijo y otro variable.

Otro planteamiento diferente es el que viene desarrollando Cajamar por medio de su Hipoteca Multiuso, que permite reutilizar el importe ya amortizado para financiar determinadas finalidades de consumo familiar, adquisición de mobiliario y enseres domésticos, entre las más importantes. La finalidad de este producto hipotecario es la compra de vivienda y, después, el capital amortizado puede ser usado de nuevo para las finalidades antes reseñadas. El importe máximo que concede este crédito hipotecario es de hasta el 80% del menor valor de adquisición o de tasación, y da un plazo máximo para amortizarlo de 40 años. Por otro lado, las disposiciones sucesivas, tendrán un vencimiento máximo de 10 años, con el límite de la fecha de vencimiento final de la hipoteca.

El tipo de interés para el principal, destinado a la financiación de casa, es variable, con revisión anual del euríbor más un diferencial reducido vinculado a la domiciliación de la nómina. Por su parte, para las disposiciones de capitales amortizados con destino a otras finalidades, el interés es variable, con revisión anual del euríbor más un diferencial mayor que el anterior, y con las mismas características en su contratación.

El producto conlleva varias comisiones: por apertura, por amortización anticipada parcial y total y por modificación de condiciones. Esto eleva el pago final que tienen que asumir sus demandantes para cumplir sus deseos de entrar a vivir a una nueva vivienda con mobiliario incorporado.

Los garajes requieren de un menor esfuerzo económico por parte de sus demandantes, cuya tasación puede desenvolverse en una franja media que oscila entre 15.000 y 25.000 euros, por lo que se hace más accesible la solicitud de este tipo de productos para financiar su compra, ya que pueden amortizarse con mayor celeridad y a través de cuotas mensuales más suaves. De ahí que en muchas entidades bancarias, y para sufragar su adquisición, se decanten por ofrecer a sus clientes un préstamo personal como alternativa para su financiación, con un tipo de interés que se aproxima al 10%, y que está destinado a 10 años, lo que implicaría una cuota que en cualquier caso no sobrepasaría los 400 euros al mes.

Los destinados para locales comerciales, en cambio, reclaman una cuota más elevada como consecuencia de sus mayores exigencias, tanto en los plazos de amortización como en las cantidades anticipadas. Su demanda es más propensa a la solicitud de un crédito hipotecario, y no a uno personal como en el caso de los garajes.

Otra opción que disponen sus solicitantes para sufragar estos gastos consiste en ampliar la hipoteca de su piso, para que las condiciones de los intereses fuesen mejores, aunque tendrían que ensanchar sus plazos de devolución.

A la hora de comprar una vivienda, a veces, se incluye en el precio global e incluida en el mismo la adquisición de garajes y trasteros como anejos inseparables. Ello obedece, por regla general, a cuestiones fiscales. El problema radica en que, desde un punto de vista registral, si se escritura de forma conjunta vivienda y sus anejos, causan todos ellos una única finca registral. O sea, un todo indivisible. Ahora bien, si se opta por la escrituración independiente de cada uno de los elementos, cada uno de ellos se considerará como una finca independiente e implicará la apertura de un folio registral distinto.

¿Qué consecuencias prácticas puede implicar el otorgar escritura pública de una u otra forma? Fundamentalmente la imposibilidad de vender, por ejemplo, una de las plazas de garaje adquiridas como anejo inseparable, si previamente no se realiza una operación denominada "segregación". De esta forma se dotará al garaje de la condición de finca registral independiente, segregándolo del conjunto indivisible de la vivienda y el trastero por el que había accedido al Registro de la Propiedad. La operación de la segregación conlleva como es obvio gastos notariales, registrales y fiscales.

Entonces, ¿qué fórmula de escrituración resulta más conveniente? Depende de las circunstancias concretas de la adquisición. Así, si el propósito es el de mantener la inversión durante un período importante de tiempo, lo lógico es que se escrituren los garajes y trasteros como anejos inseparables a la vivienda. Ahora bien, si la compra tiene como objeto el de una inversión a corto o medio plazo, en este caso, si incluso se ha adquirido más de una plaza de garaje, lo más fácil resulta escriturar de forma independiente cada uno de los elementos, ya que ello facilitará la venta individualizada. No obstante, es esta una decisión que ha de tomarse con cierta precaución, y en atención a las circunstancias del mercado en el que se encuentra el inmueble adquirido.

Para finalizar, si la compra se ha realizado con la intención de ocupar la vivienda y sus anejos por un período de tiempo importante, convendrá la escrituración conjunta. En caso contrario habrá que sopesar las circunstancias concretas. Hay que tener en cuenta que, en muchas ciudades, existe ya un claro problema tanto de aparcamiento libre en la calle como de necesidad de espacio para guardar objetos no ubicables en las viviendas: bicis, ropas, etc. Por ello, desprenderse individualmente de garajes o trasteros puede conllevar problemas a la hora de vender una vivienda principal que ha sido desposeída de parte de sus prestaciones.

Desde hace ya varios años nos encontramos en el sector inmobiliario con el fenómeno de la concesión administrativa de uso de plazas de garaje, figura jurídica a través de la cual las administraciones públicas pretenden paliar el grave problema que sufren las grandes ciudades del país en cuanto a estacionamiento de vehículos se refiere.

Tiempo atrás la mayoría de los ciudadanos aspiraba a comprar en plena propiedad una plaza de aparcamiento donde resguardar su vehículo pero, desgraciadamente, una serie de factores han influido de tal manera en el mercado que hacen muy difícil, por precio y escasez, la adquisición de una parcela de garaje en condiciones óptimas y en propiedad completa. Por un lado, el parque de vehículos ha aumentado considerablemente en los últimos tiempos y donde antes una familia sólo tenía un coche, ahora poseen dos vehículos e incluso más. Por otro lado, y dada esta amplitud de demanda de garajes, la oferta se ha visto considerablemente mermada puesto que no se construyen plazas a la misma velocidad que se compran coches y este desfase entre oferta y demanda provoca una subida de precios importante. Finalmente, la escasez de suelo genera también un aumento de los precios, sobre todo en los centros de las ciudades donde antiguamente se construían viviendas sin garajes, lo que provoca que los actuales moradores de los pisos céntricos tengan coches que resultan muy difíciles de aparcar (no olvidemos, además, que la tendencia actual en el sector del urbanismo es remodelar las ciudades, tendiendo a peatonalizar sus centros, a fin de generar ciudades más "amables").

Por todo lo expuesto, los ayuntamientos, principalmente, han tenido que generar soluciones respecto a este problema del estacionamiento de vehículos y, concretamente, la mayoría de ellos han optado por construir garajes en terrenos de titularidad pública (calles, plazas, parques...) y ceder el uso a los ciudadanos. Esta fórmula jurídica intenta proteger el patrimonio público, razón por la que no se transmite la propiedad de las plazas de garaje, a la vez que se permite a los habitantes dar salida a su problema de aparcamiento. Hay que tener en cuenta que para ello cada consistorio ha emitido su propia legislación sobre el asunto y por eso los ciudadanos habrán de atender a las ordenanzas municipales de cada garaje por el que estén interesados.

Ventajas

Las ventajas de utilizar esta figura de la concesión radican en que:

Generalmente, los precios de estas concesiones son bastante más económicos que si se adquiriera un aparcamiento de forma privada y en plena propiedad y, además, los periodos de concesión de uso suelen ser prolongados (entre 40 y 50 años) con lo que se garantiza que durante la vida del concesionario su problema de aparcamiento se ha solventado.

Dichos garajes suelen construirse muy cerca de la zona de residencia con lo que se evitan desplazamientos engorrosos a una plaza comprada o alquilada más alejada de la vivienda o local.

Con la concesión el beneficiario tiene la tranquilidad y garantía de que durante el plazo de la misma nadie le va a pedir un aumento del arrendamiento ni le va a resolver el contrato para darle el uso a otra persona, ya que la utilidad no se puede rescindir (a no ser que se incumpla alguna de las obligaciones que tiene el concesionario).

Inconvenientes

No se adquiere la propiedad de la plaza lo que significa que, salvo excepciones, no se puede transmitir libremente la misma ni en compraventa ni en herencia.

No se puede gravar (por ejemplo, constituir una hipoteca) sin autorización de la Administración pertinente ni, en definitiva, los concesionarios pueden disponer libremente de ella como dueños porque no lo son.

Para paliar estos inconvenientes algunos ayuntamientos han previsto, por ejemplo, que si el concesionario cambia de residencia y ya no necesita utilizar la plaza, la pueda transmitir libremente a otra persona que reúna las condiciones de la concesión (que generalmente suelen resumirse en estar empadronado en el pueblo, ciudad o una zona concreta) por el resto de años que queden por disfrutar del plazo y conforme a los precios tasados del Ayuntamiento para esos cambios de titularidad de la concesión. Incluso en algunos casos también se puede transmitir el uso a los herederos si hay un fallecimiento.

El endurecimiento por parte de los bancos de las condiciones para conceder créditos ha propiciado que quienes disponen de algo de efectivo se decidieran desde que comenzó la crisis por invertir en una plaza de parking. Pero conviene tener en cuenta que ser propietario de un garaje conlleva una serie de obligaciones con la comunidad de vecinos del inmueble donde está ubicada el aparcamiento.

El dueño de una plaza de garaje en una comunidad de vecinos en régimen de propiedad horizontal tiene derecho a participar en la toma de decisiones a través de la junta de propietarios, que es el órgano que expresa la voluntad comunitaria.

A su vez, tiene la misma obligación de contribuir a los gastos comunes que los dueños de las viviendas y locales que conformen la comunidad. Por ello, el comprador de un garaje:

1. Debe respetar las instalaciones y elementos comunes, ya sean de uso general o privativo de cualquiera de los propietarios, hacer un uso adecuado de ellos y evitar que se causen daños o desperfectos.

2. Tiene que mantener su plaza en buen estado de conservación, de manera que no se ocasione ningún perjuicio a la comunidad, ni al resto de los dueños.

3. Debe consentir en su aparcamiento las reparaciones que se exijan y la creación de servicios comunes de interés general acordados por la junta de propietarios. Al mismo tiempo, la comunidad tiene la obligación de resarcir al dueño de un garaje por los daños y perjuicios causados.

4. Ha de contribuir a los gastos generales de la finca en proporción a su cuota de participación o a lo dispuesto en los estatutos de la comunidad.

5. Si hay un cambio en la titularidad de la plaza de garaje, tiene que comunicárselo al secretario o al administrador.

6. Debe contribuir, de acuerdo con su cuota, a la dotación del fondo de reserva que haya en la comunidad de propietarios para atender las obras de conservación, mantenimiento y reparación de la finca.

7. Tiene que consignar un domicilio en territorio español a efectos de citaciones o notificaciones de la junta.

8. No debe realizar actividades prohibidas, molestas o perjudiciales en su plaza de parking.

9. Quien no tenga pagadas todas sus deudas con la comunidad de vecinos al comienzo de la junta de propietarios no puede votar, aunque sí participar en las deliberaciones.

Tipos de garaje respecto a la comunidad de propietarios

Cuando garaje y viviendas pertenecen a la misma comunidad:

Si el aparcamiento está integrado en la comunidad de propietarios de un edificio, el ascensor, las rampas y escaleras, las plataformas elevadoras, los arreglos en el portal, las cuotas de conserjería y vigilancia y el resto de elementos que conforman la finca son comunes. En este caso, el dueño de una plaza de parking tiene una cuota de participación en dichos elementos, por lo que debe abonar los gastos que se generan por reparaciones, desgaste, averías, etc.

Cuando el garaje constituye una comunidad de propietarios independiente:

Si, pese a estar en un mismo edificio, el parking y las viviendas pertenecen a comunidades de vecinos independientes, el propietario de una plaza no tiene obligación de pagar las derramas de los pisos o las reparaciones en la finca, sino solo las concernientes a los garajes.

En este tipo de comunidades, los gastos (de luz, agua, puerta de acceso, mantenimiento de los sistemas de protección contra incendios, la vigilancia, etc.) se soportan con las provisiones de fondos de los dueños de las plazas de parking. Estos gastos pueden ser:

o Proporcionales: cuando cada aparcamiento, en función de las dimensiones, tiene asignado un coeficiente de participación reflejado en la escritura de compraventa.

o Por partes alícuotas: los gastos se dividen entre el número de plazas y cada persona paga una misma cantidad, según lo regulado en los estatutos.

Por qué invertir en una plaza de garaje

Aunque toda inversión conlleva un cierto riesgo implícito, la adquisición de una plaza de garaje tiene algunas ventajas sobre la compra de una vivienda:

Los garajes alcanzan unos precios más asequibles que el resto de los activos inmobiliarios.

El desembolso inicial no es demasiado alto, por lo que puede afrontarlo un pequeño ahorrador sin grandes esfuerzos.

El acceso a la financiación es más sencillo, puesto que se necesita una cantidad de dinero menor que cuando se pretende adquirir un piso.

Aunque siempre pueden surgir imprevistos en un parking (como averías, goteras, socavones, etc.), los gastos derivados del mantenimiento son menos costosos que los de una vivienda.

Se consigue alquilar más fácilmente que un inmueble y, en este caso, se puede obtener una rentabilidad mensual por la plaza de aparcamiento.

La venta de un garaje suele llevarse a cabo en menos tiempo que la de una casa.

Hay muchas maneras de dejar el coche resguardado cuando no se va a utilizar, ya sea en una plaza de aparcamiento público, en el parking del edificio o en el propio garaje de la vivienda unifamiliar. Cada modalidad tiene pólizas con características particulares y, en cada caso, garantizan diferentes coberturas frente a los accidentes que pueda sufrir el automóvil. Además, las personas ante quienes se debe reclamar el resarcimiento no son las mismas en todos los tipos de garajes. El único caso en que el dueño del vehículo contrata y paga la póliza y, por lo tanto, es titular de la misma, es en las viviendas unifamiliares. En este supuesto, la póliza que cubre el espacio del garaje está incluida en el propio seguro del hogar. Pero tanto en el aparcamiento público como en los parkings comunitarios de los edificios, los contratantes de la póliza de seguro son el propietario del parking y la comunidad de vecinos, respectivamente.

Aunque es poco frecuente, en los seguros del hogar puede incluirse el denominado contenido de la vivienda. Éste es el supuesto de los coches, junto con joyas, animales, colecciones de cualquier tipo o cuadros con valor artístico. Es posible incluirlos como parte del edificio, pero en general deben declararse de modo expreso para que queden cubiertos en la póliza de la vivienda. La cobertura específica -es decir, los siniestros contemplados y los daños asegurados- dependerán de cada póliza.

Lo habitual, en el caso de los vehículos de motor, autocaravanas o embarcaciones que puedan estacionarse en el garaje, es que la cobertura sea por robo, daño por intento de robo (forzamiento de cerraduras o rotura de vidrios) o los causados por derrumbamientos, inundaciones, incendios o daños estructurales que pueda sufrir la vivienda y, por lo tanto, el garaje como parte de la misma. Sea de un modo u otro, ante un siniestro será el asegurado -el propietario de la póliza que paga la prima- quien reclamará a la compañía de seguros por el pago de los daños sufridos. Ésta es la principal diferencia con los aparcamientos de las comunidades de vecinos y con los públicos, en los que los contratantes de las pólizas son terceras personas ante quienes se deberá reclamar en caso de sufrir determinados daños al dejar el vehículo estacionado en ellos.

Seguros en los aparcamientos públicos

Por ley, los parkings públicos deben responder por los daños que sufran los vehículos durante la estancia en alguna de sus plazas, sea ésta temporal, mensual o por horas. La Ley 40/2002 reguladora del Contrato de Aparcamiento de Vehículos impone el contrato, por parte de la empresa, de una póliza de seguros que salvaguarde cualquier siniestro que el vehículo sufra en el recinto del aparcamiento. Estas pólizas se caracterizan por cubrir a los usuarios en los siguientes casos:

Daños por robo en el vehículo: rotura de cristales, cerraduras, desaparición del propio vehículo (en estos casos se exceptúan los elementos no fijos que el usuario debe llevar consigo: como CD, carátulas del radio, teléfonos móviles, u objetos personales en general).

Daños causados por desprendimientos estructurales del parking, inundaciones o incendios.

Daños personales que sufra el cliente por fallos en el mantenimiento de las instalaciones.

Daños por colisión, rayones o los procedentes de maniobras realizadas en el establecimiento.

Las pólizas de este tipo incluyen responsabilidad civil y todos los daños causados por terceros a los clientes. La gran rotación de vehículos en estos establecimientos que alquilan las plazas por hora o fracción aumenta el riesgo de daños por maniobras y, en todo caso, al sufrir uno de estos supuestos, el cliente puede reclamar al propietario del parking, titular de la póliza, que incluye estos imponderables. El valor de estas pólizas varía según la superficie del recinto y la cantidad de plazas, y parte del precio del ticket corresponde a una estimación por este concepto.

Garajes en propiedad horizontal

La diferencia de las pólizas de seguro para garajes en propiedad horizontal se refiere, sobre todo, al concepto de custodia. El propietario de una plaza en su edificio o el inquilino de la misma gozan de una cobertura de seguro que no incluye la responsabilidad civil por ciertos daños a terceros. No se paga por la custodia del vehículo.

La ley exige a las comunidades de vecinos un seguro que cubre los accidentes estructurales que puedan causar daños a los vehículos: derrumbes, inundaciones, daños a personas por accidentes, incendios... pero no así daños como los rayones o abolladuras de la carrocería. De tener un inconveniente de este tipo, será el propio seguro del coche o el del otro vehículo implicado en el siniestro el que se hará cargo de los daños, tal como si el siniestro hubiera ocurrido en la calle.

En este caso, el usuario de esta plaza es copropietario y contrata la póliza a través de la comunidad de vecinos. Todos los trámites que deberá hacer para que se reparen los daños serán en la propia compañía de seguros. La ley ni siquiera exige que la póliza incluya el vandalismo como cobertura, aunque este tipo de siniestro puede agregarse de manera anexa.

El precio de estas pólizas varía en función de los metros cuadrados del aparcamiento y es parte del seguro para la propiedad horizontal contratado por la comunidad, en cuyo caso se abaratan los costes de las primas y, por tanto, el proporcional que pagará cada propietario de la plaza. Este proporcional es por metros, como en el caso del piso, y ello implica que el importe no variará en función de los vehículos que se tengan guardados. Es decir, si en la misma plaza entran el coche y una motocicleta, sin invadir la plaza vecina ni los espacios de circulación común como pasillos o calles del garaje, ambos gozarán de la cobertura que ofrezca la póliza para el resto del garaje.

Cuando se quiere sacar partido a una plaza de garaje, los propietarios tienen varias opciones y cada una de ellas les permitirá obtener una rentabilidad mayor o menor en la operación. Entre estas posibilidades figura la venta de la parte correspondiente de la cochera o su alquiler por meses o años. La rentabilidad que se puede obtener depende en gran medida de la localidad y la zona donde se ubique la cochera.

Hace pocos años, adquirir una plaza de garaje con el único objetivo de alquilarla o venderla un poco después era un negocio redondo. La revalorización era casi segura por varias razones: muchas familias tenían varios vehículos, las cocheras disponibles en algunos distritos eran más bien escasas, la zona de aparcamiento de pago se extendió en muchas localidades y la posibilidad de dejar el coche en ciertas partes de la ciudad era reducida. A esto se sumaba la sensación de inseguridad debido a los robos, los hurtos y los actos de vandalismo que se registraban en la calle.

Hoy en día, muchos de estos factores persisten, pero las familias disfrutan de un menor número de vehículos, los turismos son más viejos, hay una tendencia a conservar el automóvil durante más años, a la compra de segunda mano y, por tanto, a la reducción de los gastos que rodean al automóvil. Además, con la crisis inmobiliaria, los precios han caído, la venta no es tan segura y las listas de espera que antes había para comprar plazas en las zonas de aparcamiento más difícil se han reducido. El negocio ya no es tan seguro.

De acuerdo a estos factores y a las necesidades de cada uno de los propietarios, si se desea sacar rentabilidad a una plaza de garaje, se puede optar por la venta o por el alquiler.

Antes de vender la plaza de garaje, conviene pensar en el futuro y sopesar si después se necesitará. En ocasiones, con el objetivo de obtener una rentabilidad inmediata, no se tiene en cuenta que, en unos años, el aparcamiento puede ser muy útil: es probable que las circunstancias cambien y se vuelva a necesitar una plaza de aparcamiento propia.

La rentabilidad del alquiler del garaje oscila entre el 2,1% y el 4,5%, similar a un plazo fijo

También es posible que en poco tiempo se construya en la zona algún edificio que albergue servicios a los que acudan muchos ciudadanos, como un centro médico, administrativo, social o de ocio, lo que dificultará el aparcamiento y hará necesaria la plaza.

1. Ventajas e inconvenientes de la venta de una plaza de garaje

   o Una de las ventajas más claras de vender la plaza de garaje es que se obtiene de manera inmediata una rentabilidad: un dinero que, en el caso del alquiler, se cobraría con cuentagotas, mes a mes, durante el tiempo que estuviera arrendada.

   o Otro de los aspectos positivos de la venta es que, con ella, todos los gastos que genera el garaje pasan al nuevo propietario. Por la cochera se paga cada año el IBI y, de manera mensual, la comunidad, que puede ser elevada si el lugar tiene seguridad personal, cámaras, ascensor, servicio de limpieza...

○ El mayor inconveniente de deshacerse hoy de una plaza de garaje es que se puede malvender. Los precios han bajado y la cantidad que se paga por el aparcamiento es mucho más baja que hace unos años. Aunque la verdad es que el futuro también es bastante incierto y se desconoce durante cuánto tiempo puede seguir la caída de los precios.

2. Cómo hacer la venta

○ Si el propietario decide vender, debe tener en cuenta un aspecto fundamental antes de iniciar el proceso: si el garaje está escriturado junto con la vivienda o de forma separada. Muchas veces, a la vez que se compra el inmueble, se adquiere el garaje y el trastero y se escritura de manera conjunta.

De esta forma, solo se paga un 8% de IVA -un 4% de manera excepcional en el caso de una vivienda nueva-. Sin embargo, si se hace de manera independiente, habría que pagar un 18%. El problema surge al venderlo: si la escrituración es separada, no pasa nada, pero si es un anexo, para venderlo será necesario hacer una segregación, algo que conlleva tiempo y gastos de notaría e impuestos, entre otros.

o Además, el vendedor debe presentar la documentación que certifique que es el auténtico propietario del garaje y que este está libre de cargas -que no pesan sobre él deudas, hipotecas, etc.-.

o Después, se redacta un contrato en el que figure el nombre del comprador y del vendedor, la ubicación y características de la plaza, el precio por el que se vende y las cláusulas que se pacten.

Por lo general, salvo que se acuerde lo contrario, el comprador asumirá los gastos del Impuesto de Transmisiones Patrimoniales, los del notario y la escrituración y correrá a cargo del vendedor el pago de la plusvalía municipal.

3. Precio

La cantidad que se paga por un garaje varía mucho en función de la ciudad donde se ubique y de la zona de la localidad donde esté situado. Por una plaza en la zona de la Puerta del Sol de Madrid se pueden abonar unos 3.500

euros por metro cuadrado, mientras que en las afueras, en Vallecas, puede venderse por tres veces menos.

En San Sebastián, el metro cuadrado cuesta de media hasta 7.000 euros en la zona de La Concha y en el centro de Palencia, el precio medio puede ser inferior a 2.000 euros.

Alquilar la plaza de garaje

1. Ventajas e inconvenientes

    o La principal ventaja del alquiler es que el propietario no pierde la titularidad de la plaza y puede utilizarla cuando finalice el periodo de arrendamiento.

    o Además, el procedimiento es mucho más sencillo y no es necesario hacer apenas papeleo, como sucede con la venta. La persona que no utiliza la plaza puede, al menos, obtener un dinero mensual por el garaje.

    o Entre los rasgos negativos del arrendamiento figura la obligación de hacerse cargo de los gastos que genera la cochera, algo que resta rentabilidad al alquiler, salvo que en el contrato se transfieran al arrendatario.

- Según un estudio realizado por un conocido portal de compraventa de inmuebles, la rentabilidad de alquilar una plaza de garaje no es muy elevada si se compara con la que se obtiene al arrendar una vivienda. En concreto, se mueve entre el 2,1% y el 4,5% -en función de la localidad y la zona en la que se sitúe la cochera-, similar a la que ofrece un depósito a plazo fijo.

2. Cómo se alquila

- A menudo, el contrato se realiza de forma verbal, sobre todo, en localidades en las que priman las relaciones de confianza. No obstante, los expertos consideran más adecuado hacerlo por escrito y establecer las condiciones por las que se cede de manera temporal el uso del garaje.

   En el contrato se incluye el nombre del arrendador y el arrendatario y se identifica el bien que se alquila. Es conveniente indicar el plazo por el que se permite la utilización de la plaza. De este modo, el propietario sabe con más seguridad si tendrá que buscar un nuevo arrendatario en determinadas fechas.

- Es frecuente que, en las zonas frías, los conductores busquen un aparcamiento durante los meses de invierno y después dejen de utilizarlo en el verano. Esto perjudica al propietario, ya que solo cobra la mitad del año. También se debe indicar la renta que se recibirá, la forma en que se entregará el dinero -en mano, por domiciliación bancaria, cheque...- y los gastos de los que se hará cargo cada uno.

- o El alquiler de una plaza de garaje no está sujeto a la Ley de Arrendamientos Urbanos, sino al Código Civil, con lo que las restricciones que impone la ley para el alquiler de vivienda no alcanzan a las cocheras.

3. Precios

Las páginas web de alquiler de inmuebles, que incluyen también el arrendamiento de garajes, pueden servir para fijar la mensualidad que el propietario quiere recibir por la cesión temporal de su cochera.

Adquirir una plaza de parking como inversión ofrece dos negocios posibles: la especulación respecto de su revalorización o la adquisición con el fin de obtener una renta mensual. Si bien ambos pueden combinarse en el tiempo, presentan sus diferencias. "Lo único seguro es el alquiler, la vía de la especulación es como jugar a la bolsa: la subida se puede producir o no. La mayoría de nuestros clientes compran para alquilar". Hoy la demanda se concentra en medianos ahorradores que con 150.000 euros ya no pueden comprarse un piso y compran tres plazas de garaje", puntualiza Marcos.

En cualquier caso, si se decide por la especulación hay que tener en cuenta la evolución de los precios de mercado por lo menos en periodos anuales. Uno de los principales atractivos de la inversión en parkings es la rápida recuperación del dinero en caso de necesidad. Mientras que para vender un piso el tiempo promedio requerido es de un año, las plazas se venden como máximo en 45 días, según indican diversas fuentes consultadas.

Por otra parte, conviene estudiar la agilidad de los contratos de alquiler. La plaza de parking no está sujeta a la Ley de Arrendamientos urbanos como los pisos. Esto quiere decir que es posible alquilarla y desalquilarla prácticamente sin ningún tipo de reglamentación. Mientras que en el caso de los pisos la ley es muy protectora de los inquilinos, en los parkings no hay un formato preestablecido de contrato, sino que se formula en los términos que proponga el propietario o que pauten las partes. De esta manera, se pueden fijar los parámetros más convenientes de tiempo y forma: puede ser de un mes, de un año... y rescindirse cuando se desee, avisando con treinta días de anticipación a la otra parte. Ello concede mucha agilidad al propietario si desea cambiar de inquilino, o decide vender debido a alguna dificultad económica repentina.

En cuanto a los costes mensuales del propietario, hay que tener en cuenta que éste asume unos 70 euros al año de IBI (Impuesto a los Bienes Inmuebles), y entre 15 y 20 euros mensuales de comunidad (luz, agua...), aunque si es un parking pequeño y tiene ascensor y portero el gasto será mayor... Para hacer el cálculo de rentabilidad, además, hay que incluir el IVA. Esto quiere decir que quien percibe 100 euros de alquiler, debe desglosarlos en 86 más IVA... y esos 14 euros de diferencia deberán pagarse a Hacienda

Las variables que hay que tener en cuenta para hacer una buena compra son diversas, ya que entran en juego factores como la ubicación, el tipo de garaje en el que se compre la plaza, y el precio que se pague por la misma. Un precio que aunque sea muy elevado no implica que se pueda reflejar necesariamente de manera proporcional en el valor del alquiler.

Según los especialistas, el mejor negocio está en comprar en zonas consolidadas demográfica y comercialmente, donde haya muchas oficinas y viviendas, y donde el estacionamiento en la vía pública sea de pago. En este sentido, no son aconsejables para invertir los barrios nuevos, por la baja densidad de población, por una parte, y porque los pisos ya tienen parking, además de que aparcar en la calle es relativamente fácil.

Además de la ubicación, otro factor importante es el tipo de titularidad de la plaza. Los aparcamientos municipales ofrecidos por los ayuntamientos en régimen de concesión, en las que el plazo de propiedad es de 50 años y cuestan hasta un 50% menos que en el mercado, presentan diversas desventajas. Por un lado, si bien las plazas son más baratas, resultan caras a la hora de mantenerlas, porque normalmente están en parkings municipales que tienen un vigilante 24 horas (tres turnos de tres trabajadores con tres nóminas), están muy limpias, y la cuota de comunidad es muy cara. En suma, aunque pueden ser rentables, hay que considerar el límite de su propiedad y calcular el tiempo necesario para su amortización.

El estilo y diseño de la casa en donde se quiera instalar la puerta del garaje, también llamada 'trasera' y 'portón', definen muchas veces el modelo más adecuado. Los materiales y el tipo de apertura y cierre adecuados, de acuerdo con el tamaño del garaje y altura del techo, son algunos de los parámetros para tener en cuenta en el momento de evaluar costes y resultados.

Por otra parte, estos artículos se conciben como complementos arquitectónicos de las fachadas, lo que también incide en la decisión (por ejemplo, se podría elegir una puerta de nogal tallado, que se puede encontrar en el mercado de segunda mano por 6.000 euros). Los materiales más comunes en la fabricación de portones automáticos son el hierro galvanizado, el hierro forjado, el aluminio y la madera. También se utiliza la fibra de vidrio para fabricarlos, aunque no ofrecen tanta duración, resistencia y seguridad como los otros.

Precios

Es difícil determinar el coste que tendrá una de estas puertas si no se tiene claro los detalles de la obra en sí. Los precios varían según las dimensiones, funcionalidad, hechura, diseño y tipo de motor de apertura y cierre. Por otra parte, la oferta de los fabricantes incluye diversos accesorios (como luces y motores para automatización o kits de rayos infrarrojos para evitar cierres imprevistos) que condicionan el precio total.

Los materiales más comunes en la fabricación de puertas de garaje automáticas son el hierro galvanizado, el hierro forjado, el aluminio y la madera

Las puertas batientes (que se abren a 90 grados) manuales de madera pueden encontrarse nuevas por alrededor de 1.500 - 1.700 euros, en maderas que no sean nobles. La diferencia de precio con una buena madera como el iroco, puede ser de 700 euros a 1.000 euros más.

En cuanto a las automáticas, la diferencia de precio con las manuales suele ser de 800 y 1.400 euros más. La variación dependerá del peso que soporte el motor, y por lo tanto, del material y medidas con que esté elaborado. Las puertas de hierro forjado y maderas duras requerirán más potencia, lo que encarecerá el producto en sus versiones automáticas.

Puertas usadas

El mercado de segunda mano suele ofrecer interesantes alternativas, pero con la salvedad de que es difícil encontrar las medidas justas según cada caso. De todas formas, si se está haciendo una obra se pueden modificar las medidas levemente en función del portón elegido (de diseño o con cierta antigüedad).

Pero con la casa terminada, el mercado de segunda mano sólo es una opción viable si se consigue una buena oferta por una puerta más pequeña que la abertura, ya que siempre es posible agregar complementos para que se adecue a la medida exacta. En este caso, el gasto en la obra será algo mayor, pero puede valer la pena por una buena oferta de herrería artesanal antigua o madera tallada.

En Internet se encuentran ofertas desde 300 euros por un puerta de madera rústica que requiere una mano de pintura o de 2.100 euros por un portal de barras rectas de hierro e grandes dimensiones.

Tipos de apertura

Hay básicamente cuatro tipos de apertura que deben considerarse en función del espacio: puertas de enrollar con diferentes paneles que se van plegando en abanico (hacia arriba o a los costados); puertas ascendentes de panel único; puertas batientes, que se abren a 90 grados horizontales; y puertas corredizas.

Las de enrollar con diferentes secciones ahorran el máximo espacio posible al abrirse hacia arriba en dirección al techo quedando en paralelo a éste, por lo que se consideran un modelo adecuado para garajes pequeños cuyo techo no sea muy bajo.

Las corredizas de una pieza, por su parte, también son útiles en los garajes pequeños, ya que se deslizan sobre una guía por medio de ruedas de acero torneado y quedan pegadas a la pared. Éstas presentan la ventaja -respecto de las batientes- de que se deslizan por el perímetro del aparcamiento, con lo que ahorran espacio. Pero los portones que mejor funcionan para garantizar la seguridad a una casa son los levadizos automáticos, y los preferidos por la mayoría.

Conversión a puerta automática

Un portón automático nuevo puede llegar a costar 1.400 euros más que uno manual. Sin embargo, en lugar de comprarlo automático de serie, es posible adaptar los viejos sin necesidad de realizar obras 'aparatosas'. Habitualmente, los precios de venta de los motores incluyen su instalación. Basta con colocar un bastidor en el marco y el sistema de automatización. De esta manera, accionar un botón puede ser lo único necesario al llegar al garaje privado. Esta práctica, además de resultar más cómoda, es una medida de seguridad adecuada, ya que con buenas velocidades de apertura y cierre (que pueden alcanzar apenas cinco segundos), se reduce la exposición a los robos.

Un motor para puerta corredera, con una potencia de arrastre para 800 kilogramos puede adquirirse por 1.000 euros ya instalado. Y uno de puerta batiente con dos brazos para igual peso, por 1.200 euros.

Puertas inteligentes: más seguridad

Los mandos de las puertas automatizadas utilizan un sistema de códigos para "dar la orden" de abrir. Pero es fácil burlar estos códigos con aparatos que rastrean las frecuencias. Para evitar que personas ajenas a la casa escaneen los códigos se han creado mecanismos inteligentes que los modifican de forma automática cada vez que se cierra.

Otro mecanismo de seguridad son los "candados electrónicos", que permiten al último usuario que entre en el garaje activar, mediante un botón instalado dentro de la casa, un cierre eléctrico difícil de sortear desde fuera. Por lo demás, hay complementos a la venta para portones, como el kit infrarrojo, que va conectado al motor. Se trata de un haz de luz "invisible" que recorre de una punta a otra la puerta: si detecta movimiento, bloquea la cerradura, con el fin de evitar daños en el vehículo.

Los sistemas antirrobo diseñados para coches, autocaravanas y motos son cada vez más complejos, sofisticados y caros. Pero no más efectivos, tal y como revelan los datos. Los aparcamientos de aeropuertos, grandes superficies, hospitales y estaciones de tren son los escenarios elegidos por los ladrones para actuar, sobre todo durante los periodos vacacionales y largos puentes. Alunizajes, desguaces, comercialización por piezas o exportación a otros países son algunos de los usos que se hace de los coches sustraídos. Ante este "boom" delictivo no de extrañar que estén proliferando empresas privadas dedicadas a la búsqueda y recuperación de coches robados. Los métodos para lograrlo pasan, en ocasiones, por ofrecer una recompensa. Las preferencias de los cuatreros del siglo XXI se decantan en mayor medida por coches de lujo, pero ningún vehículo está exento de ser sustraído.

Aunque las estadísticas no recogen el número de llantas robadas, de lectores de CD, bolsos y carteras sustraídas de las guanteras de los coches, estos pequeños robos también son muy comunes. Lo único que ha variado con los años es el grado de sofisticación de los objetos robados; al igual que sucedió hace tres décadas con los radiocasetes, ahora los GPS se han convertido en el objetivo prioritario de los ladrones que, junto con prendas de vestir, dispositivos de manos libres o sofisticados equipos de música constituyen sus principales hallazgos. La forma de hacerse con estos objetos se concreta en dos tipos de actuación: forzar las cerraduras y romper las lunas, y, en mayor medida, aprovechar los descuidos de los propietarios que se dejan las puertas o ventanillas abiertas. Por ello, la atención y la prudencia son tan importantes o más que las herramientas tecnológicas para evitar los robos.

Buscacoches privados

Al margen de la labor de vigilancia y control policial, hay algunas empresas privadas que se dedican a la localización de vehículos robados. Operan tanto a nivel internacional, tal es el caso de Robatori, como nacional (Aid-Car Coche Robado) o regional (Brújula), y se nutren de una amplia red de colaboradores entre los que se encuentran taxistas, jubilados, mensajeros y cualquier ciudadano interesado en formar parte de este equipo. Para lograr su objetivo se valen de listados en Internet, anuncios en prensa nacional, pequeñas tarjetas repartidas a gran escala... En numerosas ocasiones, el éxito depende de la recompensa que se ofrezca por el vehículo desaparecido. En todo caso, el servicio de alta del vehículo y la publicación de sus datos básicos (matrícula, marca, color) en Internet suele ser gratuito. Previo desembolso de entre 10 y 50 euros anuales, se puede añadir en el detalle del vehículo una forma de contacto directo, o cualquier otro dato o información complementaria.

Evitar robos y hurtos en el interior

Siempre que circule por ciudad, mantenga todas las puertas bloqueadas, de manera que no se puedan abrir desde el exterior. No abra del todo las ventanillas.

No lleve el bolso en el asiento del copiloto o en los asientos traseros, es una tentación para muchos ladrones. El mejor lugar es colocarlo entre los asientos delanteros.

Cuando estacione su vehículo evite dejar a la vista el GPS, la radio, cualquier objeto de valor o bulto (chaquetas, paquetes, etc.) susceptible de ser robado. Si no quiere "cargar" con ellos, guárdelos en el maletero, pero hágalo antes de llegar al sitio donde va a aparcar.

Toda precaución es poca

Cada vez que salga de su vehículo, incluso cuando vaya a echar gasolina o haya sufrido un pequeño golpe, saque la llave de contacto, deje el volante bloqueado y cierre bien las puertas.

Si entra en un lugar público, no deje nunca las llaves en la barra de un bar, en el mostrador de una tienda u otros lugares similares.

Cuando circule por ciudad, mantenga todas las puertas bloqueadas, de manera que no se puedan abrir desde el exterior. No abra del todo las ventanillas.

No lleve el bolso en el asiento del copiloto o en los asientos traseros, es una tentación para muchos ladrones.

Grabe en los cristales de las ventanillas y en el parabrisas el número de matrícula de su coche. En caso de robo, facilitará la identificación del vehículo. Hay fabricantes de automóviles que ofrecen este servicio al entregar el coche, y también casas especializadas que se dedican a ello.

Si aparca en la calle, procure dejar su vehículo en un estacionamiento vigilado o, al menos, en lugar bien iluminado. Si opta por un parking, nunca deje dentro del coche el ticket.

En el caso de dejar el vehículo en un restaurante o sala de ocio con aparcacoches, pida un justificante que garantice la entrega del vehículo y las llaves.

Cuando estacione el coche en aparcamiento público o de pago, no entregue en ningún caso el ticket de entrada en el supuesto de desaparición del vehículo.

Extreme la precaución en los aparcamientos públicos, son los lugares preferidos por los cacos, sobre todo los aeropuertos en zona internacional, estaciones de tren y hospitales.

Cómo actuar en caso de robo

Después del susto, y tras haber comprobado que el vehículo no ha sido retirado por la grúa, comunique el robo en una oficina de policía o la Guardia Civil, facilitando todos los datos posibles para su identificación.

También debe informarle del suceso a su aseguradora.

Debe acudir a la Jefatura Provincial de Tráfico y solicitar la baja temporal de su automóvil. Es recomendable que haga lo propio en el Ayuntamiento. Así, no seguirá pagando impuestos por su coche, y si algún agente lo ve y comprueba la matrícula, descubrirá enseguida que ha sido robado.

La seguridad de caravanas y autocaravanas

En el estacionamiento evite las áreas de descanso en las autopistas, donde son numerosos los camiones, automóviles, caravanas y autocaravanas que pernoctan. Los intentos de robo son frecuentes en estas zonas. Salga de la autopista y busque un lugar tranquilo en una zona habitada de las proximidades.

En las grandes ciudades huya de las zonas sombrías, poco iluminadas y solitarias. Busque zonas de estacionamiento, preferiblemente vigiladas y de pago.

Si deja la caravana o autocaravana estacionada durante un tiempo, abra las puertas de armarios, cajones y compartimientos para que se vea que no hay nada dentro.

No está de más que coloque en el techo de la caravana o autocaravana una placa llamativa con la matrícula. Ante un robo, los ladrones no la verán, pero puede que algún helicóptero de la policía lo haga.

Antirrobos y alarmas

Cepos para ruedas. Inmovilizan la rueda e imposibilitan el movimiento de la caravana o autocaravana. Precio. Entre 90 y 180 euros.

Tornillos antirrobo para las ruedas. Son un buen complemento para los cepos de rueda, ya que incrementan la dificultad de desmontar la rueda completa.

Inmovilizadores de estabilizador. Sistema de cierre que impide que el cabezal del estabilizador de la caravana pueda ser abierto, y, por lo tanto, engancharla a un automóvil. Precio. Entre 50 y 150 euros.

Cierres de seguridad. Evitan la apertura de puertas y ventanas. Precio. Entre 40 y 50 euros.

Antirrobos mecánicos. Los modelos son muy diversos, y el precio va de los 12 a los 80 euros:

- o Sistemas que unen y bloquean los pedales con el volante

- o Sistemas que bloquean la rotación del volante mediante una barra que hace de tope con el panel de mandos, el asiento o las piernas del conductor

- o Sistemas que unen y bloquean la palanca de cambios con el freno de mano

- o Sistemas que bloquean cualquier movimiento de los pedales

Inmovilizador electrónico. Este sistema hace necesaria una intervención expresa del conductor para poder arrancar el vehículo, ya sea de forma manual en un teclado, mediante una clave, con un mando a distancia o con una llave con transmisor. Cuando se utiliza una llave de contacto no autorizada el inmovilizador bloquea el arranque del vehículo. Casi todos los automóviles modernos equipan este dispositivo de serie.

Alternativas económicas. Una opción barata (las hay desde 1 euro) para disuadir a los ladrones es poner una pegatina de aviso de alarma en los cristales como elemento disuasorio. Otra posibilidad es colocar un diodo lead intermitente, que imite al de una alarma, en el salpicadero. Algunos coches incorporan este sistema de serie, pero se puede hacer con uno por unos 5 euros.

Cómo proteger las motos

Aunque vaya a realizar una gestión de cinco minutos, no se limite a bloquear el manillar, coloque siempre el sistema antirrobo. Una moto sin candado y sin bloqueo de dirección se puede robar mientras su dueño compra el pan.

Átela siempre a algún elemento fijo con candados en forma de U. Entre dos o tres personas pueden cargarla con rapidez y meterla en una furgoneta a pesar de que esté bloqueada la dirección y con un candado articulado o de disco. Esta acción es imposible de realizar si la moto está sujeta a una farola, valla o árbol.

Ancle la moto por el chasis, o por algún punto que sea difícil de desmontar (los escapes y amortiguadores se desmontan con facilidad). Si no llega con un candado, utilice dos. Intente que la cerradura quede a desmano para dificultar su manipulación. Si la moto tiene bloqueo de dirección, utilícelo.

Si dispone de una plaza de garaje, fije una argolla al suelo o a la pared, ya que como ocurre en la calle, si la moto no está anclada de poco sirven todos candados que se le coloquen.

Si va al cine, discoteca o similares, no aparque junto al local donde vaya a pasar unas horas, deje la moto un poco retirada.

Antirrobos y alarmas para motos

De disco. Bloquean el disco de freno. Inmovilizan la moto, pero como no está anclada a ningún elemento fijo, siempre puede levantarse, con el riesgo que eso supone. Es recomendable utilizarlo en combinación con algún otro complemento. En concreto, hay un sistema que abraza el disco y lo bloquea en su parte interior y otro compuesto por dos piezas con cierre frontal. El efecto que se consigue es el mismo. Precio. Entre 20 y 180 euros.

Las "U". Arco de acero de alta resistencia en forma de U que va acompañado por un mecanismo de cierre blindado. Para aumentar su efectividad es recomendable ponerla por encima del disco de freno y abrazando las barras de la horquilla. Precio. Entre 30 y 250 euros.

Los sistemas articulados (pitón). Cables de acero con rótulas de acero cementado, con sistema de cierre blindado y preparado para el ataque con ganzúas o taladros. Precio. Entre 10 y 100 euros.

Cadenas. Fue el primer sistema antirrobo. En la actualidad los eslabones son más gruesos y de mayor resistencia. Precio. Entre 25 y 200 euros.

Alarmas. Se activan cuando la moto se mueve y bloquean el motor. Precio. Entre 20 y 200 euros.

Consejos de uso

Elija un antirrobo que sea lo suficientemente largo para atar la moto a un punto fijo. Tenga en cuenta las características de su vehículo: anchura de los cilindros de horquilla, diámetro de los discos de freno, presencia de puntos fijos cerca del posible lugar de estacionamiento, presencia de un punto de amarre en la moto, etc.

Ate la moto a un punto fijo. No se limite a pasar el antirrobo por un radio de la rueda o en un brazo de la horquilla. En la rueda delantera, lo ideal es coger los dos brazos de la horquilla, un radio de la rueda y pasar el conjunto por encima de los estribos de los frenos. En la rueda trasera, hay que coger el basculante y un radio, o al menos pasarlo por la cadena o el disco de freno. Colocarlo sin más en la rueda no sirve para nada, pues se puede mover la moto.

Nunca transporte el antirrobo en la mochila o en el bolsillo. En caso de caída o choque, su peso y rigidez pueden producir daños importantes en la columna vertebral. Utilice soportes atornillados a la moto en algún sitio resistente, atado debajo de la parrilla, o en la maleta.

Sistemas de aviso de robo

Sirena. Es el tipo de alarma más sencillo y básico. El consumidor cuenta con una gran variedad: desde las más comunes que emiten un tono estándar, a las más modernas, con la sirena de policía. Las más novedosas disponen incluso de tonos personalizados. Precio. Entre 5 y 80 euros.

Vía SMS móvil. Se avisa al usuario desde la centralita directamente a su teléfono móvil, bien mediante llamada o mensaje, indicando el tipo de alarma producida y el estado del vehículo. En algunos modelos más sofisticados se incluye la velocidad del coche, y la calle y número de su posición. Precio. Localizador: Entre 130 y 500 euros. Servicio localización: desde 12 euros/mes.

Vía GPS (Sistema de Posicionamiento Global)/GSM (Sistema Global de Comunicaciones para Móviles). Este sistema se basa en la localización vía satélite del vehículo. Indica el punto exacto en el que se puede encontrar el coche. Los modelos más completos ofrecen opciones como el corte del encendido, sensores de choque y antilevantamiento del vehículo, o inmovilización del coche. Precio. Entre 500 y 900 euros

Consejos de uso del sistema de alarma

Más allá del método de alarma que elija, es muy importante que cuente con un sistema de autoalimentación.

Ante la perspectiva de comprar un coche nuevo y de instalar una alarma, solicítela en el concesionario.

Tema 7. Realizar obras en la terraza de un ático

Si se tiene intención de reformar una casa, sus propietarios pueden solicitar ayudas públicas para no tener que poner de su bolsillo todo el coste de la obra.

La mayoría de las comunidades autonómicas tienen firmados convenios con el Gobierno, enmarcados dentro del llamado Plan Estatal de Vivienda. Estos acuerdos tienen como objetivo la rehabilitación y adaptación de casas, así como conseguir viviendas más eficientes. Pero lo más importante de estos contratos es que permiten percibir ayudas de hasta 4.000 euros cuando se planea hacer una reforma en el hogar. Pero hay un límite: la cuantía no podrá superar el 35% del presupuesto de los trabajos.

Si se pretende obtener una subvención pública, las obras que se quieran hacer en casa tienen que servir para mejorar las instalaciones de gas, las de electricidad, la ventilación y el aislamiento del hogar.

"También se concede el dinero para la ampliación de espacios, hasta un máximo de 120 metros cuadrados útiles, así como para reforzar la estructura del edificio" , responsable de comunicación de una empresa líder en construcción y reforma de viviendas.

Para tener derecho a una ayuda, tanto la casa como el dueño deben cumplir una serie de requisitos. De este modo, se tendrá derecho a una subvención, siempre que el inmueble donde esté el piso sea un edificio residencial colectivo finalizado antes de 1981. Además, al menos el 70% de su superficie construida debe tener un uso residencial o ser el domicilio habitual del propietario (o del inquilino, si se tiene arrendado).

"Otros escollos que debemos salvar antes de obtener el apoyo económico necesario para realizar la obra son presentar un proyecto de la actuación que haremos y contar con el acuerdo de la comunidad de propietarios". También cuentan los ingresos familiares, estos no deben exceder de una cantidad.

La gestión de estas subvenciones es competencia de las comunidades autónomas que hayan firmado convenios con el Estado y de las ciudades de Ceuta y Melilla. Por eso, quien esté interesado en solicitarlas debe dirigirse a las consejerías o departamento de vivienda correspondientes del lugar en el que resida.

También es posible pedir consejo a profesionales como arquitectos, técnicos, constructores con los que se tenga pensado hacer la reforma. Ellos están muy familiarizados con este tipo de gestiones, conocen la legislación vigente en la comunidad autónoma y pueden resultar de gran ayuda en el momento de formalizar la solicitud.

Las obras, cerramientos o desperfectos que tienen lugar en las terrazas de los áticos suponen, de forma habitual, una fuente de conflicto entre las comunidades de propietarios. En numerosas ocasiones, el desconocimiento de las normativas legales al respecto está detrás de las desavenencias. Dominar con exactitud las escrituras de la propiedad en las que se especifica la titularidad de la terraza es el primer paso para evitar conflictos. Pero además, aunque la terraza se considere como un elemento privativo, realizar obras en la misma puede ocasionar la modificación de la configuración exterior del inmueble, un elemento considerado común. Así, si los trabajos a lleva a cabo suponen una alteración de la estructura del edificio, el propietario deberá contar antes con la autorización de la junta de propietarios y una licencia municipal. El propietario de la terraza de un ático precisa de la autorización del ayuntamiento y la comunidad de vecinos para poder hacer obras en ese espacio.

En el momento de llevar a cabo una modificación en la terraza, el primer problema a resolver versa en torno a la propiedad de la misma. En ocasiones, su delimitación no es precisa. Para ello, la mejor solución es acudir a las escrituras públicas de la compra de la propiedad o de obra nueva, pero si no se dispone de ellas, puede presentarse en el Registro de la Propiedad, donde debe estar registrada la escritura de declaración de la obra.

La confusión fundamental tiene que ver con el conflicto entre la propiedad privativa de dicho espacio y su carácter de elemento común. La terraza puede ser del propietario del ático de forma privativa, personal y, por tanto, dispondrá en exclusiva del derecho al uso y disfrute de la misma, tal y como establece el Código Civil. Sin embargo, muchas terrazas forman parte de la configuración exterior del inmueble, por lo que son consideradas elementos comunes.

Debido a ese carácter de elemento común, realizar obras en las terrazas, como por ejemplo un cerramiento, precisan de una serie de documentos imprescindibles para enmarcarse dentro de la legalidad pues, de otra forma, podría dictarse su demolición.

Aprobación de la comunidad: antes de realizar unas obras que constituyan una alteración sustancial de los elementos comunes del inmueble, y que afecten al título constitutivo al introducir un elemento no descrito antes, el propietario necesitará la autorización previa de la comunidad de vecinos.

Según establece la Ley de Propiedad Horizontal en su artículo 7.1, deberá dar cuenta de tales obras antes a quien represente a la comunidad, y será necesaria el acta donde se apruebe por unanimidad de la junta la autorización a las obras. En caso de no obtenerla, el propietario podría impugnar el fallo ante un tribunal. Ahora bien, esta ley exige que no se menoscabe o altere la seguridad del edificio, su estructura general, su configuración o estado exteriores, o perjudique los derechos de otro propietario.

Licencia municipal: tras obtener la autorización de la comunidad de propietarios, el dueño del ático que pretenda construir en la terraza deberá contar con una licencia municipal. La solicitud se realiza en el ayuntamiento correspondiente, el cual dispone de las competencias urbanísticas necesarias para poder determinar si las obras son o no viables, en función de la normativa que le corresponda a dicha edificación.

La documentación necesaria varía en función de la localidad y la normativa urbanística, aunque lo habitual es que exijan, al menos, los datos del solicitante y de la vivienda en la que se van a realizar las obras, la descripción de la reforma que se pretende llevar a cabo, el presupuesto estimado y el acta de conformidad de la junta de propietarios. Para obtener la licencia municipal, es preciso abonar las tasas correspondientes y, de esta forma, conseguir la licencia de obras.

En primer término, para poder hablar de derechos y obligaciones sobre la terraza, debe despejarse toda duda en torno a la propiedad de la misma.

Se dan tres posibles circunstancias: que se trate de un elemento común, que la propiedad sea del propietario (del ático, en este caso), o bien, de carácter mixto, al compatibilizar su carácter común con el uso privativo. Esta tercera forma es la más habitual. Por un lado, el propietario tiene el acceso y uso exclusivo de la terraza pero, como elemento común (prestan una utilidad general, como es hacer de cubierta del tejado), la terraza forma parte del edificio de la comunidad.

Derechos de la propiedad: disponer de la terraza en propiedad implica que el propietario puede hacer uso de ella tal y como desee, siempre y cuando no incurra en acciones que atenten contra la ley (Código Civil), el resto de la comunidad de vecinos o cualquier ordenanza urbanística municipal sin consentimiento o autorización expresa (alteraciones en la configuración exterior del inmueble, un incremento en la edificabilidad permitida).

Obligaciones de los propietarios: siguiendo con el supuesto más habitual, esto es, el carácter mixto de la propiedad, el dueño que dispone del uso y disfrute de la terraza tiene la obligación de conservar el espacio. Los daños derivados de la utilización diaria corresponderán al propietario que la usa, salvo que esté eximido de dicha obligación de manera explícita.

Sin embargo, si tuviera que hacerse frente a una obra o reparación extraordinaria, en la que el propietario no tuviera responsabilidad en los daños (motivada por el natural desgaste del tiempo u otra circunstancia), sería la comunidad de propietarios en su conjunto quien se haría cargo de los costes.

Para estos casos, las comunidades deben contar con un fondo de reserva, cuya obligación queda establecida en el artículo 9 de la Ley de Propiedad Horizontal. En caso de exceder el fondo, se acordaría una derrama extraordinaria. Además, es habitual que las comunidades cuenten con algún seguro.

Las terrazas: usos y daños

"La empresa de pinturas que nos arreglaba la fachada, y que fue contratada por la comunidad, me ha ocasionado daños en las baldosas de la terraza, pero antes ya habíamos realizado otras obras por cuenta propia para poner fin a la humedad que se veníamos sufriendo. ¿Quién debe pagar el arreglo?"

Esta es una de las múltiples cuestiones que se discuten en las juntas de las comunidades de vecinos, además de ser una de las más polémicas; por un lado el propietario tiene el uso exclusivo de una terraza, pero ésta forma parte -como elemento común- del edificio de la comunidad. ¿Cuál es la solución?

Hay que tener en cuenta que las terrazas constituyen una modalidad de la cubierta: además de servir de cerramiento superior, permiten su aprovechamiento al ser pisadas y ocupadas por las personas. Por lo tanto es importante determinar si son:

Un elemento común.

Propiedad privada, pertenece sólo a un propietario.

De carácter mixto (al compatibilizar su carácter común con el uso privativo).

Este último caso suele ser el más frecuente, y se da cuando el acceso a la terraza sólo puede hacerse a través de la vivienda de uno de los propietarios, que es quien suele tener asignado su uso. La reparación de estas terrazas, por tanto, suele ser la más conflictiva. La causa del desperfecto o deterioro no suele estar muy clara, puede ser espontánea (por la propia degradación de sus materiales y la influencia de los agentes meteorológicos) o determinada por un uso impropio y agresivo. Un desperfecto puede ser causado por el uso, o ser un defecto de construcción, e incluso puede estar originado accidentalmente por un siniestro. Por ello, esta cuestión es la primera que debe aclararse, porque según la causa los costes de la reparación serán asumidos por la comunidad de propietarios o por el particular.

En el supuesto de que se detectara una gotera causada por un deterioro del pavimento, por un atasco en el sumidero, o -en general- por una deficiente conservación, la responsabilidad recaería sobre el propietario, debiendo afrontar el pago de la reparación. Por el contrario, si la causa se localizara en la capa impermeabilizante interna, deteriorada por el paso del tiempo, la responsable de la avería sería la comunidad, debiendo contribuir a la reparación todos los propietarios. En este caso, sería necesario levantar y reponer el solado.

El apartado referido a las fachadas y las terrazas como elementos comunes se encuentra en el artículo 396 del Código Civil. En la Ley de reforma de la Ley de Propiedad Horizontal de 6 de abril de 1999, se dispone que "los diferentes pisos o locales de un edificio o las partes de ellos susceptibles de aprovechamientos independiente por tener salida propia a un elemento común de aquel o a la vía pública podrán ser objeto de propiedad separada, que llevará inherente un derecho de copropiedad sobre los elementos comunes del edificio, que son todos los necesarios para su adecuado uso y disfrute, tales como las fachadas, con los revestimientos exteriores de terrazas, balcones y ventanas, incluyendo su imagen o configuración, los elementos de cierre que las conforman y sus revestimientos exteriores".

Si se analiza el caso presentando al inicio, se puede considerar lo siguiente:

> Ya que los daños fueron causados por una empresa privada, quien al realizar trabajos de pintura rompió parte de la cubierta, la empresa debe ser quien arregle el desperfecto. Subsidiariamente, la reparación debería llevarla a cabo el seguro de la misma, y reclamar éste después a la empresa de pinturas.

Al propietario lo que le interesa es poder transitar por dicha terraza, y para ello las baldosas deben ser reparadas. La Ley de Propiedad Horizontal no establece nada específico sobre elementos comunes de uso privativo, aparte de mencionarlas en el artículo del código civil referido anteriormente, pero la jurisprudencia dice que al tratarse de un elemento común -y en este caso lo es por destino ya que sirve de cubierta al edificio- y bajo ninguna circunstancia dejará de ser elemento común, salvo que sea techada dicha terraza, las reparaciones corresponderían a la comunidad. Al ser también de uso privativo y exclusivo de un propietario, los daños derivados la utilización diaria corresponderán al propietario que lo usa, que es el que los desgasta, pero los gastos extraordinarios corresponderán a la comunidad. En el caso que nos ocupa, parece claro que se está ante un gasto extraordinario ya que los daños no provienen de un uso ordinario, sino por causas fortuitas.

Pagar a medias

En ocasiones no es fácil determinar la causa, es entonces cuando se adopta, de común acuerdo entre propietario y comunidad, una solución salomónica: pagarlo a medias. Como regla fácil de recordar, aquello que se ve y se pisa es responsabilidad del propietario que lo usa y lo que está invisible es de la comunidad".

El caso expuesto puede llegar a complicarse si el propietario no ha informado de las reparaciones a la comunidad. El régimen que establece la legislación para el caso de obras en edificios comunitarios obliga a los propietarios a comunicar cualquier obra en sus elementos privativos a la comunidad, sin que ésta tenga potestad para impedirlas, salvo que afecte a elementos comunes.

Ahora bien, hay que tener en cuenta que si el propietario no informa a la comunidad acerca de una reparación, ésta puede incluso impedir que los arreglos se lleven a cabo. En este caso se dispondría una terraza inutilizable y, lo que sería peor, sin posibilidades de repararla. Al final, sería necesario acudir a los tribunales. Pero la situación puede complicarse aún mucho más. Teniendo en cuenta la saturación de los juzgados y tribunales, se puede estar uno, dos o tres años sin poder usar la terraza y, además, tener que repararla a costa del propietario. En el peor de los casos, los tribunales pueden no darle la razón al propietario, ni permitirle que la reparare. El panorama puede ser más terrible todavía si se manifiesta que en un momento dado el propietario ya ha cambiado la cubierta de la terraza. Entonces la comunidad podría alegar que fue un cambio no autorizado.

Angustiarse no es la mejor salida y para que todo llegue a buen puerto el proceso que debería seguirse sería el siguiente:

Si se tiene la autorización de la comunidad para realizar las obras, hay que cerciorarse de que dicha autorización se haya producido con testigos de por medio.

Lo recomendable es solicitar al menos tres presupuestos a empresas diferentes, escogiendo el más económico, siempre que ofrezca las debidas garantías de calidad, y llevar a cabo las obras por cuenta propia.

Una vez terminadas las obras se deberá proceder a reclamar dicha factura, tanto a la comunidad, como a la empresa de pinturas y al seguro de la comunidad. En el caso que ninguna de las tres entidades quisiera hacerse cargo, se puede reclamar judicialmente contra los tres, y que sean los juzgados los que establezcan la responsabilidad.

El uso del seguro

Algunas comunidades no tienen contratado ningún seguro, y cuando se produce algún incidente (lluvias, etc..) que causa daños en el piso de algún propietario, los desperfectos corren a cargo de la comunidad. Sucede, tal vez más veces de las que sería deseable, que el propietario se pone en contacto con su seguro y éste, sin encomendarse a nadie, efectúa la reparación en el piso de su asegurado, en este caso en la terraza, pasando posteriormente la factura a la comunidad.

También hay que tener en cuenta que posiblemente el seguro del propietario no se ha puesto en contacto en ningún momento con la comunidad y, lo que es muy importante, que no haya presentado ningún presupuesto. Con esta actitud se ha impedido que la comunidad se encargue de buscar presupuestos y de hacer la reparación. El artículo 1259 del Código Civil expone que nadie puede contratar en nombre de otro sin estar por éste autorizado o sin que tenga por la ley su representación legal porque será nulo. Cualquier reparación debe someterse al conocimiento de la comunidad, antes de ser llevada a cabo, ya que es muy sangrante para las comunidades, sobre todo para las que tienen poco presupuesto, asumir el pago de facturas por 1.700 euros en las que no han podido participar.

RECOMENDACIONES

Para hacer frente a cualquier reparación se debe tener en cuenta las siguientes consideraciones:

> Las comunidades de propietarios deben contar con un fondo de reserva, cuya obligación queda establecida en el artículo 9 de la Ley de Propiedad Horizontal, que ello debería ser suficiente para las reparaciones parciales, pero si se hiciera necesario el levantamiento completo de la terraza, habría que acordar una derrama extraordinaria para hacer frente a este pago.

Si el caso llega a ser muy complicado, siempre es recomendable la asesoría de un abogado para obtener las respuestas necesarias, y para evitar que la solución se retrase durante años.

Tanto si la terraza es de exclusiva propiedad como propiedad de la comunidad, es el propietario quien debe realizar el mantenimiento ordinario de la terraza, puesto que es el vecino que la disfruta. Pero las reparaciones extraordinarias como las deficiencias de impermeabilización de la cubierta, a pesar de que haya un único vecino directamente beneficiado, debe pagarlas la comunidad. En definitiva, la comunidad de propietarios debe reparar las filtraciones, y también hacerse cargo de los daños que se produzcan a los vecinos si no se efectúa la reparación.

Tema 8. Zonas comunes de una vivienda

Patios de luces habilitados como tendederos, azoteas convertidas en terrazas, jardines transformados en porches particulares… Las zonas comunes de una vivienda son, por lo general, fuente de conflictos para las comunidades de vecinos. Tanto es así que, con frecuencia, los problemas derivados de su uso y disfrute acaban en enfrentamientos entre los copropietarios. Con asiduidad, el abuso y los límites de este derecho centran las disputas vecinales, debido al desconocimiento de las comunidades de propietarios de la legislación que regula la utilización y el mantenimiento de estos espacios. El desconocimiento de la normativa que regula estas zonas las convierte en motivo frecuente de disputas vecinales.

Solicitud de uso

Cada día vemos cómo nuestros vecinos, unos de forma permanente y otros en momentos puntuales, utilizan las zonas comunes para sus intereses particulares. Están en su derecho, ya que es una práctica legal, aunque con matices. La norma (Ley de Propiedad Horizontal y artículo 396 del Código Civil) permite que un único vecino disfrute en exclusiva de determinados espacios comunes, siempre con respeto a los demás residentes y a los estatutos de la comunidad, donde debe quedar bien reflejado el privilegio y las consecuencias de su disfrute. Para prevenir males mayores, recomiendan establecer limitaciones en el uso de los bienes comunes, pues muchos de ellos -la piscina, por ejemplo- "son ocupados por grupos numerosos de personas que los utilizan sin conocer el reglamento y violando los derechos de los demás".

El propietario que desee hacer uso particular de un espacio común de la finca debe solicitarlo a la comunidad y ésta lo consignará en sus estatutos si así lo aprueba el pleno. Para liberar un espacio común, el solicitante lo comunicará por escrito para que se incluya en el orden del día de la junta, en la que será necesario el voto unánime de los propietarios. En la mayoría de los casos, se trata de patios y cubiertas del edificio. Una vez aprobado, el cambio debe ser escriturado ante notario e inscrito en el Registro de la Propiedad Inmobiliaria. Si la comunidad niega la petición de disfrute individual, el solicitante puede pedir que se proteja su derecho a usar esas zonas.

Cuando la disputa no consigue resolverse por la vía de la negociación, comunidad de propietarios y vecino pueden acudir a los tribunales o echar mano del arbitraje, siempre y cuando ambas partes estén de acuerdo en recurrir a la conciliación.

Invasión de zonas comunes

Respecto a la invasión de zonas comunes, la Ley de Propiedad Horizontal proporciona medios para combatir las obras ilegales. Para ello, debe convocarse una junta, facultar al presidente para que realice un requerimiento por escrito a los infractores y, por último y si es necesario, llegar a juicio. Es el caso del propietario de un coche mayor que su plaza de garaje y que invade la del vecino. De acuerdo al artículo 394 del Código Civil, "cada propietario podrá disfrutar de los lugares comunes siempre que no perjudique el interés de la comunidad ni impida a otros vecinos utilizarlos según su derecho". En las zonas comunes de un garaje se considera uso de zona común el paso, el tránsito y la realización de maniobras. Pero no el estacionamiento. Por ello, cuando se dan estas situaciones, los vecinos afectados pueden solicitar al administrador que incluya esta cuestión en el orden del día de la próxima junta de propietarios para reclamar el cese del uso extralimitado.

Si, transcurrido un tiempo, el vecino no cesa en su actitud, la vía adecuada es la judicial civil para que se declare su obligación de usar el garaje conforme a su destino, estacionando su vehículo sin rebasar las líneas de su parcela y sin invadir las zonas comunes de tránsito y maniobras. La demanda puede ser interpuesta por la comunidad o por los propios vecinos perjudicados. En caso de optar por la vía judicial, se recomienda pedir un informe pericial que acredite al juez la existencia de perjuicios.

ZONAS COMUNES DE UNA VIVIENDA

Suelo, vuelo, cimentaciones y cubiertas.

Elementos estructurales y entre ellos los pilares, vigas, forjados y muros de carga.

Las fachadas, con los revestimientos exteriores de terrazas, balcones y ventanas, incluyendo su imagen o configuración, los elementos de cierre que las conforman y sus revestimientos exteriores.

El portal, las escaleras, porterías, corredores, pasos, muros, fosos, patios, pozos y los recintos destinados a ascensores, depósitos, contadores, telefonías o a otros servicios o instalaciones comunes, incluso aquellos que sean de uso privativo.

Los ascensores y las instalaciones, conducciones y canalizaciones para el desagüe y para el suministro de agua, gas o electricidad, incluso las de aprovechamiento de energía solar.

Las instalaciones de agua caliente sanitaria, calefacción, aire acondicionado, ventilación o evacuación de humos.

Las instalaciones de detección y prevención de incendios.

Las de portero electrónico y otras de seguridad del edificio, así como las de antenas colectivas y demás instalaciones para los servicios audiovisuales o de telecomunicación, todas ellas hasta la entrada al espacio privativo.

Las servidumbres y cualesquiera otros elementos materiales o jurídicos que por su naturaleza o destino resulten indivisibles.

Las limitaciones

Como todo derecho, el disfrute individual de estas zonas tiene sus límites. Los vecinos que las utilizan no están autorizados a realizar obras que sólo podrán efectuar si cuentan con el acuerdo unánime de la comunidad reunida en junta. En caso de aceptación, siempre deberán respetar la configuración original para que no se pierda su naturaleza común. Y esto tiene que ver con el concepto conocido como 'servidumbre', con la obligación de no bloquear ni impedir el paso a los vecinos. Servidumbre es, por tanto, el derecho que afecta al dominio de un bien inmueble, limitando algunos de los derechos inherentes a la propiedad y obligando al titular del inmueble a permitir a uno o más terceros a realizar determinadas actividades.

En el caso de los trabajos de mantenimiento, la situación se complica. La ley establece que las reparaciones derivadas del uso ordinario deberán ser sufragadas por el propietario, mientras que la comunidad de vecinos pagará las que se produzcan por daños causados por las inclemencias meteorológicas o sean producto de una reforma general del edificio. La reparación de desperfectos y el acondicionamiento de las zonas comunes corren a cargo de la comunidad, pero el mantenimiento diario y la limpieza depende del vecino que utilice ese espacio. En España, las obras más frecuentes son la apertura de puertas de paso o la instalación de barandillas y techados, de acuerdo a los registros del Colegio Oficial de Arquitectos.

Los espacios comunes no sólo se limitan al interior del inmueble, también puede hablarse de uso y disfrute público de zonas compartidas entre dos comunidades distintas. Este caso se conoce como "servidumbre" y es el derecho que tiene una comunidad para exigir a la del inmueble contiguo la utilización de alguna de sus zonas comunes. Ocurre, por ejemplo, cuando para acceder a la calle es necesario pasar por otra finca, o cuando se precisa ocupar parte del edificio contiguo para montar un andamio. También el local comercial, la tienda instalada en los bajos del bloque, es propiedad de un vecino más y, por lo tanto, está sometido a obligaciones igual que el resto de los residentes.

Mejoras en las zonas comunes

Las administraciones locales, a través del Instituto Municipal de la Vivienda, disponen de líneas específicas de ayudas para el acondicionamiento y mejora de las zonas comunes de las viviendas. Por ejemplo, el Programa de Rehabilitación Singular del Gobierno andaluz, que permitió acometer obras de mejora en zonas comunes de 13 comunidades de Málaga. Estas ayudas -entre el 75% y el 95% del importe total de las obras- están dirigidas a comunidades de propietarios con recursos limitados que desean rehabilitar los elementos comunes del edificio. Los 1,9 millones de euros otorgados financian la mejora de nueve ascensores, la ejecución de las instalaciones de suministro de agua, gas, electricidad y saneamiento de ocho bloques, además del arreglo de las fachadas y cubiertas y la eliminación de barreras arquitectónicas.

El requisito para la concesión de estas subvenciones es que los ingresos anuales de al menos la mitad de los propietarios del bloque no superen 1,5 veces el Indicador Público de Rentas de Efectos Múltiples (IPREM). Los bloques, además, deben superar los diez años de antigüedad, presentar unas características de seguridad estructural y constructiva que garanticen la viabilidad de la intervención y en el caso de colocación de ascensor, contar con una altura superior a las tres plantas.

Otra iniciativa es la que ha permitido a los vecinos de Rivas Vaciamadrid, en Madrid, crear huertos en las zonas comunes de sus edificios. El Ayuntamiento de la localidad pretende recuperar espacios abandonados o degradados y así mejorar el entorno, además de promover la convivencia social. Una experiencia que muchos propietarios de chalet ya desarrollan a título individual en sus jardines, pero que en un edificio es más difícil de llevar a la práctica si no es a través de una propuesta colectiva. En la Comunidad de Madrid, las primeras experiencias tuvieron lugar en el barrio de El Pilar y, más recientemente, en el de Lavapiés, ambos en la capital. En Rivas, el primer huerto urbano empezó a cultivarse hace menos de un año en un edificio construido frente al antiguo vertedero de Madrid. Aunque los vecinos habitan el lugar desde hace cinco años, a principios de 2008 los espacios originalmente pensados como zonas verdes todavía permanecían en desuso: abandonados y sucios, con papeles varios, latas de cerveza, envases, baldosas rotas, piedras... El Ayuntamiento ofreció a la comunidad de vecinos la posibilidad de mejorar el entorno del edificio con una huerta comunitaria, aportando los insumos necesarios y el asesoramiento técnico.

CONFLICTOS MÁS HABITUALES

Azotea. La azotea es uno de los espacios más golosos, usurpados ilegítimamente para ampliar metros cuadrados de superficie en áticos. A menos que exista un acuerdo o venga especificado en los estatutos, la servidumbre de la comunidad de vecinos impera sobre las necesidades del propietario particular.

Jardín. ¿Puedo colocar una pérgola de jardín sin permiso? La jurisprudencia no lo deja claro, en principio, hay que solicitarlo, pero hay casos en que se considera una extensión de la vivienda.

Fachada. Al ser un elemento común, se requiere la aprobación de la junta de propietarios para la colocación de aparatos, lonas, rejas o cerramientos de terrazas...

Patio de luces. Abrir puertas, instalar barbacoas y, sobre todo, almacenar objetos o acumular bombonas de butano son los problemas más frecuentes.

Garaje. Los espacios comunes no deben ser entendidos como un terreno que conquistar. Muchos vecinos, sin embargo, ocupan estas zonas "de nadie" en los garajes para ampliar su espacio de aparcamiento o se aprovechan de las plazas vacantes de sus vecinos.

Tema 9. Discapacitados en comunidades de propietarios

¿Se imagina la vida en una silla de ruedas? Acciones como ir al baño o levantarse de la cama se convierten en grandes pruebas que superar cada día. En función de la minusvalía física que padezca una persona, requiere ayuda para casi todo: para acostarse y levantarse, ducharse, sacar dinero en un cajero, ir al trabajo, salir de viaje, prepararse la comida o coger agua de la nevera. En la adaptación de los servicios de transporte público a los colectivos de movilidad reducida también queda mucho trabajo por hacer. Otros transportes públicos como el tren o el taxi han mejorado sus servicios, pero todavía no están a la altura de las necesidades de este colectivo.

En cuanto a los taxis, hay compañías que cuentan con algunas unidades adaptadas, pero no parecen suficientes. "Y algunos taxistas no te paran cuando te ven en silla". Aun así, se justifica a estos trabajadores porque reconocen que adaptar un vehículo para su uso con minusválidos es muy caro y no hay demasiadas ayudas.

Si un minusválido se desplaza con su vehículo tampoco encuentra respeto hacia las plazas de aparcamiento reservadas.

Los problemas no son sólo de accesibilidad. Las obras en las ciudades suponen uno de los grandes inconvenientes para un minusválido, lo peor es "cuando en un paso de peatones hay rampa, puedes pasar perfectamente y cuando llegas al otro lado, descubres una zanja de medio metro y todo en obras. La salvación siempre son los garajes que cuentan con la acera rebajada". Otro inconveniente son los excrementos caninos. "Tienen que jugar con la silla para no recoger con las ruedas ningún "regalito", porque luego es bastante desagradable". Y todo por no hablar de quienes dejan el coche en un paso de peatones o aparcan sus vehículos en las plazas reservadas.

Algunos edificios públicos adaptados olvidan al cabo del tiempo el mantenimiento. Otros lugares que necesitan cierta modificación son los teatros y lugares de pública concurrencia. En cuanto a los cines, uno de los lugares de esparcimiento más habituales, "siempre les colocan en la primera fila, porque en realidad lo que llaman adaptación es dejarles aparcado en ese lugar".

Las opciones se reducen para viajes o escapadas de fin de semana. Muchos establecimientos hoteleros no están adaptados o lo están insuficientemente. Por otro lado, una persona con movilidad reducida que quiera unas vacaciones independientes debe pagar a un acompañante para que le ayude en sus quehaceres, cuando ha pasado algún fin de semana con su anterior pareja, también minusválida, han tenido que contratar a una persona "para que le ayudaran a levantarse, en su aseo personal y cosas habituales".

La situación laboral de los minusválidos físicos es una de las asignaturas pendientes de los servicios sociales de la Administración Pública.

El tipo y el grado de discapacidad marcan la pauta a seguir en el momento de emprender una reforma del hogar. Los problemas de accesibilidad no acaban cuando las personas con discapacidad motriz, visual o auditiva cierran la puerta del portal y abren la de su vivienda.

Características generales

La anchura libre mínima de cualquier hueco de paso de la vivienda para que pueda circular una silla de ruedas debe ser de 0'80 metros. La anchura de los pasillos debe alcanzar al menos 1'10 metros.

Con el fin de maniobrar y realizar un giro completo con la silla de ruedas se necesita un diámetro mínimo de 1'50 metros.

En el revestimiento de suelo y paredes, es preferible que se utilicen materiales resistentes a choques y rayones.

Los suelos deben ser lisos, antideslizantes y sin elementos que sobresalgan. Evite el uso de alfombras ya que pueden propiciar resbalones e incómodos tropiezos y son un obstáculo para quienes se desplazan en silla de ruedas.

Si hay un invidente en casa, los distintos tipos de suelo (baldosas en el pasillo, alfombra en la sala, piso de madera en el dormitorio, etc.) ofrecen claves táctiles para moverse de un sitio a otro.

Las puertas y ventanas se deben abrir con una sola mano. La opción más cómoda y segura son las correderas.

Es preferible que en los cuartos de baño las puertas abran hacia el exterior para que puedan ser desmontadas desde fuera en una emergencia.

Los pestillos de la puertas deben abrirse desde fuera igual que desde dentro.

Para la ubicación de los interruptores tenga en cuenta que sentado en una silla de ruedas los ojos quedan a una altura de entre 1,10 y 1,30 metros. Para colocarlos con mayor facilidad elija un modelo que lleve un marco luminoso, lectura en braille u otro sistema que indique su localización.

Si algún miembro de la casa sufre problemas auditivos, las señales auditivas se pueden reemplazar con otras señales sensoriales. La opción más sencilla es instalar una luz intermitente conectada al timbre de la puerta, teléfono o reloj automático.

El cuarto de baño es uno de los lugares con más riesgo de sufrir accidentes. Por ello, en el mercado hay una gran variedad de productos para facilitar el día a día de una persona con algún grado de discapacidad, desde duchas que se instalan sin hacer obras en el lugar que ocupa una bañera y muebles de baño adaptados, hasta inodoros regulables en altura.

Para salvar el desnivel habitual en los platos de ducha, las personas que utilizan sillas de ruedas pueden optar por duchas de obra o platos extraplanos, en el mismo nivel que el suelo y sin escalones. El material del plato de ducha ha de ser antideslizante para evitar caídas y resbalones.

Si el cambio de bañera a plato de ducha no es posible se puede optar por un asiento especial a motor adaptado a la bañera que eleva y sumerge a la persona.

Un elemento obligatorio son las barras de apoyo que se colocan en el inodoro y en la bañera o ducha para dar estabilidad. En el inodoro, la barra se coloca en los laterales, de manera que las personas se puedan sujetar al sentarse y levantarse. En la ducha se instalan en la pared para agarrarse durante el baño, mientras que en la bañera se colocan en los laterales con el fin de apoyarse al entrar o salir.

La taza del inodoro debe colocarse a una altura entre 45 y 50 centímetros. En las tiendas especializadas se venden elevadores diseñados para alzar un retrete de tamaño estándar hasta la altura requerida.

El modelo de lavabo elegido no debe llevar pie, y ha de estar colocado a una altura de unos 80 centímetros. Conviene que se instalen grifos monomando.

La grifería electrónica también garantiza una mayor seguridad ante un descuido, además su uso es más sencillo porque funciona mediante un sensor de movimiento.

En uno de cada cinco hogares vive una persona con discapacidad

Cocina

En la cocina es aconsejable que todos los electrodomésticos estén a una altura adecuada y sean de fácil apertura.

La encimera debe situarse a una altura de 68 cm, con la parte inferior hueca y libre para que la silla pueda situarse dentro y moverse con total libertad.

Los armarios superiores han de estar colgados a 40 cm. de la superficie inferior o a partir de 120 cm. del suelo.

El riesgo de quemaduras causadas por las diferentes fuentes de calor es uno de los principales peligros. Las cocinas vitrocerámicas son las más recomendables ya que, gracias a su superficie plana, resulta fácil deslizar las cazuelas sobre ellas.

Una mesa pequeña con ruedas, conocida como "camarera", permite transportar sin riesgos los platos calientes y los más pesados.

Dormitorio

Conviene que alrededor de la cama se disponga de un espacio de 180º. De esta forma, la silla se moverá en forma de T o en un ángulo de 360º girando en un círculo completo.

La cama no debe ser ni demasiado alta ni demasiado baja para que resulte más fácil levantarse y acostarse. La altura mínima recomendable es de 45 centímetros.

En aquellos casos en los que la persona sufra una alta dependencia y no pueda alternar los periodos de permanencia en la cama con pequeños paseos o descansos en un sillón, una cama articulada evitará la inmovilidad absoluta y facilitará el cambio de posiciones, desde el decúbito hasta la sedestación (postura de sentado).

Desde la cama se debe manejar sin problema el interruptor de la luz, el teléfono o la telealarma.

Las alturas han de ser menores que en una vivienda estándar. El brazo extendido debe llegar fácilmente allí donde se desee: el colgador, un estante, un cajón, etc.

Máquinas al servicio de todos

Camas motorizadas. Permiten al usuario cambiar entre diferentes posiciones para leer, ver la televisión, dormir, o levantarse. Entre 400 euros y 1.900 euros.

Grúas. Facilitan que el usuario, por su cuenta o con ayuda de una persona asistente, pueda moverse con mayor facilidad a diferentes zonas de la vivienda, y realizar tareas como levantarse o acostarse, ducharse o ir al baño. Entre 700 y 1.700 euros.

Ascensores, elevadores y salvaescaleras (sillas y plataformas). Contribuyen a que el usuario supere obstáculos como escaleras de acceso exteriores y/o escaleras y desniveles dentro de la vivienda. Entre 4.000 y 5.000 euros.

Grifos, jaboneras y secadores de manos. Basta con que una persona acerque las manos para que el sensor infrarrojo ponga en marcha el agua del grifo, dispense una dosis de jabón, o active el secamanos. Los grifos se pueden adquirir por un precio que va de los 300 euros a los 800 euros; los secamanos de 80 euros a 200 euros y los dispensadores de jabón de 45 euros a 100 euros.

Elevador eléctrico de inodoro. Permite sentarse y levantarse del inodoro por medio de un sistema elevable que se apoya en el suelo y que es regulable en altura. Su precio, entre 2.000 euros y 3.000 euros.

Las personas minusválidas, al igual que el resto de ciudadanos, tienen derecho a disfrutar de una vivienda digna y adecuada. De ahí la importancia de suprimir las barreras arquitectónicas en las edificaciones, de manera que garanticen la accesibilidad a los inmuebles de aquellas personas con movilidad reducida.

En el caso de vivir en una comunidad de vecinos en la que habiten discapacitados, estos no pueden por sí solos imponer con cargo a la comunidad la desaparición de las barreras arquitectónicas en las zonas comunes del edificio. Aunque, si la demanda proviene de un vecino minusválido o mayor de 70 años sin necesidad de tener ninguna minusvalía, el resto de vecinos no puede negarse a la eliminación de las barreras arquitectónicas.

No obstante, la supresión de las barreras no debe menoscabar otros aspectos importantes en las edificaciones, como las condiciones de seguridad y protección de las construcciones. Por ejemplo, es necesario cumplir la normativa de protección contra incendios que garantice una rápida evacuación de las viviendas.

De hecho, en los acuerdos que adopte la comunidad de propietarios han de tenerse en cuenta estas cuestiones. Además, es necesario el voto favorable de la mayoría de los propietarios que representen la mayoría de las cuotas, aunque sean contrarios a los estatutos de la comunidad.

Sin embargo, si el importe total de la obra a realizar no excede de tres mensualidades ordinarias de gastos todos los propietarios estarán obligados a abonar las cuotas para llevar a cabo las obras de accesibilidad en los elementos comunes o bien para la instalación de dispositivos mecánicos que favorezcan la comunicación de las personas discapacitadas con el exterior.

Lo habitual es que el importe de la obra exceda la cuota de tres mensualidades por propietario, por lo que si no se llega a la mayoría necesaria el propietario o inquilino discapacitado de la vivienda tiene derecho por ley a realizar la obra, asumiendo por supuesto todos los costes o acudir en defensa de sus derechos a la jurisdicción civil.

Además, existe la posibilidad de solicitar alguna subvención para la adaptación funcional del edificio tanto para la instalación de un ascensor, una rampa o una barandilla. Para ello hay que dirigirse a la OCRE (Oficina Comercial de Rehabilitación de Edificios) de su Comunidad Autónoma.

El titular o usuario de la vivienda minusválido debe seguir un proceso para solicitar las obras de reforma en las zonas comunes del edificio. En primer lugar, debe comunicar por escrito a la comunidad de propietarios la necesidad de llevar a cabo las obras de adecuación, acompañándolo del proyecto técnico detallado de las reformas a realizar.

Una vez realizada la notificación, la comunidad dispone de un plazo máximo de sesenta días para informar al solicitante, por escrito, del beneplácito u oposición razonada a la realización de las citadas obras. Por su parte, el resto de vecinos pueden proponer ideas alternativas que garanticen la accesibilidad al edificio de la persona minusválida.

Si transcurre el plazo establecido y no hay comunicación por parte de la comunidad se entiende que consienten la ejecución de la obra. Igualmente, en el caso de que la oposición se comunique fuera de tiempo la obra se llevará a cabo, que podrá iniciarse después de obtener las autorizaciones administrativas precisas.

Subir a un autobús, cruzar una calle o sacar dinero de un cajero automático puede convertirse en una auténtica odisea para cualquier persona que sufra un tipo de discapacidad. Este problema, que debería involucrar a toda la sociedad, se agrava cuando empieza en el propio hogar. Y es que las casas de hoy en día no cuentan con puertas y pasillos anchos que permitan moverse sin ayuda en sillas de ruedas, por ejemplo. Más aún, mucha gente ni siquiera puede bajar o subir a su casa por la falta de infraestructuras adecuadas para poder moverse. Las sillas salvaescaleras o elevadores pueden ser una solución fiable y fácil para resolver este problema.

El mercado actual ofrece un amplio abanico de posibilidades para dar solución a la movilidad de las personas con discapacidad en su casa o en espacios públicos, "hay algunos elevadores que se adecuan a una escalera corta, otros a alturas elevadas, los hay compactos, de espacio reducido, etc. Se trata de combinar bien la necesidad real y la disponibilidad económica".

Así, algunas de las posibilidades que se plantean son las siguientes:

> Montaescaleras. Sirve para salvar desniveles cubiertos por escaleras. Permite elevar y descender a personas discapacitadas, utilicen o no sillas de ruedas.

'Silla subeescalera' Se puede instalar en escaleras rectas y también curvas. Este tipo de modelos están fabricados con una tecnología aplicada al sistema de elevación que asegura que el arranque y la parada del traslado sea suave y relajado. Los diferentes modelos cuentan con simples controles de manejo al alcance de la mano. Además disponen de apoyabrazos que sirven de ayuda y da seguridad mientras la persona se sube a la silla. Cuando no está en uso, el asiento y el apoyapiés se pliegan sin obstruir la libre circulación en la escalera. Según cuenta Pedro Fuentes, trabajador de la empresa instaladora de elevadores Vía Libre (Fundación Once), "este dispositivo puede ser el adecuado para una persona usuaria de bastones". Su instalación cuesta alrededor de los 6.000 euros.

Para andenes ferroviarios, subterráneos, o ciertos edificios públicos, que suelen tener un desnivel de entre 0,8 y 1,5 metros, resulta muy práctico instalar un mini elevador. Se trata de una plataforma elevadora abierta, con barandillas. Este tipo de dispositivo, suele utilizarse también en comunidades de vecinos en las que ya hay un ascensor, pero también cuatro o cinco escaleras para llegar hasta él. "Su precio suele rondar los 8.000 euros y se requiere el acuerdo de la junta de propietarios para instalarlo".

Plataformas

Los problemas de espacio en el hogar hace que muchas personas con problemas de movilidad no puedan disfrutar de todas las estancias de su casa, y para resolver este problema se hallan las plataformas elevadoras verticales. Su principal ventaja reside en su compacto diseño, que hace que necesiten mucho menos espacio que otros elevadores. No necesitan fosa ni sala de máquinas como los demás ascensores, lo que posibilita una instalación sencilla y de bajo coste.

Además, el diseño estético de estos elevadores hace que se adapten fácilmente a la decoración del hogar. Suelen utilizarse también en edificios públicos, hoteles y restaurantes, centros médicos, comunidades de propietarios y viviendas privadas, tanto para transportar pasajeros a pie como en silla de ruedas.

Ayudas públicas

Otro de los problemas más comunes es el gasto al que deben enfrentarse muchos vecinos y familias afectadas, ya que los elevadores son caros. Sin embargo, las distintas comunidades autónomas prevén ayudas y subvenciones públicas para la eliminación de las barreras arquitectónicas. Estas son las diversas modalidades de solicitud:

Ayudas para la eliminación de barreras en corporaciones locales.

Ayudas para la eliminación de barreras en ONG.

Ayudas para la eliminación de barreras en distintos edificios públicos.

Ayudas para la adaptación de puestos de trabajo.

Ayudas individuales para la eliminación de barreras en el hogar y para ayudas técnicas.

Convenios con los ayuntamientos para la elaboración de planes de accesibilidad.

Convenios o subvenciones para la adaptación de los transportes públicos.

Una viandante se cayó al descender por una rampa para minusválidos

Una mujer se cayó al suelo al tratar de bajar una acera por una rampa instalada para facilitar el paso de personas minusválidas en silla de ruedas. Como consecuencia del accidente, la víctima sufrió lesiones de diversa consideración que le obligaron a permanecer de baja médica (sin desarrollar las tareas de ama de casa durante cerca de 220 días), por lo que demandó al Ayuntamiento de Carcaixent, en Valencia, y a su compañía aseguradora el pago de una indemnización. Según el informe técnico presentado por esta viandante, la rampa tenía en algunos puntos un ángulo o pendiente superior al 20%, mientras que el Consistorio argumentó que ese grado de desnivel se establece en la rampa para favorecer el desplazamiento de personas disminuidas, y no del resto de viandantes.

Estudiados ambos informes, la Audiencia Provincial de Valencia, en sentencia del 19 de diciembre de 1999, rechazó la explicación del ente municipal de Carcaixent, ya que con independencia del uso específico para el que se diseña ese tipo de rampas, las mismas se encuentran en la vía pública y deben de cumplir unas condiciones para que puedan ser utilizadas por cualquier transeúnte sin constituir un peligro para nadie.

Tema 10. Propietarios ausentes

La solución a la desidia y la morosidad, los principales lastres de las juntas de vecinos, no siempre es fácil ni económica. La desidia y la morosidad son los principales problemas con los que debe lidiar el presidente de una comunidad de vecinos. Ante estas contingencias, las leyes arbitran mecanismos para evitar que las necesidades de las comunidades queden en punto muerto. No obstante y pese a la protección legal, fijada en la Ley de Propiedad Horizontal, en la mayoría de estos casos la solución pasa por la contratación de un abogado y requiere tiempo y dinero.

¿Qué medidas se pueden tomar cuando son muchos los propietarios que no asisten a las Juntas?

Es necesario continuar con la gestión de la comunidad. El presidente debe convocar Junta ordinaria al menos una vez al año, notificando a todos los propietarios el orden del día de los asuntos a tratar, el lugar, día y hora en que se celebrará en primera convocatoria o, en su caso, en segunda. La convocatoria contendrá una relación de los propietarios que no estén al corriente en el pago de las deudas vencidas a la comunidad y advertirá de la privación del derecho de voto si fuera el caso. La Junta también es válida sin la convocatoria siempre que concurran la totalidad de los propietarios y así lo decidan. Más tarde, a la hora señalada, se determinará si hay quórum para celebrarla.

Se entiende que no hay quórum...

Cuando asisten sólo la mitad de los vecinos o un número inferior. Entonces no se puede celebrar la Junta en primera convocatoria, pero sí en segunda (media hora después si así se indica en la citación o dentro de los ocho días naturales siguientes).

¿Los propietarios sólo se deben reunir una vez al año?

Por lo menos una vez al año, para aprobar los presupuestos y cuentas. Y en las demás ocasiones que lo considere conveniente el presidente.

El presidente no convoca nunca Junta. ¿Qué se puede hacer?

Solicitar al presidente que la convoque, aunque también puede convocarla la cuarta parte de los propietarios o un número que represente al menos el 25% de las cuotas de participación.

Un propietario se ha ido de la comunidad sin informar de su nuevo domicilio, y no acude a las juntas ni paga.

Se puede enviar por carta certificada la citación a Junta en el único domicilio conocido, el de su comunidad, para dejar constancia del intento. En el orden del día hay que incluir la adopción de acuerdo sobre la deuda de este propietario. Adoptado el acuerdo para iniciar la demanda, conviene indicar en el acta que se emitirá un certificado de la deuda y, acto seguido, se notificará nuevamente al mismo domicilio. La demanda debe acompañarse de dicha certificación-liquidación de deuda y, aunque la demanda se podrá notificar al demandado por edictos, podrán hacer averiguaciones a través del juzgado para localizar su actual domicilio (por el censo electoral o la Policía). Una vez localizado, es probable que abone las cuotas, aceptando la demanda. En caso contrario hay que continuar con el pleito hasta la venta en subasta del piso, si fuera el caso.

Ha fallecido la propietaria de un piso, vivía sola y nadie se hace cargo del piso ni de los gastos de la comunidad. ¿Qué se puede hacer?

Pueden solicitar una nota simple de la vivienda en el Registro de la Propiedad para conocer quién es el nuevo propietario. Si continúa registrado a nombre de la fallecida, hay que ponerse en contacto con los hijos u otros posibles herederos y familiares, y solicitar que los herederos designen un representante y un domicilio ante la comunidad de propietarios y, por supuesto, que paguen los gastos comunes. Si no se conoce a los parientes de la persona fallecida, pueden acudir a los Tribunales demandando a los herederos desconocidos o "herencia yacente". Pueden consultar con un abogado y convocar Junta para autorizar al presidente a ir a juicio, certificando la deuda.

¿Qué conviene hacer si no se puede asistir a las Juntas?

La asistencia puede ser personal o por representación. Lo habitual es que en la misma citación se adjunte un documento sencillo de representación. Lo adecuado es cumplimentar los datos de representado y representante y firmar. Quien asista en su nombre dispondrá de las mismas facultades de voz y voto, quedando el representado vinculado por el voto otorgado por el representante.

¿Quién tiene que asistir a la Junta cuando el piso está alquilado?

El propietario, salvo que otorgue representación al inquilino, lo que no siempre es recomendable. En el supuesto de que la vivienda o local se halle en usufructo puede acudir el usufructuario siempre que el propietario no se manifieste en contra. Ahora bien, para votar cuestiones que requieran unanimidad o de obras extraordinarias y de mejora, el usufructuario debe llevar un escrito de representación.

En el caso de un piso de veraneo, ¿qué sucede si no se asiste a las Juntas?

Puede otorgar su representación a un administrador de fincas, abogado, etc. o a otro propietario. Aun así, si no asiste, el administrador deberá notificarle el acta con los acuerdos adoptados. Los votos de los ausentes se consideran, salvo manifestación en contra en plazo, favorables a los acuerdos adoptados.

Un vecino que no asistió a la Junta se niega a pagar una obra acordada

Cuando un acuerdo ya se ha adoptado vincula a todos, también a los disidentes y a los ausentes. No obstante, se pueden realizar las siguientes comprobaciones: asegurarse de que las citaciones fueron realizadas en plazo y que el ausente las recibió, constatar que el acuerdo versa sobre un punto del orden del día, así como que el número de votos favorables al acuerdo es suficiente para ser válido (mayoría simple, mayoría reforzada o unanimidad, según la naturaleza de la obra o acuerdo), que le notificaron el acta con el acuerdo adoptado y que han transcurrido 30 días sin que el vecino ausente manifestara su voto en contra. A partir de ahí, el administrador debe requerirle el pago en el tiempo y forma acordado en la Junta. Ante una negativa, en una nueva Junta pueden acordar ir a juicio declarando la deuda exigible. El administrador deberá emitir un certificado-liquidación de la deuda y notificarlo al propietario moroso. Deberán acudir a un abogado.

Sabía usted que:

> Aunque la unanimidad sigue siendo necesaria para acuerdos que impliquen la aprobación o modificación de las reglas contenidas en el título constitutivo de la

propiedad horizontal (vender el piso del portero, modificar la fachada...) o en los estatutos de la comunidad, la ley cada vez restringe más los casos en que es exigible:

- o Instalación o supresión de servicios como ascensor, portería, vigilancia o alquilar un piso o local de la comunidad sin uso específico. En estos casos basta una mayoría de 3/5 de votos y cuotas.

- o Realización de obras de supresión de barreras arquitectónicas. Es necesario una mayoría simple de votos y cuotas

- o Creación de paneles solares u otras infraestructuras energéticas colectivas. Se precisa un tercio de los votos.

Para el resto de acuerdos, mayoría simple.

Tema 11. Normativas para buzones en una comunidad de vecinos

Un buzón es la abertura por la que se echan las cartas y papeles para el correo, y la caja alargada o receptáculo donde caen los papeles echados.[1] Los buzones pueden ser públicos o privados.

Tipos de buzones

Buzón de correos

Los buzones de correos son los receptáculos que instala el servicio de correos en la calle o en locales públicos para que los ciudadanos depositen sus cartas y postales. Los buzones públicos se colocan en zonas de paso y se suelen pintar en colores llamativos para facilitar su localización.

Los buzones han cumplido una importante labor social durante siglos; sin embargo, recientemente, con el auge de la informática y el masivo uso del correo electrónico el buzón de correos ha entrado en declive.

En España los buzones más difundidos son un modelo cilíndrico de color amarillo, y un modelo rectangular de color verde, que tiene la función de apoyo a los Carteros.

Buzones privados

Estos buzones se colocan a las puertas de las viviendas y los utilizan los carteros para depositar el correo ordinario. También sirven para recibir la publicidad que se reparte por el método de buzoneo. Existen numerosos modelos de buzones. Por su forma, pueden ser verticales u horizontales y se fabrican tanto en madera como en diferentes tipos de metal: aluminio, chapa de acero, etc. Algunos presentan la puerta en plástico traslúcido lo que permite comprobar la llegada del correo sin necesidad de abrirlo. Por su parte, los modelos diseñados para el exterior se fabrican en plástico o metal con tratamiento anti-corrosión. Estos suelen estar decorados con tejadillo o algún motivo animal o campestre si van destinados al jardín presentándose en diferentes formas y colores.

Buzones virtuales

Buzón de voz

Se llama buzón de voz al dispositivo electrónico que recoge mensajes hablados. Utilizado tanto en telefonía móvil como fija, su uso se ha extendido enormemente con la proliferación de los teléfonos portátiles y el aumento del tiempo de estancia fuera de casa. El uso del buzón de voz está ligado al contestador automático. Este dispositivo recibe la llamada recitando un mensaje de bienvenida que puede ser el mensaje estándar grabado por el fabricante o puede personalizarse por el usuario.

Buzón electrónico

Se llama buzón electrónico al depósito que sirve para almacenar correos electrónicos.

Un buzón en mal estado o que incumpla la legislación vigente puede ocasionar un problema a toda la comunidad de propietarios. En una comunidad de vecinos, un componente tan baladí como los buzones puede generar una notable controversia. Conviene, por tanto, conocer con exactitud la legalidad vigente y las normativas que regulan estos elementos para que el servicio postal funcione de manera correcta y se eviten posibles disputas.

Estatutos internos

Las comunidades de propietarios se rigen por la Ley de Propiedad Horizontal, que se encarga de regular la utilización tanto de los espacios como de los servicios comunes del inmueble. Junto con la citada ley, hay unos estatutos de carácter interno redactados por la propia comunidad de vecinos, que regulan la organización y normas menores de los inquilinos y median en situaciones de conflicto.

Los aspectos más controvertidos respecto a este tema son:

1. Qué legislación regula los buzones: la amplia legislación al respecto se remonta a 1962, con un decreto de carácter obligatorio que imponía su instalación en los portales. Cabe recordar que una taquilla en mal estado, su incorrecta identificación o ubicación, pueden provocar que la entrega de la correspondencia no sea efectiva.

    Las posteriores disposiciones sobre los casilleros se recogen en el Reglamento del servicio de correos de 1964 y en las siguientes reglamentaciones de 1971, 1972 o 1977. En 1998, se aprobó la Ley del Servicio Postal Universal y de liberalización de los Servicios Postales, en la que se reconoce el derecho de acceso a las comunicaciones postales. En 1999, mediante un Real Decreto se recogían directrices concretas y recomendaciones del Parlamento Europeo.

2. Quién debe instalar el buzón: según la Ley de Edificación, toda vivienda, para conseguir la licencia de ocupación, "debe disponer de las instalaciones necesarias para recibir el servicio postal". La normativa

recoge la obligatoriedad de la instalación por parte de la totalidad de propietarios del edificio. Estos en su conjunto deberán sufragar los gastos originados por la misma, como la compra del elemento físico y su posterior mantenimiento.

3. Quién es el propietario: la propiedad de las taquillas ubicadas en las viviendas pertenece a los residentes del domicilio. Los casilleros tienen la consideración de elemento común, una consideración que no impide que cada uno de los copropietarios tenga un derecho de uso exclusivo y excluyente sobre el buzón concreto que se le ha asignado, ya que su uso tiene un fin individual. En el caso de nuevas construcciones, es el promotor quien debe hacerse cargo de ello.

4. Cómo deben ubicarse: el artículo 34 de la Ley del Servicio Postal especifica que los buzones domiciliarios "deberán reunir las características necesarias que garanticen la propiedad, el secreto y la inviolabilidad de los envíos postales". Según el reglamento, "el número de buzones ha de corresponderse con el número de viviendas y locales de la finca, más otro receptáculo, el número 1, reservado para las devoluciones de envíos". Los buzones deberán estar numerados, "a partir del número 2, de manera correlativa, contando de izquierda a derecha y de arriba abajo, ordenados por pisos y puertas". También recomienda añadir el nombre

completo de los propietarios o la denominación social en caso de ser una persona jurídica el titular del local o vivienda. Además, Correos precisa que deben fijarse en una pared para que no puedan trasladarse de lugar, ubicados en una zona de fácil acceso y a una altura que permita su cómoda utilización.

5. Qué consecuencia tendría un incumplimiento: la normativa postal refleja que si el operador al que se ha encomendado la prestación del servicio postal universal tuviese conocimiento de inmuebles que no dispusiesen de casilleros domiciliarios, se comunicará esta circunstancia a la comunidad de vecinos correspondiente, a fin de que tomen las medidas oportunas para su instalación. Mientras tanto, la entrega de los envíos dirigidos a sus vecinos se realizará en la oficina postal que corresponda. El incumplimiento de estos requisitos implicaría la suspensión de la entrega de la correspondencia y los envíos pasarían a entregarse en la oficina de Correos más próxima.

Tema 12. Qué medidas tomar frente a un vecino moroso

La morosidad en las comunidades de vecinos, que se vincula de modo habitual a la insolidaridad, responde en realidad a factores sociales y económicos, se incrementa en situaciones de crisis económica y es una lacra social que debe gestionarse de manera preventiva, aunque en numerosos casos la falta de civismo de los propietarios morosos requiere recurrir a los tribunales de justicia. Las comunidades de propietarios deben tener un fondo de reserva. Pero lo cierto es que son bastantes las comunidades que no lo constituyen, a pesar de ser obligatorio. Otras que cumplen la legalidad, lo hacen por el mínimo -un 5 % del presupuesto ordinario anual-, que puede resultar insuficiente para responder a su objetivo de atender las obras de reparación y conservación.

Por otro lado, para incentivar el pago, hay que hacer uso de los recursos legales. Entre estos destacan la privación del derecho de voto (no de voz) en las juntas de propietarios y hacer visible ante la comunidad la situación de morosidad, mediante su publicidad en las citaciones a junta y en las actas.

Se debe incorporar en la convocatoria a junta la relación de los propietarios que no se encuentren al corriente en el pago de las deudas vencidas con la comunidad.

También se debe advertir de que quedarán privados de su derecho de voto si, llegado el momento de iniciarse la junta, no han procedido al pago o a la impugnación judicial o consignación de las cantidades adeudadas en el juzgado o ante notario.

En el tiempo y forma determinados por la junta. En caso contrario, el presidente o el administrador, si así lo acordase la junta, podrán requerir el pago y reclamar por la vía judicial. Hay que realizar gestiones de localización de los herederos. La primera y más básica es la solicitud de nota simple al Registro de la Propiedad y la puesta en contacto con el titular registral. Si la vivienda o local continuara a nombre de la persona fallecida, habría que contactar con sus familiares y amistades.

Cuando estas gestiones no den resultado, o si se localiza a los herederos y estos se nieguen a contribuir, habría que acudir a los tribunales.

En estos casos, los impagos no acostumbran a tener causa en una clara voluntad incumplidora de las obligaciones, sino en los conflictos internos de la comunidad hereditaria.

Si los herederos tampoco abonan la deuda, puede convenir contratar a un abogado que gestione un acuerdo extrajudicial

Puede convenir que la comunidad contrate a un abogado que gestione un acuerdo extrajudicial con los herederos responsables. Si no se logra y no se realiza la transmisión hereditaria, se puede plantear una demanda contra lo que se denomina herencia yacente. La posibilidad de que el pleito termine con ejecución y subasta de la vivienda puede favorecer la conclusión de acuerdos con los herederos legales o testamentarios.

Ante una reclamación extrajudicial de pago, habría que convocar junta extraordinaria con urgencia, informar a todos los propietarios y adoptar los acuerdos que procedan. Entre ellos, requerir a los propietarios deudores el ingreso en la cuenta común de las derramas acordadas y atrasadas para proceder al pago. Si los propietarios morosos no abonan las derramas que les corresponde, la junta puede acordar realizar al pago a cargo del resto de propietarios y reclamar después por vía judicial a los morosos.

En caso de que no se alcanzara tal acuerdo y se demandara a la comunidad por impago, los propietarios deben saber que la Ley de Propiedad Horizontal obliga a las comunidades de propietarios a responder de sus deudas frente a terceros con todos los fondos y créditos a su favor.

Subsidiariamente, el acreedor puede dirigirse contra cada propietario por su parte, y no por el total de la deuda. Además, la ley apunta que cualquier propietario puede oponerse a la ejecución si acredita estar al corriente en el pago de la totalidad de las deudas vencidas con la comunidad. La empresa acreedora tendría que agotar primero los fondos comunes.

Para evitar que una deuda de esta naturaleza coja por sorpresa al comprador de la vivienda, la ley obliga al vendedor a declarar en la escritura de venta hallarse, o no, al corriente en el pago de los gastos generales.

Si declara no hallarse al corriente, habrá de expresar la cantidad que adeude. No basta con la declaración verbal del vendedor, en el sentido que fuere, sino que ha de aportar certificación ante el notario sobre el estado de las deudas de la vivienda o local con la comunidad.

Sin este certificado, firmado por el presidente, no podrá autorizarse el otorgamiento de la escritura de compraventa, salvo que el comprador exima al vendedor de la obligación de aportarlo.

En cualquier caso, cuando las deudas se correspondan con cuotas de la parte vencida del año en que haya tenido lugar la compra y el año natural anterior, el comprador responderá de ellas, incluso con la vivienda adquirida. Por las deudas de periodos anteriores, el comprador ya no será responsable.

Si hay una deuda no abonada en el tiempo y en la forma acordados por la junta, se debe requerir el pago y, en su caso, acordar proceder por la vía judicial contra el moroso.

Cuando el propietario responsable del impago es una familia o persona afectada por desempleo o circunstancias similares y sin antecedentes de morosidad, puede resultar conveniente acordar un plan de pago específico que facilite el abono de las deudas y hacerlo constar en acta.

Para ello se requiere un certificado de la deuda, un escrito que recoja la liquidación de la deuda con la firma del presidente y administrador. El acuerdo de ir a juicio debe notificarse de modo fehaciente a los afectados.

El procedimiento se regula en el artículo 21 de la Ley de Propiedad Horizontal y en la Ley de Enjuiciamiento Civil que remite al procedimiento monitorio. Para la petición inicial no se precisa de abogado y procurador. Además, con la reforma de la Ley 37/2011 de 10 de octubre de Medidas de Agilización Procesal, se ha eliminado el límite de 30.000 euros para acudir al procedimiento monitorio.

Los propietarios morosos pueden ser privados del derecho de voto. De acuerdo con el artículo 15.3 de la Ley de Propiedad Horizontal, se entiende que ni el moroso ni la cuota de su piso o local se tendrán en cuenta. Excluidos los morosos, el resto de propietarios deberán alcanzar un acuerdo por mayoría.

Hay que tener en cuenta que cuando una persona, física o jurídica, sea titular de varios pisos, tiene un solo voto numérico como propietario, pero a efectos de la mayoría de cuotas se computan todas estas.

Seis pasos para reclamar

1. Primer paso: el presidente o el administrador deben solicitar una nota simple al Registro de la Propiedad para asegurarse de que el deudor es el propietario de la vivienda.

2. Segundo paso: convocar una junta extraordinaria que cite a todos los propietarios. La convocatoria contendrá la relación de propietarios deudores y el aviso de privación de derecho del voto. En el orden del día figurará la adopción del acuerdo que proceda relativo a la liquidación de la deuda, reclamación extrajudicial y, en su caso, judicial, contratación o no de abogado, etc.

3. Tercer paso: adoptar los acuerdos y transcribir el acta al Libro.

4. Cuarto Paso: el secretario, o administrador si hace sus funciones, y el presidente deben certificar el acuerdo de la junta que apruebe la liquidación de la deuda.

5. Quinto paso: notificar de modo fehaciente el acta y los acuerdos adoptados a todos los propietarios, y al propietario deudor, con requerimiento de pago y un plazo para ello.

   Cuando el deudor no recoge las notificaciones, se puede realizar a través del tablón de anuncios de la comunidad.

Transcurrido un plazo de tres días, se considera realizada la notificación al deudor.

6. Sexto paso: presentar la demanda de juicio monitorio, con o sin abogado, en el juzgado de primera instancia del lugar donde radique la finca, acompañada del documento de certificación de la deuda y prueba de la notificación y requerimiento al deudor.

Uno de los problemas al que se enfrentan las comunidades de vecinos son los propietarios morosos que han dejado el edificio sin comunicar su nuevo domicilio -en muchos casos de manera deliberada para dificultar el cobro- o que han fallecido sin pagar el dinero que debían. En ocasiones, las deudas son muy importantes, sobre todo cuando proceden de obras de coste elevado, como la instalación del ascensor, la mejora de la cubierta, la rehabilitación de la fachada o si el impago se ha prolongado durante mucho tiempo.

Cobrar esa deuda supondría un alivio para los bolsillos de los vecinos y ayudaría a mejorar las cuentas de la comunidad. Pero esto no siempre es sencillo y, menos aún, cuando la persona que debe dinero en su antiguo domicilio no ha dejado constancia de su nueva residencia.

Si un vecino fallecido debía dinero, los herederos deben hacerse cargo de la deuda

Para reclamar lo que debe, tras haberlo intentado por otros medios, hay que convocar una junta de propietarios y enviar al moroso la citación al piso en el que residía, es decir, el de la comunidad que le pide el dinero. Si no acude -que es lo más probable-, se celebra la reunión con los presentes y se adopta el acuerdo para comenzar la demanda. Si prospera, las autoridades se encargarán de buscar al deudor para que afronte los pagos. Si se niega, se puede iniciar un proceso judicial para el embargo de sus bienes, con el fin de que haga frente a la deuda. Aunque el proceso es complicado, es probable que al final el dinero vuelva a la comunidad.

Algo similar ocurre con los fallecidos que dejan una deuda a los vecinos sin que nadie se haga cargo del piso. En ese caso, conviene ir al Registro de la Propiedad para saber a quién pertenece la vivienda. Si continúa a nombre de la persona fallecida, habrá que pedir a los herederos que se hagan cargo de la deuda.

Hoy en día, algunos vecinos que residen en el inmueble pueden tener cuotas impagadas. Pero se debe, casi siempre, a la crisis económica. Sus casos son distintos a los anteriores y casi siempre se comprometen a realizar el pago en cuanto puedan. A menudo, las comunidades de propietarios aceptan estas demoras puntuales, ya que por lo general los deudores terminan por pagar antes o después.

Quien debe dinero puede tener diversos motivos para no haber pagado. Entre los morosos hay personas que no sufragan la factura de la luz o el plazo de un coche, familiares que no entregan la parte correspondiente de la venta de una herencia a quien corresponde, empresarios que deben pedidos millonarios, inquilinos que no ingresan el alquiler o que no pueden hacer frente a la hipoteca...

Los impagos más habituales se deben a descubiertos ocasionales en las cuentas corrientes, pero es cierto que también existen personas que no saldan sus deudas simplemente porque no quieren.

Los servicios de recuperación de deudas suelen asociarse a algunas empresas del sector que tratan con disfraces de llamar la atención y poner en evidencia a los morosos. Sin embargo, la realidad no es esa. El Cobrador del Frac y El Cobrador Escocés son dos de ellas y, aunque utilizan coches rotulados, sus agentes sólo llevan los trajes que les dan el nombre en casos muy determinados, normalmente tras haber agotado otras vías comunes al resto de las tres centenares de compañías que se dedican al cobro de aceptaciones impagadas en nuestro país.

La tipología del deudor suele marcar el carácter de la empresa elegida para solucionar el problema. De todas formas, por lo general, los morosos son personas a las que su acreedor ha reclamado el pago por sus propios medios sin obtener resultados positivos. Pasado un tiempo, quien quiere recuperar su deuda puede optar por la vía judicial y encargar el asunto a bufetes especializados en el planteamiento de estas demandas, aunque, tal vez, prefiera eludir los procesos legales o puede que, tras conseguir una sentencia condenatoria contra un moroso, no se haya podido ejecutar el cobro porque el deudor es legalmente insolvente.

En la práctica, los procedimientos legales de protección del crédito, es decir, judiciales, y los que resuelven los impagos sin ayuda de los juzgados, extrajudiciales, suelen entrecruzarse y no son contrapuestos sino complementarios.

Para prevenir la morosidad, las empresas de gestión de cobro recomiendan seguir unos consejos:

> Tener mucho cuidado con quien se contrata y, ante la duda, consultar las bases de datos de morosos.

> Formalizar las entregas a través de albaranes, notas de entrega o similares.

> Formalizar las deudas en lo posible mediante letras, pagarés o cheques.

Gran parte de las empresas que trabajan dentro del concepto de gestión de cuentas por cobrar ofrece tanto servicios judiciales como extrajudiciales, aunque normalmente se especializan en uno de los dos ámbitos. Las llamadas acciones extrajudiciales se emprenden inicialmente dentro de la vía "amistosa", también llamada "no contenciosa" o "precontenciosa". Estos son los pasos que siguen:

En primer lugar, la empresa de gestión de cobro comprueba la veracidad de la deuda documentalmente. -

El siguiente paso consiste muchas veces en localizar al moroso. La rapidez en encontrarlo dependerá de la antigüedad de la deuda. Bases de datos como los registros mercantiles facilitan la tarea de dar con él.

Se inicia la reclamación del impago por medio del teléfono, cartas, fax, burofax, mensajes al móvil... y se remite al moroso de nuevo la factura. Si es necesario se tramita la resolución de posibles incidencias, por ejemplo en el caso de que en la factura original se hubieran consignado importes erróneos. En este punto un porcentaje importante de deudores dejan de serlo, al sentirse "presionados" por el mero hecho de que su acreedor ha recurrido a una empresa especializada. Incluso en empresas grandes puede ocurrir que una factura no se haya pagado porque se desconozca su existencia.

Paralelamente, los servicios de la empresa de recuperación de deudas habrán comenzado a elaborar informes de solvencia sobre el moroso para su cliente. No es infrecuente que el mal pagador sea insolvente legalmente, pero que, sin embargo, disfrute de una buena casa y de un vehículo de alta gama.

Con cortesía, se emprende la fase de negociación. En este apartado se averigua la voluntad de pago del deudor, las causas del impago (que pueden tener que ver con alguna disconformidad, extravío del envío etc.). Si se trata de un problema de liquidez puede negociarse una "espera" (aplazamiento del cobro) o también una "quita" (reducción del importe). En cualquier caso, es el cliente quien tiene la última palabra, pese a que el agente de gestión de cobro siempre hace de intermediario ante el moroso o sus abogados.

Si se agota la fase anterior sin llegar a un acuerdo, la empresa de gestión de cobro iniciará otro tipo de presiones, como, por ejemplo, advertir al deudor de que puede ser incluido en el Registro de Aceptaciones Impagadas (RAI) o de que pueden iniciarse contra él procedimientos civiles y penales.

El ordenamiento jurídico facilita algunos plazos y herramientas procesales para cobrar una deuda. Respecto a las posibilidades de ganar un pleito de este tipo, los abogados consideran que, si la demanda está bien planteada y está justificado el impago que se reclama, no habrá problemas a la hora de obtener una resolución favorable.

La Ley de Enjuiciamiento Civil (LEC), vigente desde el 8 de enero de 2001, pretende acortar los plazos judiciales tratando de regular unos tipos de procedimientos más ágiles para "salvaguardar los derechos de los litigantes". A continuación se expone su aplicación:

Los ciudadanos pueden acudir al juzgado para reclamar el cobro rápido de deudas que no excedan de una cantidad sin precisar necesariamente los servicios de un abogado y un procurador. Estos son los juicios verbales. En ellos, los demandados son emplazados para juicio (en un plazo máximo de 20 días desde la admisión de la demanda) donde podrán contestar a la demanda planteada y se practicará la prueba pertinente; posteriormente, se dictará sentencia en 10 días.

Se puede solicitar el llamado procedimiento monitorio, regulado en los artículos 812 a 818 de la LEC para reclamar cantidades de hasta un máximo siempre que la deuda pueda ser certificada mediante documentos. Los demandados son requeridos en el plazo de 20 días para que paguen la deuda reclamada. En caso de oposición, seguirán los trámites por el procedimiento ordinario o verbal, según la cuantía. Estos procedimientos se presentan como medidas judiciales contra la morosidad en operaciones comerciales, sobre todo para los pequeños y medianos empresarios. También están pensados para el cobro a los propietarios morosos de sus deudas con las comunidades de propietarios.

Quien quiera exigir el pago de una deuda dineraria vencida que exceda los 30.000 euros deberá acudir a un juicio ordinario.

"Los plazos procesales nunca son cumplidos por los juzgados". Además, uno de los mayores problemas con los que tropieza la Justicia es la posibilidad de "emplazar a los demandados" (entregarles la citación judicial) en caso de que hayan abandonado sus domicilios conocidos. Por ello, estimar un plazo es realmente difícil. Aun así, dependiendo del juzgado, los juicios monitorios y los verbales pueden tardar en resolverse entre mes y medio y dos meses.

Por lo que se refiere a la probabilidad de cobrar, depende del moroso y de la correcta fundamentación de la demanda. La legislación española permite actuar contra los administradores de una sociedad, por lo que las posibilidades de cobro aumentan. Con la reclamación judicial suelen acompañarse medidas como el embargo preventivo de los bienes del deudor para asegurar el cobro. Si finalmente la demanda judicial tiene éxito, la sentencia se puede ejecutar sin necesidad de esperar a un posible recurso.

Basta con introducir la palabra "moroso" en cualquier buscador de Internet, para darse cuenta de que existe un verdadero universo de empresas que se dedican a instar a otros a liquidar sus impagos. Un universo que vive su especial boom con la crisis. Hay cobradores que, además de con el clásico frac, se disfrazan de El Zorro, de gaiteros escoceses o incluso de pregoneros, mientras que otro gran número de compañías gestiona el cobro a morosos apoyándose en las últimas reformas legales que se han producido en esta materia. Cuando se decide contar con sus servicios, es recomendable conocer sus métodos de trabajo y sus honorarios antes de contratarlos.

Hay muchos tipos de empresas que se dedican al cobro de deudas, pero lo que básicamente las diferencia entre sí es el procedimiento que emplean. Por un lado, se encuentran las que a través de métodos menos ortodoxos consiguen saldar los impagos y, por otro, están las gestoras de cobro que se dedican a la recuperación amistosa de las deudas. La razón por la que ambos tipos conviven reside en que España es el único país de la Unión Europea que no tiene una normativa legal específica para regular a las empresas de recobro y sus procedimientos. En un país tan reglamentista como el nuestro "es inadmisible que esto sea así".

En el resto de países europeos existe una reglamentación muy estricta a la que quedan sujetas las empresas que se dedican al recobro de impagados por la vía extrajudicial. Tanto es así que, por ejemplo, en Francia se deben cumplir unos 14 requisitos para constituir cualquier negocio de esta naturaleza; entre ellos destacan la obligación de contar con un seguro de responsabilidad civil y la de que la empresa esté inscrita en la patronal del sector o en una asociación profesional del ámbito.

El carnaval del moroso

Uno de los métodos poco ortodoxos, y que los cobradores del primer tipo de empresas emplean con asiduidad, es el de "perseguir" al moroso enfundados en un disfraz, como poco, llamativo. Tunos universitarios, gaiteros, caballeros españoles con capa, monjes y toreros suelen ser los más recurrentes. El "modus operandi" es el siguiente: el cliente que contrata los servicios de estas compañías facilita, además de la cuantía a la que asciende la deuda, el nombre y los datos de contactos de su deudor. Una vez localizado, arranca el carnaval. El cobrador enfundado en su disfraz se presenta y comienza a perseguir al moroso.

Esta fórmula se utiliza pensando que el deudor acabará pagando su deuda antes de que todo el mundo sepa que es un mal pagador y para librarse del incordio del disfrazado de turno. Sin embargo, "en el resto de los países europeos está absolutamente prohibida la utilización de cobradores disfrazados, ya que se considera una vulneración a los derechos de imagen e intimidad de los ciudadanos". Incluso en Estados Unidos y en la mayoría de los países de Iberoamérica esta práctica no es legal, ya que allí se entiende que atenta contra la imagen pública de las personas.

Sin embargo, pese a que la Constitución Española reconoce en el Art.18 del capítulo de derechos fundamentales de los españoles que todo ciudadano "debe tener garantizados el derecho al honor, a la intimidad personal y familiar y a la propia imagen", este mecanismo se sigue empleando con toda normalidad.

EL PERFIL DEL MOROSO

En el puesto número uno del ranking de morosos está el profesional, el que cosecha pufos allá donde va; dar de baja el teléfono, estar ilocalizable o incluso cambiar de residencia son sus prácticas más habituales.

El segundo lugar lo ocupa el autofinanciado. Se trata de una persona que sabe con exactitud que muchas de las facturas que debe han vencido tiempo atrás pero sigue demorando sus pagos hasta que cobre las deudas de sus propios acreedores.

Por último está el moroso en crisis, es decir, quien trabaja o ha trabajado en empresas del sector de la construcción o de otros subsectores que viven, en gran medida, de ella: marmolería, carpintería metálica... Este tipo de deudor suele acceder a liquidar sus deudas por la vía amistosa fraccionándolas en plazos.

Nada tiene que ver la estrategia del cobrador disfrazado con los procedimientos que siguen las plataformas gestoras de cobro.

Su método de trabajo se basa en la gestión amistosa con el deudor. Para ello, hacen valer las ventajas que se conceden en la Ley Antimorosidad y recurren al mecanismo del proceso monitorio.

La Ley Antimorosidad nació con dos claros objetivos; el primero, penalizar con intereses el retraso en pagar tras el vencimiento del plazo pactado entre las partes, y el segundo, hacer frente a la tan común situación en la que el cliente fija a su proveedor plazos de pago excesivamente largos, y que luego ni tan siquiera cumple. Desgraciadamente, la realidad es que un porcentaje muy bajo de empresas aplica esta ley. Ahora bien, no deja de ser un mecanismo de presión que las plataformas gestoras de cobro utilizan, sobre todo en cuanto se menciona el apartado de los intereses.

Por su parte, el proceso monitorio es un procedimiento que nació con la intención de ser rápido y sumario, además de barato, y que goza de una gran aceptación en los países europeos.

La mayoría de las empresas dedicadas al recobro de deudas suele pactar contractualmente una comisión en forma de porcentaje sobre la cantidad de dinero recuperado. Esta cifra puede variar y se calcula en función de la suma de dinero a la que asciende la deuda, la antigüedad del expediente y la dificultad de las gestiones que los cobradores deban llevar a cabo para liquidar los impagos. Algunas empresas aplican "un porcentaje del 20% cuando la deuda se resuelve por la vía amistosa y de un 35% si es necesario emprender acciones judiciales".

Lo habitual es que los honorarios de estos servicios, que oscilan entre el 15% y el 50%, se liquiden una vez que el cliente haya recuperado lo que se le debía. Se aplica así el principio internacional del "no collection no commission", es decir, si no hay resultados no hay comisiones que cobrar. De esta manera, el cliente de este tipo de negocio se asegura de que la empresa se esforzará al máximo por liquidar sus impagos. Por ello, se recomienda no contratar los servicios de aquellas agencias de cobro que solicitan una cuota fija mensual indistintamente de si la deuda se recupera o no. De cualquier forma, es aconsejable que antes de firmar cualquier contrato el consumidor lea detenidamente su contenido, especialmente las cláusulas que se refieren a la forma de pago. Asimismo, se debe recordar que, ante la más mínima duda sobre el documento, lo mejor es solicitar el asesoramiento de un abogado que despeje cualquier incertidumbre.

Por norma general, los vecinos de un inmueble están obligados al pago de las cuotas y las derramas correspondientes al edificio en el que residen en la forma que haya sido determinada por la Junta de Propietarios. Aun así, en ocasiones, en algunas comunidades surgen problemas por causa de propietarios que se demoran en el pago de sus cuotas durante meses o incluso se niegan a abonar los gastos de la comunidad.

Este problema de morosidad tiene fácil solución si aplicamos la Ley. No obstante, antes de tomar medidas drásticas es conveniente intentar llegar a un acuerdo con el deudor. Así, la primera medida consiste en convocar una Junta Extraordinaria en la que se acuerde la liquidación de la deuda, es decir, indicar de dónde procede la deuda, su cuantía, así como las Juntas donde se aprobaron las derramas. Seguidamente la comunidad de vecinos ha de remitir la notificación al deudor comunicándole su situación e instándole a que ponga fin a su mora. La forma más habitual de notificar la deuda suele ser el burofax, ya que deja constancia de su recepción.

En caso de que el vecino moroso haga caso omiso a la notificación, la comunidad de propietarios puede reclamar la deuda judicialmente presentando una demanda. Esta medida puede ser llevada a cabo gracias a la reforma de la Ley de Propiedad Horizontal en la que se incluye el denominado proceso monitorio. Este proceso legal favorece el cobro de cantidades adeudadas a la comunidad de vecinos cuando se trata de deudas inferiores a 30.050 euros.

El procedimiento judicial comienza al presentar la demanda, en un plazo no superior a tres meses respecto a la Junta de Propietarios anteriormente citada, en el Juzgado de Primera Instancia de la localidad en la que se ubique el edificio. La presentación de la demanda debe hacerla el presidente o el administrador, sin necesidad de abogado o procurador.

A pesar de que no es obligatorio contratar un abogado o procurador resulta muy recomendable, puesto que la materia es compleja. Sin la presencia de un profesional jurídico la comunidad se expone a que por cualquier defecto de forma, error, un plazo que se agote o incluso un escrito mal planteado no se defiendan adecuadamente sus aspiraciones y perder el pleito. Además, las costas u honorarios de estos profesionales pueden cargarse al deudor en el caso de que prospere la demanda, aunque inicialmente los financie la comunidad.

Una vez puesta la demanda, el juez debe presentarla a trámite y requerir al deudor para que, en el plazo máximo de 20 días, salde la deuda o bien se oponga a su pago mediante un escrito de oposición alegando las razones por las que considera que no debe abonar las cantidades reclamadas.

Si el deudor no responde o decide no comparecer en el juicio, el juez puede dictar un acto de ejecución contra los bienes del moroso por la cantidad reclamada más los intereses. En el caso de que sí se presente en el juicio pero se oponga al pago, el juez podrá dictaminar el embargo preventivo del piso o local hasta cubrir la cantidad adeudada más los intereses y las costas. Es más, si el moroso decide apelar la decisión del juez, antes deberá satisfacer la deuda o consignarla, es decir, depositarla en una cuenta del juzgado.

Normalmente, el hecho de que la reclamación la realice un juez provoca que los deudores paguen inmediatamente. Como dato tenemos que un año después de imponerse la ley de las comunidades de propietarios la deuda que soportaban las mismas debido a los vecinos morosos se redujo en un 70%.

Por otra parte, la ley también especifica que los vecinos que no estén al corriente de sus pagos tienen el privilegio de asistir a las reuniones y recibir notificaciones de acuerdos pactados. Sin embargo, pierden el poder de votar en las juntas de propietarios y tampoco podrán impugnar los acuerdos que en ella se adopten. Igualmente la ley contempla la posibilidad de dar publicidad al nombre del vecino moroso en las circulares y notificaciones de la comunidad incluido el tablón de anuncios.

Agotada la vía diplomática ante el impago de un propietario moroso, la cantidad adeudada podrá reclamarse a través de un proceso judicial. Uno de los principales problemas para las comunidades de vecinos es la existencia de morosos; propietarios que, por una u otra causa, demoran o no abonan el pago de los gastos de la comunidad. Esta situación se ha visto acrecentada con los perversos efectos de la crisis económica y el pinchazo de la burbuja inmobiliaria.

1. Agotar la vía del diálogo con el vecino moroso

Diplomacia.

Según los expertos, el primer paso en el momento de detectar una situación de morosidad en el pago de las cuotas de la comunidad implica agotar al máximo la vía diplomática con el deudor. Esa vía estará sujeta a las circunstancias que rodeen cada caso particular, ya que no todos los asuntos de morosidad son iguales. No es lo mismo un propietario que decide no abonar las cuotas sin justificación legal alguna, que aquel que prueba de manera contrastada su falta de recursos para hacer frente al pago de los recibos y no cuenta con antecedentes de morosidad.

Plan de pagos.

En este último supuesto, tanto los vecinos como los administradores de fincas acostumbran a mostrarse más comprensivos y brindan posibles soluciones, como pagos aplazados, establecimiento de unas cuotas con las que sufragar poco a poco la deuda... Se trata, al fin y al cabo, de dar facilidades a quien muestra voluntad en solucionar la situación. Eso sí, ese plan, aprobado por la junta de propietarios, ha de constar en acta.

2. Recursos legales para incentivar el pago de un vecino deudor

Privación del derecho de voto.

En caso de no hallar voluntad de resolución por parte del moroso, hay una serie de recursos legales a disposición de los vecinos. Los propietarios pueden privar al vecino deudor de su derecho de voto (no así de voz) en las juntas.

Visibilidad de la situación de morosidad.

Otra posible medida, dentro de la legalidad, es la de hacer visible ante la comunidad la situación de morosidad, mediante su publicidad en las citaciones a junta y en las actas. Sin embargo, la Agencia Española de Protección de Datos (AEPD) ha impuesto sanciones a diversas comunidades por publicar en el tablón de anuncios la relación de aquellos vecinos que adeudaban cuotas a la comunidad sin su consentimiento. El único objetivo que debe perseguirse al poner la lista en el tablón es informar a los copropietarios deudores de que se hallan en tal situación y no poner en conocimiento de terceros tal hecho.

3. El procedimiento judicial contra quien no paga

Una vez consumada la vía amistosa y, ante la imposibilidad de alcanzar acuerdo alguno con el moroso, las opciones se reducen a la presentación de acciones judiciales, en un plazo máximo de tres meses desde la fecha del acuerdo de la junta de propietarios, según establecen la Ley de Propiedad Horizontal (LPH) y el Código Civil.

El procedimiento, conocido como Petición Inicial de Proceso Monitorio, está regulado por el artículo 21 de la LPH y se incluye en la Ley de Enjuiciamiento Civil. Ha de presentarse ante el Juzgado de Primera Instancia del domicilio del deudor. O bien, si se desconoce, en el emplazamiento donde el deudor pudiera ser hallado a efectos del requerimiento de pago por el Tribunal o en el Juzgado del lugar donde se halle la finca.

Para la petición inicial no se precisa de abogado y procurador, aunque algunos expertos lo recomiendan. Además, con la reforma de la Ley 37/2011 de 10 de octubre de Medidas de Agilización Procesal, se ha eliminado el límite de 30.000 euros para acudir al procedimiento monitorio. La cantidad máxima que se puede reclamar es de 250.000 euros.

Los pasos que se deben seguir en el procedimiento monitorio son:

1. El presidente o el administrador deben solicitar una nota simple al Registro de la Propiedad para asegurarse de que el deudor es el propietario de la vivienda.

2. Convocar una junta extraordinaria con todos los propietarios (con aviso de privación de derecho del voto a los deudores), en la que se certifique y apruebe la liquidación de la deuda, la cuantía y su deudor. En el acta deben constar detalladamente los impagos.

3. Notificar de modo fehaciente el acta y los acuerdos adoptados a todos los propietarios y al propietario deudor (por lo general mediante carta certificada con acuse de recibo o burofax), con requerimiento de pago y un plazo para ello (20 días en los que el vecino moroso puede ponerse al corriente de sus pagos).

   Cuando el deudor no recoge las notificaciones, se puede realizar a través del tablón de anuncios de la comunidad. Transcurrido un plazo de tres días, se considera realizada la notificación al deudor.

4. El presidente de la comunidad, autorizado por la junta, reclamará ante el juzgado la cantidad adeudada. Llegados a este punto, el deudor puede:

   o Pagar en el plazo de 20 días y finalizar el pleito.

   o No pagar ni efectuar oposición: el juez dictará auto de ejecución contra los bienes del moroso por el importe reclamado más los intereses devengados, para lo cual se ordenará el embargo de los mismos. El vecino deudor respondería con la propiedad del piso.

   o Oponerse: se citará a las partes para juicio verbal, o bien, el juez dará el plazo de un mes para que presente una demanda de juicio ordinario en reclamación de la deuda.

4. Reclamar la deuda a través de un administrador de fincas

El Colegio de Administradores de Fincas y las sociedades del Programa de Lucha contra la Morosidad en Comunidades de Propietarios han firmado un convenio por el que las comunidades que cuentan con un administrador de fincas profesional podrán reclamar de forma gratuita las deudas de los vecinos morosos.

Si el deudor no recoge las notificaciones, se le puede avisar a través del tablón de anuncios de la comunidad

A petición del administrador de fincas, previo consentimiento de los vecinos, los profesionales de estas sociedades redactarán los escritos de reclamación de cantidades; enviarán la reclamación extrajudicial y realizarán el seguimiento; presentarán, en su caso, la demanda judicial o arbitral; gestionarán las incidencias y el recobro; y promoverán la ejecución de la sentencia en el proceso monitorio.

El procedimiento abarcará la asistencia letrada y los gastos de la reclamación, incluido el abogado y el procurador en todas las fases.

CUÁNDO SE CONSIDERA MOROSO A UN VECINO

La regulación de las relaciones entre los copropietarios de una comunidad de vecinos está sometida a la Ley de Propiedad

Horizontal (LPH). El artículo 9 de la citada ley establece las distintas obligaciones que deben cumplir los dueños de la vivienda. Entre ellas destacan, en función a su cuota de participación, la contribución a los gastos comunes de la comunidad (facturas de la luz, agua, portero...); los gastos que se deriven de las obras necesarias (aquellas que aseguren el sostenimiento y conservación del inmueble); y la contribución al fondo de reserva (de forma obligatoria será de al menos el 5% del último presupuesto ordinario de la comunidad).

Según el artículo 21.1 de la LPH, estas obligaciones deberán cumplirse por el propietario de la vivienda o local en el tiempo y forma determinados por la junta. Así, en el momento de iniciarse esta, los vecinos que no estén al corriente en el pago de todas las deudas vencidas con la comunidad y no hubiesen impugnado judicialmente las mismas o procedido a la consignación judicial o notarial de la suma adeudada podrán participar en sus deliberaciones, si bien no tendrán derecho de voto (art. 15.2 de la LPH), al haberse verificado su condición de moroso.

Limpieza, electricidad, ascensores, jardines, salario de conserje... son los gastos ordinarios que debe afrontar toda comunidad de vecinos, un desembolso al que suelen sumarse habitualmente algunos "extras" relacionados con obras de reparación, arreglos o la puesta a punto del edificio. Estas cargas son afrontadas por el conjunto de propietarios de pisos y locales, de modo que cuando uno de los copropietarios no paga la cuota que le corresponde genera un serio problema para el resto: causa incomodidades, retrasos en la ejecución de acuerdos, fastidio entre los vecinos que atienden puntualmente las cuotas y, en casos extremos (cuando son varios los morosos), la interrupción o cancelación de los servicios. Para proteger los intereses de los propietarios cumplidores, la ley contempla un procedimiento rápido de cobro a los morosos, que puede instrumentarse sin la necesidad de recurrir a un abogado: el proceso monitorio.

Este proceso es una vía judicial prevista por la legislación vigente para resolver las situaciones de impago continuado de algún propietario. Con el acuerdo de la Junta de Propietarios convocada a tal efecto (los propietarios que adeudan cuotas tienen voz pero no voto en la reunión), el administrador de la propiedad puede exigir ante la Justicia el pago de la deuda. Además, la propia comunidad puede efectuar la presentación, sin necesidad de hacerlo mediante un abogado o procurador.

El proceso comienza con una demanda que, una vez admitida, otorga al moroso un plazo inferior a un mes para liquidar la deuda o bien alegar ante el tribunal los motivos sobre por qué no estima justo pagar la totalidad o parte de la misma. Una vez concluido este plazo, si el demandado no paga ni objeta, el juez dictará la ejecución de la cantidad adeudada más intereses, gastos, y los honorarios de los abogados si los hubiere. Si el deudor no admite la demanda, la comunidad puede solicitar el embargo preventivo de sus bienes (incluyendo la vivienda o local que posea en el edificio) hasta que recaiga la sentencia. Así lo dispone la Ley de Propiedad Horizontal 49/1960, reformada por la Ley 8/1999. Esta normativa está vigente en toda España, salvo en Cataluña y Galicia, que cuentan con legislación propia en materia de Propiedad Horizontal. En todo caso, en lo que respecta al cobro de morosos, el procedimiento que se sigue en ambas comunidades autónomas es el mismo que en el resto del país.

Cómo proceder

El funcionamiento de la comunidad de vecinos está definido en el Título Constitutivo, documento redactado habitualmente por el promotor o constructor del bloque. En él se detallan datos fundamentales: el tamaño y ubicación del edificio, las viviendas y locales que forman parte del mismo, y los espacios comunes. También se determina la cuota de participación (la superficie de cada propiedad en relación a la superficie total), que es la base a partir de la cual se calcula la suma mensual que debe afrontar cada vecino y el valor de su voto en la Junta de Propietarios.

El artículo 9 de la Ley 49/1960 enumera las obligaciones de cada propietario. El inciso "e" lo compromete a "contribuir a los gastos generales para el adecuado sostenimiento del inmueble, sus servicios, cargas y responsabilidades que no sean susceptibles de individualización". Y, más adelante, aclara que "el adquirente de una vivienda o local en régimen de propiedad horizontal responde con el propio inmueble adquirido de las cantidades adeudadas a la comunidad por los anteriores titulares hasta el límite de los que resulten imputables a la parte vencida de la anualidad en la cual tenga lugar la adquisición y al año natural inmediatamente anterior. El piso o local estará legalmente afecto al cumplimiento de esta obligación". En los casos en los que la deuda se contrajera con anterioridad a este período, la ley contempla la posibilidad de reclamar judicialmente al antiguo propietario.

La suma que se puede reclamar es la deuda más los intereses, los gastos realizados para requerirla y los honorarios del abogado

Para exigir el pago de la deuda a un vecino moroso, el procedimiento debe iniciarse tras discutir la cuestión en el máximo órgano de gobierno de una comunidad de vecinos: la Junta de Propietarios. Ésta se reúne como mínimo una vez por año para aprobar el plan de gastos previsibles, y en forma extraordinaria cada vez que un asunto de interés general de la comunidad lo requiera. La Junta también se ocupa de designar al presidente, que ostentará su representación legal, y al administrador, que podrá ser un propietario o bien un profesional legalmente acreditado para ejercer esa función contratado por la comunidad.

El artículo 21 de la citada ley explicita lo que debe hacerse en el caso de que alguien no pague en tiempo y forma las cuotas ordinarias o extraordinarias de la comunidad. En primer lugar, la

Junta de Propietarios debe decidir (por mayoría simple) entablar la demanda, facultar al presidente o al administrador para efectuarla ante el juzgado, y notificar la decisión al deudor. La suma que se puede reclamar es la deuda propiamente dicha, más los intereses, los gastos realizados con anterioridad para requerir su pago (cartas con acuse de recibo, fotocopias, etc.) y los eventuales honorarios del abogado o procurador.

Es muy importante precisar el inmueble (vivienda o local) en concreto, puesto que, si el mismo fue vendido y hay deudas anteriores, la Ley habilita para demandar también al antiguo dueño. La presentación que la comunidad de propietarios debe hacer ante el juzgado debe incluir:

> el certificado de acuerdo de la Junta de Propietarios para entablar la demanda, firmado por el presidente de la comunidad

> la reclamación de los intereses, costas del juicio, honorarios del letrado y gastos, con sus correspondientes facturas

> la petición de embargo preventivo de los bienes del deudor

A continuación, el juez otorga al deudor un plazo de 20 días para pagar, al término del cual puede disponer la ejecución de bienes del propietario moroso (cuentas bancarias, salario, títulos e incluso la misma propiedad) para afrontar la deuda contraída con su comunidad.

UNA REFORMA NECESARIA

La Ley de Propiedad Horizontal 49/1960 fue aprobada con el fin de regular un fenómeno urbanístico en plena expansión a mediados del siglo pasado: el auge de la construcción de edificios. Si bien fue útil y valiosa en varios aspectos, el tiempo demostró que no proveía de las herramientas necesarias para combatir la morosidad, y no era inusual que un propietario estuviera años acumulando deuda sin que pasara nada.

Uno de los principales objetivos de la reforma de la Ley en 1999 fue salvaguardar los intereses de la comunidad frente a los deudores. Para ello se instrumentan una serie de medidas: la creación de un fondo de reserva, el carácter ejecutivo para los acuerdos formalizados en el acta de la Junta de Propietarios y un procedimiento ágil de ejecución judicial para el cobro de las deudas.

En caso de venta del inmueble, también se da vía libre para demandar al anterior dueño si la deuda se produjo en el segundo año anterior a la transferencia de la propiedad (si la deuda es posterior, el responsable de afrontarla es el nuevo propietario). En este sentido, la reforma de la normativa establece que es obligatorio que la escritura de compraventa incluya el estado de situación con respecto a las cuotas de la comunidad mediante un certificado emitido por el presidente o el administrador de la misma.

Tema 13. Servidumbre o paso temporal por obras

La servidumbre de paso permanente se constituye a favor de una finca situada entre otras ajenas que le impiden el acceso directo a un camino público. La finca que carezca de esta salida será el predio dominante; la heredad o heredades que permitirán el paso, hasta el camino público, a las personas procedentes de la finca cerrada, serán los predios sirvientes. El paso se concederá por el punto menos perjudicial para el o los predios sirvientes, procurando que la distancia sea la más corta posible entre el predio dominante y el camino público. Como regla general, el dueño del predio sirviente tendrá que ser indemnizado por el del predio dominante. Pero si esta finca ha sido adquirida por venta, permuta o partición, y ha quedado enclavada entre las del vendedor, permutante o copartícipe, al convertirse sus fincas en predio sirviente no tendrá derecho a la indemnización, salvo que se hubiera pactado lo contrario.

La servidumbre de paso es también denominada servidumbre de tránsito. Código civil, artículos 564 a 568. Por medio de ella, se permite la comunicación con la vía pública al propietario del predio dominante, a través de fincas vecinas hasta alcanzar el camino.

Es muy habitual que en ocasiones para poder realizar una obra en nuestra comunidad tengamos que pasar a través del patio de otra comunidad o incluso de tener que utilizar elementos de otra comunidad tanto para almacenar el material de la obra como para poder instalar el andamiaje que requiere la misma, por ello vamos a intentar aclarar hasta donde llegan los derechos de cada parte y evitar así problemas innecesarios.

Esta realidad se conoce como servidumbre de andamiaje, mal llamada así, o servidumbre temporal de paso. La misma consiste en el "derecho temporal de paso para la realización de obras o reparaciones, por el que se permite pasar materiales por una finca vecina, o colocar en ella andamios u otros objetos, cuando ello resulte indispensable para construir o reparar algún edificio".

Por ello tienen que darse las siguientes circunstancias: 1.- Fincas contiguas

2.- Derecho temporal

3.- No se pueda pasar por ningún otro sitio. Entendido como requisito fundamental que la ocupación sea "Indispensable", no basta la mera comodidad., puesto que estamos limitando un derecho de dominio.

4.- Es un derecho recíproco entre fincas contiguas.

Como se deriva de esta lectura hay que pensar qué ocurre con la comunidad que se ve obligada a soportar este paso o la permanencia del andamiaje y sus consecuencias. Por ello la ley ha previsto que no es un derecho de paso gratuito así estima la AP Baleares 11/04/00 cuando afirma "El propietario de la finca por la que se realice el paso tendrá derecho a recibir la indemnización correspondiente al perjuicio que se le cause".

Por ello entre ambos derechos existe una relación de causalidad indisoluble por el cual van unidos derecho de paso y derecho a la indemnización. Esta indemnización se hará de acuerdo con el volumen de obra a realizar e inconvenientes creados a la parte contraria.

Estos casos se dan por muy diversas razones, las más habituales son por ejemplo que la finca gravada sea la única forma de acceder a la finca ya que la segunda no tiene salida a camino público; o para dejar materiales de construcción como puede ser el montaje de andamiaje o para la reparación del edificio, etc.

Para que exista la servidumbre la misma tiene que constar inscrita en el registro de la propiedad determinando su contenido y limites, si la finca viene de antiguo a través de herencias es posible que la misma no conste registrada pero el uso se sigue manteniendo porque en su dio se dio por el propietario y se ha mantenido con el tiempo, en caso su caso habrá de solicitarse al juez la concesión de la misma, aunque siempre se puede pactar entre la las partes.

La concesión o la existencia de la servidumbre de paso no significa una limitación al dominio ya que siempre hay que interpretarla restrictivamente.

En ocasiones la constitución de la servidumbre es obligatoria para la entrada y salida por ejemplo de vehículos perforando la pared, en estos casos el acuerdo de los propietarios del inmueble requiere UNANIMIDAD y se exige que sea una verdadera necesidad el constituir la servidumbre.

En ocasiones es necesario que tase una determinada tubería por la propiedad de un solo copropietario, para ello se requiere el consentimiento de este y que sea necesario y no haya otra alternativa. Si bien se tratara de compensar el posible perjuicio ya que se le priva de parte de su propiedad.

Otra posibilidad es que sea necesario solicitar una servidumbre de paso temporal para la ejecución de determinadas obras, con obligación del propietario afectado, de consentir el paso y uso temporal, recibiendo a cambio la correspondiente indemnización.

Para defenderse de este tipo de servidumbre cuando realmente no exista este derecho instaremos la acción interdictal de obra nueva que paralizara inmediatamente la obra.

En el caso de las comunidades de propietarios ha de ponerse en relación este artículo como LPH en la cual se exige el deber de los copropietarios de realizar cuantas obras sean necesarias para la conservación del inmueble. En estas la responsabilidad es de la propia comunidad y de sus copropietarios, quienes están obligados a comunicar a quien corresponda de la necesidad de corregir los posibles desperfectos (al administrador o al presidente).

La responsabilidad que se contempla en estos preceptos es la derivada de daños ocasionados en personas o inmuebles colindantes por la falta de reparaciones o de derribo de la construcción ruinosa (cuando ésta haya sido declarada en expediente de declaración de ruina por la correspondiente administración). Pero no se refiere a cuando se produzcan daños por la realización de obras sin las debidas precauciones (la responsabilidad es de quien causó el daño), o por intervención de un tercero de mala fe.

En el caso de la adquisición de un edifico cuando éste ya se encontraba en estado de ruina, el nuevo propietario adquiere los mismos derechos y deberes del anterior propietario, por lo que le serán exigidas la diligencias de prevenir, precaver y evitar cualquier daño, haciéndose responsable en caso de caída del mismo.

En última instancia, si el propietario no procediera a su derribo cuando sobre el inmueble exista un expediente de derribo, la administración podrá llevar a cabo la demolición a costa de este.

Estos requisitos y exigencias también son exigibles a la propia Administración del Estado en cuanto al mantenimiento del Patrimonio estatal.

El Código Civil en su artículo 389 cc. establece la obligación de todo propietario a la demolición o a ejecutar las obras necesarias para evitar la caída de su propiedad. Si esto no se realizase por otras vías se podrá llevar a cabo a cargo del propietario.

Una de las limitaciones al derecho de propiedad inherente en las comunidades de vecinos es la que se impone entre comunidades contiguas. Se pueden encontrar prohibiciones para realizar determinadas construcciones o para colocar algunas instalaciones a menos de ciertas distancias entre propiedades colindantes.

Así, el Código Civil regula, no de manera taxativa sino meramente enunciativa, "la prohibición de construir cerca de una pared ajena o medianera pozos, cloacas, acueductos, hornos, fraguas, chimeneas, establos, depósitos de materias corrosivas, artefactos que se muevan a vapor, o fábricas que por sí mismas o por sus productos sean peligrosas o nocivas, sin guardar las distancias prescritas para cada actividad y sin ejecutar las obras de seguridad necesarias".

La ley considera que el propietario que infrinja estas distancias es civilmente responsable por daños producidos, además de prever la posible sanción administrativa por el incumplimiento de la normativa urbanística y sus correspondientes ordenanzas.

Para que podamos hablar de la existencia de un perjuicio o daño causado deberá darse una autentica inmisión, es decir, "que la injerencia suponga una verdadera intromisión o invasión en la finca vecina, que ésta sea ocasionada por la actividad desarrollada en la finca por su propietario, o por quien esté facultado para realizarla como consecuencia del disfrute del correspondiente derecho y que causa un daño en la finca vecina, de manera que interfiera en el disfrute pacífico del mismo" (Audiencia Provincial de Zaragoza 13/07/00).

Por todo ello, el propietario perjudicado puede ejercitar su derecho a que el causante cese en el daño causado o potencial riesgo, obteniendo siempre una indemnización por el perjuicio causado.

Tradicionalmente, en la mayoría de los núcleos urbanos, los bajos de los edificios se destinan a locales comerciales desde su construcción y es el constructor quien determina en los estatutos la finalidad de los mismos. Pero esto se hace de manera muy vaga, ya que tan sólo se dice de modo genérico que el destino de la lonja será el de local comercial.

La definición de local comercial es tan amplia como queramos, puesto que en el mismo se podrá llevar a cabo todo tipo de actividad comercial siempre que ésta se lícita y no contraria a la salud, el orden público.

El funcionamiento habitual para la apertura de un local comercial pasa por el requisito de que el Ayuntamiento de la localidad comunique a los vecinos del inmueble la actividad que se va a desarrollar para que se manifiesten en contra o a favor de la misma.

Pero hay que dejar bien claro que la comunidad de vecinos no es la que da el permiso. Esta comunicación del Ayuntamiento es un mero trámite para conceder o no la licencia de apertura al local solicitante. Sin embargo, es el momento oportuno en el que los vecinos deben manifestar sus discrepancias y justificarlas de la mejor manera posible. De este modo, aunque prácticamente el cien por cien de las licencias solicitadas obtienen el beneplácito de los ayuntamientos, si inicialmente los vecinos han manifestado su postura discrepante, posteriormente tendrá mayor fuerza su pertinente denuncia al negocio.

Si bien hay que decir que normalmente las licencias se conceden después de que los negocios se hayan abierto, cuando ya están en funcionamiento y cumplen con todos los requisitos legales para desempeñar la actividad solicitada, así como los horarios y ordenanzas municipales.

Pero no hay que olvidar que en los locales situados debajo de un inmueble nunca podrá llevarse a cabo una actividad que esté prohibida por los estatutos de la comunidad de propietarios o que cause grave perjuicio a la misma.

El tipo de actividad más temido por las comunidades es la de los bares, pubs o discotecas. Por ello, para estos casos, cada vez más, la Administración va tomando las medidas oportunas para que la convivencia sea posible, aunque aún falta mucho. No obstante, existen sentencias recientes que obligan al cierre de bares por las molestias causadas.

Tema 14. Comunidades de vecinos "en números rojos"

Los propietarios morosos y los gastos no contemplados en los presupuestos son las principales causas de un saldo negativo en una comunidad. Por principio, los saldos de una comunidad no deberían estar en saldo negativo, ya que la ley establece medidas preventivas para tener en cuenta los posibles gastos extraordinarios. Pero, en muchos casos, los vecinos descubren un día, normalmente antes de revisar la "caja fuerte" y determinar el dinero común con el que cuentan para iniciar un arreglo de fachada, tejado o escalera, que están "en números rojos". ¿Cómo solucionarlo? Para evitar esta temida situación los propietarios deben acudir a las reuniones y asambleas vecinales con el fin de informarse sobre la labor de su junta y reclamar el libro de cuentas cuando lo estimen oportuno. Además, para defender sus derechos y fijar las obligaciones, las comunidades de propietarios cuentan con el respaldo de la Ley sobre Propiedad Horizontal, el Título constitutivo de la Comunidad, y los Estatutos y el Reglamento de Régimen Interno.

Comuneros morosos

El primer paso que debe realizar un administrador ante una comunidad de propietarios "en números rojos" es averiguar y examinar las causas que han originado el desajuste, teniendo en cuenta los presupuestos que se hayan aprobado por la comunidad en la última asamblea. El presupuesto de estas comunidades no deja lugar para el lucro, por lo que tendría coincidir con la suma de los recibos. Ateniéndose a esta explicación, el hecho de que las cuentas de una comunidad presenten el temido color rojo puede deberse -es la causa más común- a que no se hayan ingresado todos los recibos de las cuotas que deben pagar los propietarios por la presencia de comuneros morosos o deudores. En este caso, ¿cómo se debe actuar? Estas son las pautas que deben seguirse para tratar de resolver el conflicto:

El administrador debe revisar en primer lugar las cuentas y observar cómo se han gastado los recursos del último presupuesto.

Los vecinos en asamblea deciden qué hacer. En la reunión se determina proceder o no con una demanda. Además, según las características de la comunidad, se puede llegar a pactar o prorratear las cuotas. Si se decide interponer una demanda, deben presentarse para requerir el pago inmediato de las deudas pendientes, aplicables por la Ley de Propiedad Horizontal. Pueden, además, acogerse a la Ley de Procedimiento Civil, que permite que cualquier ciudadano pueda reclamar deudas sin tener que recurrir a los servicios de un abogado y un procurador, siempre que la deuda no exceda de 900 euros.

Antes de comenzar con los trámites es obligatorio celebrar una reunión de la junta de propietarios, debidamente convocada, en la que se acuerde proceder con la liquidación de la deuda de uno o varios propietarios con la comunidad.

El propietario moroso debe estar informado de este acuerdo por escrito, mediante una carta que recogerá en su domicilio. En último caso, se efectúa la comunicación y se coloca en el tablón de anuncios de la comunidad una nota en la que figure la deuda. Dicho escrito permanecerá tres días naturales, y en él estarán detallados la fecha y los motivos por los que se procede a colgarlo en el tablón. Debe ir firmada por el secretario de la comunidad y contar con el visto bueno del presidente.

Si el deudor no paga en el plazo de tres días naturales desde que se le notificó el acuerdo de la junta de propietarios, el secretario debe emitir un certificado de dicho acuerdo y del impago de la cantidad debida, también con el visto bueno del presidente de la comunidad.

En el decanato de los juzgados hay un formulario sobre esta casuística puesto a disposición del público que lo solicite. Una vez cumplimentado según los requisitos exigidos, debe presentarse en el juzgado donde radica el domicilio del deudor.

Si la junta general ha aprobado la deuda y tiene el justificante de haber entregado a los deudores la resolución adoptada (puede ser una notificación firmada por el deudor, o bien el justificante del acuse de recibo si es remitida por correo certificado) están en disposición de presentar la denuncia en el juzgado correspondiente, y solicitar la petición inicial en el proceso monitorio (un tipo de juicio para reclamaciones de cantidad que no exceda de 30.000 euros, sin necesidad de abogado ni procurador, y siempre que se trate de una reclamación de deudas de dinero que hayan vencido y que se acompañe de una documentación que lo acredite).

Los documentos que se presentan en el juzgado tienen que ser originales. Si el acuerdo es presentarse con un abogado y procurador se prevén tres días de plazo para comunicarlo al juzgado. En este caso, quien no comparezca a juicio, es condenado a pagar los costes, daños y perjuicios que le sean reclamados por la parte contraria.

Cualquier litigio de este tipo puede resolverlo un organismo externo, como la comisión de arbitraje. Pero antes de acudir a la jurisdicción ordinaria, los expertos recomiendan que se llegue a un pacto mediante una negociación, que puede ser vinculante o no. Esto depende de si la relación contractual determina que puede o no hacer un arbitraje, pues en caso contrario la única vía es acudir directamente a los tribunales.

Prevención contemplada en la ley

Una comunidad de vecinos no debería tener un saldo con números rojos porque la Ley de Propiedad Horizontal contiene mecanismos específicos para evitar esta situación. El Art. 9 de dicha normativa señala que es obligación de todos los vecinos "contribuir, con arreglo a su respectiva cuota de participación, a la dotación del fondo de reserva que existirá en la comunidad de propietarios para atender las obras de conservación y reparación de la finca. Y estará dotado con una cantidad que en ningún caso podrá ser inferior al 5% de su último presupuesto ordinario".

Este precepto es una obligación, y se trata de una dotación que debe hacerse de una sola vez, de manera que cuando el presupuesto varíe, la cuantía del fondo también deberá modificarse de forma que siempre se corresponda con ese porcentaje del 5% del último presupuesto. Al ser obligatoria la creación del fondo de reserva, si la comunidad se opusiera, cualquier comunero podría impugnar judicialmente la decisión de la Junta de no constituirlo.

Gastar más de lo presupuestado

Realizar gastos que no han sido aprobados por la comunidad de propietarios es otro de los motivos que pueden llevar a un saldo negativo. La situación es más grave en este caso porque supone que la junta directiva, el administrador, o el presidente, no han hecho un uso autorizado de los fondos de la comunidad, de manera que la junta general debería no aprobar las cuentas y pedir responsabilidades.

Lo gastos no presupuestados pueden surgir por una mala planificación de los ingresos esperados. Esta es la razón por la que muchos administradores de fincas aconsejan confeccionar un presupuesto nuevo según los gastos soportados antes y los que se esperan después, ajustando las cuotas a este último. Además, ante esta situación hay que tener en cuenta los siguientes supuestos:

El administrador no es responsable: Si un presupuesto ordinario o extraordinario está bien articulado tras el análisis de los gastos previstos y de su sistema de financiación, no tendría por qué producirse una situación de "números rojos" en una comunidad de propietarios.

El administrador es responsable: El administrador tiene que estar al servicio de la comunidad, por lo tanto su responsable, el presidente, tiene el derecho de que el administrador rinda cuentas o dé cuantas explicaciones le pidan. Se le pueden imputar los compromisos que se deriven del derecho civil y penal como profesional que está actuando en una comunidad.

Cambio de administrador: Tanto el nuevo como el anterior tienen que presentar obligatoriamente las cuentas en la reunión anual para su aprobación en la junta de propietarios. Cuando hay un cambio de autoridades, uno de los puntos fundamentales del traspaso es la presentación del balance anterior con las cuentas al día. En el momento en que el administrador que opta a entrar las dé como válidas, comenzará su labor.

El administrador saliente se niega a entregar las cuentas: En el caso de que se le solicite por derecho una rendición de las cuentas y el administrador saliente se niegue a ello, se deberá reflejar en el libro de actas que el nuevo administrador toma posesión sin efectuar un reconocimiento del estado de las mismas.

Gastos extraordinarios: Siempre que estos números rojos se deban a desajustes en los presupuestos o gastos extraordinarios, la junta debe determinar la forma de pago. Para pagar estos gastos, que pueden ser superiores al Fondo Legal de reserva, se debe proceder con el respaldo de una junta de propietarios a la emisión de una derrama.

Prevenir: la mejor solución

Analizar previamente la situación de la comunidad, de sus gastos anuales y de los que se harán previsiblemente en ese año, puede evitar que se llegue a tener las cuentas en "números rojos". Por ello incide en la importancia de que quien se ocupe de la gestión de una comunidad de propietarios sea un profesional en la materia.

No hay que olvidar que hay programas específicos en materia de Comunidades de Propietarios como el "Abogado para Comunidades de Propietarios", que facilita el estudio de la normativa por parte de administradores, asesores, abogados y presidentes de comunidades. Asimismo, algunas consultoras proporcionan herramientas que posibilitan que la comunidad de propietarios participe en las comisiones de venta de inmuebles en la misma. Se trata de ingresos al margen de las cuotas comunitarias, y permiten una vía de financiación extra que podría repercutir en la bajada las cuotas, sin afectar al bolsillo de los propietarios.

Un saldo negativo en la cuenta corriente puede generar muchos problemas. No solo implica tener que abonar dinero a la entidad por el descubierto, sino que puede aumentar las deudas y ponérselo más difícil al usuario bancario para lograr un crédito. Pero, ¿cuánto hay que pagar por estar en números rojos? ¿Cuál es el dinero máximo que pueden cobrar las entidades al usuario por tener un saldo negativo? Y ¿cuándo el descubierto sería una comisión ilegal del banco, y hay que reclamar?.

Quedarse en números rojos puede crear más de una incidencia. No solo por no tener la liquidez necesaria en la cuenta corriente, sino porque estos apuntes bancarios implican tener que pagar más dinero al final. Además de las comisiones que conllevan los descubiertos, también se pueden sufrir penalizaciones por el incumplimiento de los plazos, hasta el punto de que la deuda puede incrementarse de manera progresiva y llegar a ocasionar un problema muy importante para las finanzas.

Si se está en números rojos, el usuario se llevará la desagradable noticia de tener que abonar unas comisiones por sobrepasar los límites de liquidez. Esta tasa la cobrará el banco cuando pueda hacer un cargo o disponer de la cuenta sin tener saldo suficiente. Y el coste lo calcula sobre el mayor saldo deudor, es decir, sobre el dinero que se debe en el periodo de liquidación.

Su cuantía, junto con los intereses que genera el descubierto, no puede sobrepasar una TAE superior a 2,5 veces el interés legal del dinero en cada momento.

De todas formas, aquí no terminan las preocupaciones, ya que las entidades financieras están abiertas a aplicar también una comisión por reclamación de descubiertos. Este importe es fijo, a diferencia del anterior, y está justificado por las gestiones que realice el banco para reclamar la deuda generada en la cuenta. En este caso, su cantidad será siempre inferior a 10 euros y no se podrá ir acumulando.

La entidad no la puede demandar de manera repetida para un mismo descubierto. En cualquier caso, el Banco de España indica que si se produce esta circunstancia, la entidad deberá indica el detalle de la deuda que reclama.

Cualquier situación de números rojos será sensible para que la entidad cobre estas tasas de penalización. No obstante, el Banco de España advierte que el pago por estar en números está prohibido, si se produce únicamente como consecuencia de las distintas fechas de valoración atribuidas a los ingresos y reintegros en la cuenta corriente. En estos casos, los números rojos no son atribuibles a los usuarios, sino que corresponde al banco hacerse cargo.

¿Qué hacer si aun así la entidad cobra el descubierto? Si así fuera, no habrá otra solución que reclamar el cargo al banco. Este paso será suficiente para que devuelvan el importe cobrado de modo incorrecto.

Pero si tampoco dan fruto estas gestiones, ya solo quedará el recurso de elevar la queja al servicio de atención al cliente del Banco de España, que será quien al final deberá dictaminar sobre esta decisión. Si todo se desarrolla con normalidad, en un plazo no superior a 30 días ya se dispone de la cantidad en la cuenta corriente.

Una de las situaciones más temidas es estar en situación deudora frente a la entidad de crédito. No obstante, existe un recurso para no abonar al banco por los números rojos: algunas cuentas nómina.

Algunos de estos productos permiten que sus titulares puedan estar en números rojos sin ninguna clase de comisiones o penalizaciones. Además, los titulares disponen de una franja más amplia para estar en esta circunstancia: hasta el máximo de su salario o ingresos regulares domiciliados. Por ello, una cuenta nómina es una de las estrategias más eficaces para protegerse de estos pagos. El único requisito es vincular la nómina o ingresos a la cuenta. Otro de los efectos que conllevará esta operación es que se incrementará la liquidez de la cuenta corriente para llegar en mejor condiciones a final de mes.

Comisiones bancarias por ingresos y algunas relacionadas con los números rojos no siempre son legales, por lo que en esos casos se puede reclamar para recuperar el dinero. De todas las comisiones que cobran las entidades a sus clientes, algunas son legales y otras no, por lo que conocer la diferencia puede suponer cierto ahorro para los usuarios. Además, cuando el banco percibe dinero por una comisión que se pueda creer que no es legal, como puede ocurrir con las comisiones por ingreso de dinero y algunas relacionadas con los números rojos, se puede reclamar al banco para que devuelvan esa cantidad. Son tantas las comisiones que cobran los bancos, que puede llegar un momento en el que no se sepa con certeza cuáles son las legales y las que no lo son. Para subsanar esta laguna informativa, nada mejor que citar los requisitos del primero de los escenarios: las comisiones bancarias son legales cuando sean a cambio de un servicio solicitado. Existen comisiones obligatorias. Pero hay otras que no se tienen por qué aceptar, y que incluso se pueden reclamar.

Casi todas son aplicables, y legales, por parte de las entidades financieras. Pero dependerá del producto contratado. Las comisiones aplicadas a los productos de ahorro, imposiciones a plazo o pagarés bancarios no deberán ser efectivas en ninguna situación.

Por el contrario, las comisiones que tienen relación con las tarjetas, cuentas corrientes o préstamos de cualquier naturaleza sí son legales, y la entidad puede demandar una pequeña cantidad por este concepto. Las comisiones relacionadas son los números rojos son las más problemáticas, ya que su legalidad dependerá de las condiciones de la cuenta de ahorro. No obstante, casi todos los gastos derivados de su gestión, incluidas las comisiones, son ilegales.

El motivo es muy fácil de entender. La razón reside en que los avisos de la deuda no afectan a su cuantía, ya que se formaliza a través de los canales tradicionales: teléfono, correo electrónico, etc. En cambio, sí será legal cobrar el interés vinculado a la demora o por estar en números rojos.

Aunque algunos bancos no tienen comisiones por las transferencias nacionales, las entidades sí que pueden incluirlas en los gastos regulares del cliente, ya que se trata de un servicio adicional que utiliza cuando lo necesita y del que se está beneficiando. En todo caso, las comisiones no pueden ser abusivas.

Por el contrario, las comisiones cobradas por los ingresos en efectivo a otras cuentas sí son consideradas ilegales, ya que es un servicio que demanda un tercero. La gran parte de los gastos que conllevan los préstamos e hipotecas está debidamente descrita en el contrato. Uno de ellos es la amortización de una línea de crédito que se materializa con otro préstamo suscrito en la misma entidad. No obstante, las penalizaciones de amortización anticipada no deberían abonarse al cliente al no existir ningún perjuicio en los intereses del banco.

Otro caso muy parecido es el que tiene que ver con las comisiones de estudio de los créditos. Aunque es una comisión que está desapareciendo de los contratos, cuando este concepto se incorpora, este es legal, siempre que implique que se produzca una redacción del contrato y, por tanto, sea normal que se cobre por este servicio que presta la entidad.

Si es titular de una tarjeta bancaria, ya sea de crédito o débito, conocerá que las comisiones son una fuente fija de gastos. No obstante, existe una estrategia comercial muy sencilla que limitará estos desembolsos: los gastos de gestión y mantenimiento desaparecen, si se domicilia la nómina o pensión a una cuenta corriente que admita esta operación. No será un importe muy elevado, pero al menos permitirá poder ahorrar entre 50 y 100 euros todos los años, en función del modelo suscrito, sin que se tenga que renunciar a ninguna de sus prestaciones.

Tema 15. Instalación de aparatos de aire acondicionado

Cuando llega el verano, los sistemas para combatir el calor son muy variados: pasar el día en la piscina, una temporada en la playa o desplazarse a zonas donde las temperaturas no sean muy elevadas. Por la noche, las terrazas o los cines al aire libre que hay en muchas localidades son una buena opción para terminar una jornada sofocante. Pero desde que el aire acondicionado se ha instalado en un gran número de hogares, la posibilidad de quedarse en casa sin necesidad de escapar a otros lugares es una alternativa cada vez más frecuente. Antes de elegir un equipo para refrigerar la vivienda hay que valorar una serie de parámetros, como el tamaño de la estancia donde se quiere colocar, la ventilación de la vivienda o la luz que incide sobre ella. También es necesario tener en cuenta la eficiencia energética del aparato o el nivel de ruido que genera para que la elección sea la más acertada. Por ello, es esencial dejarse asesorar por los especialistas.

Nunca sin asesoramiento

El asesoramiento de los especialistas es determinante al elegir un equipo de aire acondicionado. Factores como la potencia del sistema, el número de aparatos que son necesarios para una correcta refrigeración, el tamaño del condensador o las distintas formas de instalar cada equipo pueden confundir al usuario. En función de todos estos aspectos, los expertos proponen aparatos fijos como el split, el multisplit o el climatizador de ventana o, si las condiciones lo requieren, un sistema portátil.

Una de las primeras cosas que se deben conocer antes de elegir el equipo es si la comunidad de vecinos permite la instalación de la parte exterior del aparato de aire acondicionado en la fachada, ya que de lo contrario las posibilidades se reducen y sería obligatorio colocar el condensador en la vivienda. Si la junta de propietarios permite utilizar los elementos comunes, la gama de electrodomésticos para elegir será mucho más amplia.

Hay que tener permiso de la comunidad de vecinos para instalar el aparato en la fachada

Otro de los factores que se deben tener en cuenta antes de comprarlo es el ruido que pueda hacer. Pasar la noche sin dormir por el calor es muy incómodo, pero no poder conciliar el sueño por el sonido del aire acondicionado no es menos molesto. La tendencia actual consiste en fabricar sistemas de refrigeración casi inaudibles tanto en el momento del encendido como mientras funcionan.

Qué potencia elegir

No menos relevante es escoger el aire acondicionado que mejor se adapte a la habitación o a la vivienda donde se va a colocar. No es necesario adquirir siempre el de mayor potencia, sino que es más importante que el equipo sea el adecuado para las características de la estancia. Antes hay que fijarse en los materiales con los que está construida la vivienda, la orientación o la ventilación, además de la temperatura, que se registra de manera habitual en el exterior.

En los establecimientos que venden electrodomésticos figuran tablas que pueden orientar muy bien al consumidor en cuanto a la potencia que debe elegir, en función de la superficie que quiere refrigerar:

Si el cuarto mide entre 9 y 15 metros, bastará con un aparato cuya capacidad de refrigeración sea de 1,5 kW.

Si tiene entre 15 y 20 metros, serán necesarios 1,8 kW.

Para habitaciones de entre 20 y 25 metros, serán más adecuados los de 2,1 kW.

Si la superficie es de entre 25 y 30 metros, habrá que optar por equipos de 2,4 kW.

En estancias de 30 a 35 metros cuadrados, es necesario un aparato de 2,7 kW.

Si las medidas oscilan entre 35 y 40 metros, es mejor comprarlo con una potencia de 3kW.

La refrigeración exigida para grandes superficies, entre 40 y 50 metros, es de 3,6 kW.

Si miden entre 50 y 60 metros cuadrados, será de 4,2 kW.

Cada vez más aparatos de aire acondicionado disponen también de la función de calefacción

Cuando se instale en una zona donde dé el sol durante mucho tiempo o en un ático, hay que aumentar el valor de la tabla en un 15%. Si dentro de la estancia hay otras fuentes de calor, como sucede en la cocina o en un despacho con ordenador y televisor, la potencia se incrementa en un kilovatio.

También para el invierno

Cada vez más aparatos de aire acondicionado se pueden utilizar para combatir tanto las altas como las bajas temperaturas, al disponer de la función de calefacción para el invierno. Quizá para quienes cuenten con radiadores en casa no sea necesario, pero para las personas que no los tengan instalados puede ser interesante adquirir un equipo de estas características.

Los climatizadores con bombas de calor son muy útiles para viviendas en la playa que, en ocasiones, carecen de calefacción y se habitan por temporadas en la época invernal. Su coste energético es reducido y son muy eficientes porque al utilizar el calor externo llegan a triplicar las calorías y reducen hasta en un tercio el consumo eléctrico.

Ahorro energético

Tanto para no perjudicar el medio ambiente como para tener una factura eléctrica más baja a final de año, es conveniente elegir productos de bajo consumo como los de categoría A, los más eficientes. Aunque su precio es algo más elevado, a largo plazo, su adquisición compensa porque el gasto en energía es menor.

Para saber si el electrodoméstico es eficiente, el comprador puede consultar la etiqueta energética, que informa sobre el consumo de energía anual del equipo, su capacidad frigorífica y su coeficiente de eficiencia energética. Algunas comunidades autónomas, como Andalucía, Murcia o Valencia, cuentan con un Plan Renove de aire acondicionado para sustituir el aparato antiguo por otro más eficiente, así que es un factor que se ha de tener en cuenta antes de comprar el equipo.

La tendencia actual es que los sistemas de refrigeración sean silenciosos

Para favorecer el ahorro y lograr una temperatura estable, es aconsejable adquirir sistemas con tecnología inverter, que regula la frecuencia de funcionamiento del compresor hasta alcanzar los grados elegidos por el usuario. Cuando la habitación llega a esta temperatura, funciona a la mínima frecuencia y así consigue ahorrar energía y dinero sin perjudicar el confort.

Tipos de aire acondicionado

Sistemas de aire acondicionado fijos

- De ventana. No todas las comunidades de vecinos permiten la instalación de aparatos de aire acondicionado en la fachada del edificio, por lo que estos equipos son adecuados para las viviendas donde se necesite refrigeración, pero solo se pueda colocar la parte exterior en el propio domicilio. Para instalarlos, hay que hacer un agujero en la ventana o en el balcón, de manera que la mitad del sistema de aire acondicionado quede fuera y la otra mitad, la que enfría, permanezca en la habitación.

  Aunque se han hecho muchas mejoras desde que se instalaron los primeros equipos, son los más ruidosos de los sistemas fijos, no en vano la unidad de condensación está instalada en la propia vivienda. También son más antiestéticos e incómodos, ya que ocupan una parte de la ventana.

- Split. En la actualidad, son los sistemas más demandados por los consumidores, ya sea en su modalidad simple como en la múltiple.

El split simple consta de una unidad de refrigeración interior, que se coloca dentro de la habitación, y otra exterior, condensadora, anclada en la fachada. Para instalarlo es necesario hacer un hueco en la pared, ya que se une con el condensador exterior mediante unos tubos que quedan ocultos.

Sirve para refrigerar una estancia de manera independiente, de forma que el frío no se comunica con otras habitaciones. Es útil si solo se quiere refrescar una parte de la vivienda, como puede ser el salón, sin que la bajada de temperatura afecte a otras habitaciones.

Tienen una gran variedad de potencias y de funciones y son más estéticos que los de ventana. Además, hay una tendencia a embellecer este tipo de equipos con formas más aerodinámicas, e incluso, con paneles decorativos. Los nuevos modelos son bastante silenciosos y están orientados a la eficiencia energética y al bajo consumo. Los más frecuentes son los de tipo mural, pero también se pueden colocar las unidades interiores en el suelo o en el techo.

En función de la potencia y de las funciones, pueden costar entre 750 y 1.500 euros, pero se pueden adquirir equipos más baratos, desde 400 euros, y mucho más caros, que rondan los 4.000, si el sistema es más sofisticado.

○ Multisplit: consta de una unidad exterior y varias interiores. En cada cuarto se puede colocar una unidad de refrigeración que se conecta igual que el split simple, con la parte externa del sistema. La instalación es algo más compleja porque es necesario unir a través de conductos cada una de las unidades independientes.

Son equipos muy útiles para enfriar las diferentes dependencias de la vivienda al gusto de cada miembro de la familia. No todas las personas tienen la misma tolerancia al frío o al calor y la posibilidad de regular la temperatura según las necesidades de cada uno es una de las ventajas del sistema multisplit. El coste de un equipo con dos unidades puede situarse en 1.200 euros y alcanzar los 2.600 si tiene tres.

Sistemas móviles

En ocasiones, no es posible o no apetece hacer obras en la vivienda para instalar el aire acondicionado. Ya sea porque el piso es de alquiler o una segunda residencia donde no se pasa mucho tiempo o las temperaturas no son muy elevadas, algunos consumidores prefieren los sistemas móviles de refrigeración.

Por lo general, son equipos menos potentes que los split fijos y su eficiencia energética también es menor. Lo positivo es que pueden utilizarse en varias habitaciones, ya que se transportan con relativa facilidad. Su precio ronda los 500 euros.

- o Split portátil. Está formado por dos unidades, como ocurre con los sistemas fijos. Una de ellas está dentro de la habitación y la otra queda colocada en una terraza, pero no es necesario anclarla, se puede mover. El inconveniente es que la ventana o la puerta que sirve de puente entre ambas unidades no se puede cerrar y ha de permanecer entreabierta, con lo cual la refrigeración es peor porque entra calor del exterior.

- o Monobloc portátil. Solo está compuesto por una unidad, como una gran caja con ruedas, a la que se une un tubo de evaporación que se saca por la ventana o por la terraza. Son aparatos bastante ruidosos aunque fácilmente manejables, ya que se pueden trasladar a cualquier estancia que tenga ventilación.

Otras alternativas

Además de estos sistemas, si no hace demasiado calor o si son pocos los días de altas temperaturas, se puede recurrir a otros electrodomésticos como los ventiladores portátiles. No refrigeran igual y algunos hacen más ruido que el aire acondicionado, pero también son mucho más baratos y cómodos que los grandes equipos móviles y fijos.

Otras alternativas ecológicas son los bioclimatizadores, que cogen el aire caliente de fuera y, con un ventilador y un filtro húmedo, lo purifican y refrescan la estancia. Son capaces de bajar la temperatura entre 10 y 12 grados y al ser aparatos pequeños se mueven con facilidad y se pueden trasladar de una habitación a otra. Se utilizan tanto en espacios cerrados con alguna ventana abierta, como en terrazas y jardines.

Funcionan con electricidad pero gastan muy poco, casi lo mismo que una bombilla, y llegan a ahorrar hasta un 80% con respecto a los equipos de aire acondicionado, de modo que son respetuosos con el medio ambiente, a la vez que baratos para el consumidor.

La instalación de aparatos de aire acondicionado ha aumentado de manera importante en los últimos años debido tanto al aumento de las temperaturas como a la capacidad económica de las personas y a la sociedad del bienestar en la que nos encontramos. Por ello surgen nuevas preguntas, ¿puedo poner aire acondicionado sin consentimiento de la comunidad, necesito su permiso...?

El artículo 7 LPH " El propietario de cada piso o local, podrá modificar los elementos arquitectónicos, instalaciones o servicios de aquél cuando no menoscabe o altere la seguridad la seguridad del edificio, su estructura general, su configuración o estado exteriores, o perjudique los derechos de otro propietario, debiendo dar cuenta de tales obras previamente a quien represente a la comunidad".

Por ello siempre la modificación de elementos comunes requiere la unanimidad. Pero la jurisprudencia ha flexibilizado este precepto y considera que basta el consentimiento de la comunidad por mayoría simple cuando se cumplan estos requisitos:

1.- El tamaño no sea desmedido.

2.- Que no afecte la colocación a la fachada principal del inmueble

3.- Que no cause daños específicos a la comunidad o algún vecino.

La instalación del aparato de aire acondicionado se considera como obra menor y no requiere de la unanimidad, siempre que para la colocación no se encastren en los muros de la comunidad, no alteren la seguridad del edificio o modifiquen la configuración de la fachada principal.

Cuando para la instalación se requiera la apertura de huecos en elementos comunes, se requerirá el acuerdo unánime de la Junta, ya que se modifica un elemento común, y no se consideraría como obra menor.

Por otro lado se puede dar el consentimiento tácito otorgado por la Comunidad, al realizar esta instalación sin consultarlo a la Comunidad pero que por el paso del tiempo la misma ha consentido sin mostrar oposición alguna.

No hay que olvidar que ha de consultarse la Ordenanza Municipal para la instalación de estos aparatos y cumplirla de lo contrario nos veremos en la obligación de retirarlos una vez colocados.

Vivimos en un bloque de pisos y tenemos un balcón contiguo a los vecinos, separado por un una lámina de hierro de 1,75 metros de altura. Hace poco nuestros vecinos han instalado un aparato de aire acondicionado, colgado del techo del balcón y rozando la separación de nuestros balcones. En la finca se permite colocar dichos aparatos, siempre y cuando no salgan de la parte de la fachada que corresponde al balcón. Los balcones miden 1,90 metros de ancho cada uno, lo que permite colocar los aparatos más distanciados de los vecinos. Dicho aire acondicionado nos provoca ruido, calor (emite el calor hacia nuestro lado) e impacto visual. Desde el comedor el aparato es visible y, además, tapa el sol. Hemos ido a hablar con nuestros vecinos para exponerles nuestras molestias (principalmente las acústicas), pero nos han recibido de forma totalmente agresiva e incomunicativa.

Las inmisiones por exceso de ruidos, olores, humos, calor, etc. pueden generar en las personas molestias, traducidas en daños a la salud física y psíquica. Cuando tales inmisiones van más allá del límite de lo tolerable, se consideran contrarias al uso normal de las cosas. En este caso lo mejor es recurrir a un abogado o previamente requerir a los vecinos el cese de las inmisiones por carta certificada, informando también de que en otro caso y si así se estima, se acudirá a los tribunales.

En este último caso, en la demanda se puede ejercer una acción negatoria de dos maneras diferentes: la primera consiste en una acción dirigida a eliminar las emisiones molestas, y la segunda puede ir más lejos, hasta el cese de la propia actividad que origina la perturbación. En cuanto a la fundamentación jurídica, se viene construyendo una doctrina que se apoya en el artículo 1908.2 del Código Civil (señala la obligación de responder por los daños causados por humos excesivos), en el artículo 590 (prohíbe construir cerca de una pared medianera cloacas, hornos, chimeneas, etc.) y en el artículo 1902 del mismo cuerpo legal sobre responsabilidad extracontractual (establece la obligación de reparar el daño causado). Se precisará un informe pericial que determine la entidad de los daños, el nivel de ruidos y su incidencia.

No obstante, antes de acudir a los tribunales también se podría solicitar por escrito al presidente de la comunidad de propietarios que introduzca este asunto en el orden del día de la próxima Junta de Propietarios o incluso la demanda podría presentarse por el presidente, con autorización de la Junta de Propietarios.

Con la llegada de los primeros calores, son muchos quienes se plantean la posibilidad de adquirir un aparato de aire acondicionado que refresque un poco el ambiente de su hogar, y lo haga más habitable. Teniendo en cuenta algunos factores, entre otros los descritos a continuación, concederán mejor el asunto y es más probable acierten en la elección del sistema más adecuado a sus necesidades y posibilidades económicas.

El clima y la humedad ambiental: En Madrid, por ejemplo, cualquier aparato necesita entre un 10% y un

15% menos de potencia que en otras zonas del país debido a la baja humedad relativa de esta capital.

Ambientes secos: Se recomienda que el sistema lleve incorporado un humidificador.

La situación de la vivienda en el edificio. Cuanto más alto esté situado el piso, mayores serán las temperaturas, por lo que conviene un aparato con mayor capacidad de refrigeración. Lo mismo ocurre si la vivienda está orientada al Sur.

Elementos interiores. La iluminación de la vivienda aumenta la temperatura, especialmente cuando es halógena debido a su gran capacidad calórica.

Dimensiones de la zona a refrigerar y potencia del aparato: Una habitación soleada de 25 metros cuadrados necesita una potencia media de unas 3.000 frigorías/hora.

Los mejores sistemas

Split Fijo. Además de ser el más demandado del mercado, es el más económico en su instalación (unas 50.000 pesetas) y mantenimiento. Está compuesto por una unidad interior y otra exterior, que se conectan a través de un tubo. Se instala en el techo o en la pared, según el modelo. Su precio oscila entre 100.000 y 200.000 pesetas.

Split Móvil. Se puede trasladar de habitación y su instalación no requiere la intervención de un profesional. Sin embargo, la gama de potencias es limitada y consume mucha energía. Sólo resulta aconsejable cuando la complejidad de la instalación hace inviable otro tipo de climatizador. Se vende desde 133.000 pesetas.

Multisplit. Se trata de un sistema Split con varias unidades interiores, lo que permite climatizar toda la vivienda (recomendable en casas de más de 100 metros cuadrados y en las unifamiliares ubicadas en zonas de climas muy calurosos). El precio varía en función del número de consolas que se incorporen: dos unidades desde 200.000 pesetas, y tres desde 360.000.

Aire Zone. Se conoce también como Noche/Día y es la mejor opción cuando hay más de una habitación a climatizar. Consta de un aparato central que distribuye el frío mediante conductos, y dispone de un termostato que abre o cierra el paso del aire en función de la habitación, esté o no ocupada. Para un domicilio de 90 metros cuadrados, el precio por el aparato y su instalación oscila entre 600.000 y 800.000 pesetas. A pesar de su elevado coste, este sistema resulta rentable a largo plazo debido al ahorro energético que permite.

Aire fresco... saludable

Aunque el aire acondicionado no es perjudicial para la salud, se pueden tomar precauciones para evitar posibles molestias de garganta, resfriados o dolores de cabeza.

Empiece a utilizar el aparato con la llegada de los primeros calores: Si adopta esta medida y aumenta la temperatura de forma gradual, logrará una mejor aclimatación.

Mantenga el termostato en torno a los 25 grados: Evitará los cambios bruscos de temperatura entre el exterior y el interior de la vivienda, y, además, ahorrará energía.

Conservación del aparato: Las unidades interiores cuentan con uno o varios filtros que se deben limpiar al menos una vez al mes. Así, impedirá que el aire se vicie y que las sustancias contaminantes y el polvo circulen por el ambiente.

Oriente el aparato de manera que el aire no esté dirigido directamente sobre las personas: Trate de evitar que todas las aletas difusoras se hallen colocadas en la misma dirección, ya que será más difícil enfriar por completo la habitación, y más fácil crear corrientes de aire.

Evite una exposición constante: Esta medida se debe tener en cuenta especialmente en los ambientes muy secos.

Cuando termina el verano y llega el recibo de la luz de los meses más calurosos, es normal llevarse las manos a la cabeza. Su importe es astronómico, debido en gran medida al elevado consumo de energía de los sistemas de aire acondicionado. Sin embargo, con un uso racional de este tipo de climatización es posible estar fresco en casa sin gastar demasiado. Este año, tras el continuado encarecimiento del precio de la electricidad y con la subida del IVA, es más importante que nunca seguir una serie de pautas de ahorro que se detallan a continuación, para que en septiembre nadie se quede helado al recibir la factura de la luz.

El aire acondicionado, en su justa medida

El aire acondicionado no siempre se utiliza de manera eficiente. Las elevadas temperaturas a las que llega el mercurio durante el verano en algunas zonas de España hacen que la climatización sea imprescindible, pero es frecuente que refrescar la casa suponga que el termostato se fije muy por debajo de lo recomendable.

Por cada grado que se baja la temperatura en el aire acondicionado, se gasta un 8% más de electricidad

Al igual que hay personas que en invierno están en su vivienda con la calefacción al máximo y en camiseta, hay quien en verano quiere pasar frío y no le importa incluso ponerse una prenda de manga larga. Esto no es bueno para la salud ni para el bolsillo, y tampoco lo es para el medio ambiente. Con una elección y compra adecuadas y una serie de sencillos hábitos, es posible estar en casa a una temperatura apropiada sin pasar calor y, a la vez, ahorrar energía.

1. Comprar un equipo eficiente.

   Las personas que aún no tengan aire acondicionado en casa y lo necesiten están a tiempo de adquirir un aparato que consuma menos electricidad. En el Instituto de la Diversificación y Ahorro de la Energía (IDAE) se puede consultar cuáles son los equipos de climatización que menos gastan.

   La etiqueta energética también es útil para diferenciar los sistemas de aire acondicionado más eficientes. Los de clase A son los que tienen un menor consumo seguidos por la B, la C hasta llegar a los menos sostenibles. Conviene saber que un equipo eficiente gasta hasta un 60% menos de electricidad que uno de alto consumo que ofrezca las mismas prestaciones. Verano tras verano, el ahorro que supone comprar un buen equipo compensa.

Con el objetivo de incentivar los sistemas de aire acondicionado eficientes, algunas comunidades autónomas subvencionan la sustitución de aparatos menos sostenibles por otros con etiqueta energética de clase A mediante el Plan Renove. Quien tenga la intención de adquirir uno de estos sistemas, debería informarse antes en su región si puede beneficiarse de estas ayudas, que pueden alcanzar hasta el 30% del coste total del climatizador.

2. Dejarse asesorar por los expertos.

El equipo más grande, con mayor potencia y más frigorías no es siempre el más adecuado para todas las casas. Hay que tener en cuenta el tamaño de la habitación en la que se pondrá, la orientación de la vivienda o las necesidades de refrigeración del piso. Adquirir un equipo por encima de las necesidades puede suponer un gasto más elevado y continuo.

Como orientación, para refrigerar una superficie de 15 metros cuadrados se requiere una potencia de 1,5 kW y para una de 30 metros, basta con 2,4kW.

Quizá tampoco sea necesario que todas las habitaciones cuenten con aire acondicionado. En los cuartos que menos se utilicen o en aquellos en que la temperatura sea más baja, se puede prescindir de la climatización.

Las personas que a diario venden o colocan aparatos de aire acondicionado saben cuáles son las necesidades de cada casa en función de los parámetros que el usuario les indique.

3. Colocar el equipo de aire acondicionado en el lugar adecuado.

Lo idóneo es instalar el climatizador de manera que el sol le dé lo menos posible y en sitios donde haya una buena circulación de aire. Esto también incide en que gasten menos. En el IDAE indican que en el caso de que las unidades condensadas estén en un tejado, es conveniente cubrirlas con un sistema de ensombramiento. Tampoco deben ubicarse junto a otros electrodomésticos que den mucho calor ni cerca de bombillas.

Según señalan los expertos, no es recomendable refrigerar varias estancias con un solo equipo porque el gasto será superior y la temperatura alcanzada tampoco será la más adecuada.

4. Atención al termostato.

Poner el termostato del aire a una temperatura adecuada es uno de los gestos con los que se puede obtener un mayor ahorro. En el IDAE consideran que en verano, al llevar menos ropa y ser más ligera, la temperatura de confort de una casa es de 26ºC. Otros organismos aconsejan mantener la estancia entre 22 y 25ºC. También hay que regular los valores de humedad, que han de estar entre el 40% y el 60%.

Es muy común que, para que la habitación se enfríe de forma rápida, al encender el aparato se elija una temperatura muy baja. Esto en realidad provoca un gasto excesivo y un consumo innecesario. Algunos equipos vienen con sistemas que permiten enfriar la habitación ligeramente (como el "modo powerful") si hace demasiado calor en ella. En todo caso, una diferencia de más de 12ºC entre la temperatura de la calle y la del interior no es saludable.

Otro extremo a tener en cuenta es que por cada grado que se baja el termostato, el aire acondicionado gasta un 8% más de electricidad. Si se hacen cálculos, una temperatura adecuada puede suponer un ahorro importante a lo largo del verano.

5. Encender el aire solo cuando sea necesario.

En algunas ocasiones, por costumbre, lo primero que se hace al llegar a casa es poner el aire acondicionado. Si el objetivo es gastar menos, en los días no demasiado calurosos se puede elegir otras alternativas.

6. Apagar el equipo un rato antes de salir.

Si se deja la estancia durante bastante tiempo o se sale a la calle, conviene quitar el aire acondicionado con antelación. El fresco seguirá en la habitación durante diez minutos o un cuarto de hora. Si se apaga justo en el momento de irse, se habrá desaprovechado ese tiempo y se habrá gastado energía de forma poco eficiente.

7. No dejarlo encendido por error.

Aunque parezca obvio, hay quien se olvida de apagar el aire acondicionado. Pese a que cada vez es un descuido menos frecuente debido al elevado precio que alcanza la electricidad, es un fallo que de vez en cuando se sigue produciendo. Si pasan varias horas, al volver a casa, además de encontrarla helada, el consumo se habrá disparado.

Hay aparatos de aire acondicionado que tienen detectores de personas y si no hay nadie en la habitación se apagan solos. En algunos casos conviene activar este sistema para evitar consumos innecesarios.

8. Cerrar las puertas y las ventanas.

Es otro de los hábitos que ayuda a ahorrar. Si las puertas interiores se mantienen abiertas, el aire fresco irá hacia los pasillos o a cuartos que no se estén utilizando. De esta forma, ni enfriará del todo la estancia que se intenta refrigerar ni alcanzará las otras habitaciones, con lo cual se estará desperdiciando energía.

Con las ventanas es aún peor, pues el aire que entra es caliente y el que se va es frío, así que el electrodoméstico tendrá que hacer un esfuerzo superior.

9. Acondicionar la vivienda.

Hay numerosos elementos que contribuyen a tener la casa más fresca sin necesidad de gastar electricidad. Los toldos, las persianas, las pérgolas o las cortinas no dejan pasar la luz del sol y evitan que la casa se caliente. Cuando sea posible, conviene tener las persianas bajadas y la vivienda casi en penumbra para lograr una temperatura más agradable.

Si en la casa hace siempre mucho calor y los dueños están pensando en pintar las paredes, conviene elegir tonos claros porque reflejan la luz y evitan que la vivienda se caliente.

10. Ventilar en horas frescas.

Se puede aprovechar el fresco exterior para refrigerar la vivienda. A primeras horas de la mañana o a partir de las cuatro de la madrugada la temperatura es más baja. Será entonces el momento más adecuado para abrir las ventanas y que entre el aire.

11. Limpiar el equipo.

Si acumulan suciedad o polvo, los filtros se obstruyen, el rendimiento del sistema se ve reducido y, por tanto, el consumo energético es mayor. Se recomienda limpiar los filtros con cierta frecuencia para que el aire acondicionado alcance su máxima eficiencia.

12. Utilizar ventiladores.

En las zonas en las que la temperatura no sea demasiado elevada o en los días menos calurosos del verano, el aire acondicionado se puede sustituir por un ventilador. Según aseguran desde el IDAE, el movimiento del aire produce una sensación de descenso de la temperatura de entre tres y cinco grados. Su consumo energético es muy bajo y, además, evita alergias y molestias que pueden surgir si el aire acondicionado no se controla de manera adecuada. Si no es posible sustituirlo, alternar el uso de ambos aparatos también puede suponer un ahorro en la factura.

13. Sustituir el aire acondicionado por sistemas evaporativos.

Los sistemas evaporativos son aparatos que hacen pasar una corriente de aire por una bandeja llena de agua. Cuando se evapora, humedece la estancia y la enfría. Bajan la temperatura unos cuantos grados y son adecuados para regiones secas. Aunque no alcanzan la misma refrigeración que el aire acondicionado, pueden ayudar a refrescar el ambiente en las localidades donde la temperatura no es especialmente elevada. Su consumo es, además, muy bajo.

Tema 16. La cuota de participación

El artículo 5 de la Ley de Propiedad Horizontal dice que en el título se fijará la cuota de participación que corresponde a cada piso o local, determinada por el propietario único del edificio al iniciar la venta de pisos, por acuerdo de todos los propietarios, por laudo o por resolución judicial. Para su fijación se tomará como base la superficie útil de cada piso o local, en relación con el total del inmueble, el emplazamiento interior o exterior, la situación y el uso que se presuma que va a efectuarse de los servicios o elementos comunes. En este caso, están señalados en el título por el promotor-vendedor, propietario único del edificio en su día. Para corregir los coeficientes se puede proponer a la Junta que solicite a un técnico -arquitecto o aparejador- un informe sobre la oportunidad de corregirlos y, de ser así, puede proponer nuevos coeficientes adaptados a la realidad arquitectónica. Una vez dispongan de este informe, podrán votarlo en la siguiente Junta, aunque se requerirá el voto unánime de los propietarios para realizar el cambio. En caso de no obtenerlo, hay que consultar con un abogado la conveniencia de acudir a los Tribunales.

Tener una vivienda en propiedad en un bloque acarrea una serie de responsabilidades para con la comunidad (el resto de propietarios), algunas de ellas de índole económica. Esto se debe a que cuando se compra la vivienda, indirectamente también se está comprando una porción de los elementos comunes de ese bloque, (escalera, ascensor, tejado, portal, etc.) lo que permite hacer uso de ellos con el mismo derecho que el resto de vecinos.

Al igual que en casa, cuando algo se deteriora se arregla o se cambia; cuando un elemento del bloque se estropea, como propietarios de una parte de ese elemento se tiene la responsabilidad de colaborar en su reparación, lo mismo que el resto de los vecinos.

Sin embargo, en la mayoría de los casos no todos los propietarios participan a partes iguales, pues existe lo que se denomina cuota de participación. Según la Ley de la Propiedad Horizontal, esta cuota será la que marque cuánto debe aportar cada vecino en las cuestiones económicas de la comunidad, si bien la misma puede ser modificada por acuerdo válidamente adoptado por la junta siempre que haya unanimidad (que nadie se niegue a ello) . Generalmente, la cuota de participación suele venir expresada en la escritura de compra-venta del piso y debe estar fijada en los estatutos de propiedad horizontal de la vivienda.

Pero, ¿por qué razón todos los vecinos no tienen la misma cuota de participación y, por tanto, hay unos que participan pagando más que otros?, ¿acaso los elementos comunes no son de todos y todos los utilizamos?

Esto se debe en casi todos los casos a que quien marca la primera cuota de participación suele ser en muchos casos el constructor o promotor de la vivienda, quien las vende por primera vez. Para ello, parte de su conocimiento sobre el valor de mercado de las viviendas, y obtiene con ello el valor de mercado del edificio entero; así, cada vivienda supone un porcentaje del valor de mercado del total del edificio. La suma de las cuotas deberá dar el 100%.

Normalmente, esta cuota de participación permanece sin variaciones a lo largo del tiempo, pero puede haber casos en los que por acuerdo unánime de los vecinos se varíe.

Asimismo, aunque no suele ser lo habitual, puede haber acuerdos de la comunidad que liberen de ciertos gastos a algunos vecinos, como por ejemplo liberar de los gastos del portal a aquellos bajos que no tengan acceso al mismo, etc. También suele haber gastos que por acuerdo no se paguen según la cuota de participación sino a partes iguales, como por ejemplo la limpieza de la escalera.

Es importante conocer la cuota de cada uno, pues sobre todo en gastos de importante cuantía el pagar a partes iguales o pagar según cuota puede significar grandes diferencias a favor o en contra. Además existe un fondo común que por ley deben poseer todas las comunidades y que es el 5% del presupuesto anual, y que se dota en función de la cuota de participación.

En el caso anterior por ejemplo, si se hiciera una obra en el portal por cuantía de 48.000 euros, el pagar a partes iguales supondría que cada uno pagaría 6.000 euros para la citada obra. Sin embargo, a cuota (lo normal) el vecino con una vivienda más pequeña pagaría el que menos importe, 4.776 euros (el 9,95% del total de la obra).

Gravedad	Multa	Otras medidas
Leves	Hasta 91 euros	Ninguna
Graves	De 92 a 301 euros	Posibilidad de suspensión del carnet o licencia de hasta 3 meses
Muy graves	De 302 a 602 euros	Suspensión del permiso o licencia hasta 3 meses
Otras (ir sin matrícula, no haber hecho transferencia, etc).	De 302 a 1.503 euros	Suspensión de la autorización hasta 1 año.

De acuerdo a la Ley de Propiedad Horizontal lo habitual es que cada propietario pague una cuota diferente según la altura del inmueble, su emplazamiento y superficie. Es uno de los gastos fijos que se tienen muy en cuenta en todas las economías domésticas. No importa la modalidad; mensual, trimestral, semestral o anual, los propietarios de pisos y lonjas tienen asignada una cuota de participación, en relación al total del inmueble, que es la que determina el importe de la cuota de comunidad para hacer frente a los gastos comunes, a los gastos extraordinarios o derramas. Esta cuota también se tiene en cuenta en situaciones más favorables como la venta de propiedades comunes -la vivienda del portero- , el recibo de rentas mensuales por su arrendamiento o por ejemplo, la recepción de una indemnización por ceder espacios comunes al

Ayuntamiento. Ahora bien, aunque en principio no debería haber ningún problema, son muchos los propietarios que no están de acuerdo con la cuota que pagan. Esto genera malestar entre los vecinos y numerosas dificultades para iniciar obras que muchas veces no pueden esperar.

La cuota de participación se establece en el mismo "título", tal y como reza la Ley de Propiedad Horizontal. Se refiere al título constitutivo de la propiedad. Y para que el propietario de un edificio comience a regirse por las normas y régimen de la propiedad horizontal se requiere que el dueño único del inmueble, el constructor- promotor o todos los propietarios de los distintos pisos y locales, de forma unánime, elaboren el título constitutivo en el que, junto a la descripción del edificio, de sus elementos comunes y elementos privativos, se señale la cuota de participación de cada uno de los pisos y locales.

Son, por tanto, varios los documentos que se precisan: por un lado, el que describe la totalidad del inmueble -recibe el nombre de título constitutivo de la propiedad horizontal-, documentos individuales de cada vivienda, como las escrituras de cada piso y local en el que se indica la cuota concreta de participación en los elementos comunes.

¿Por ejemplo?

Un inmueble tiene 100 enteros, pero por ejemplo, se decide, por unanimidad, que para la instalación de un ascensor en la comunidad los bajos comerciales no deben asumir este coste. Siempre que estos sumen un 20 %, el gasto se calculará mediante la aplicación de una regla de tres para reconvertir el 80 % de los propietarios de viviendas en un 100%.

Ejemplo: Una comunidad de 10 viviendas y 4 locales en la que cada vivienda tiene una cuota del 8 % y cada local el 5% se le aplica la siguiente regla:

10 viviendas x 8 % = 80%

4 locales x 5 % = 20 %

Los gastos han de ser abonados al 100% solo por las viviendas que suman un 80%

80 ----------- 100 8 ------------ x x = 800/80 = 10%.

Ésta es la cuota rectificada para abonar los gastos exclusivamente por las viviendas. Cada vivienda pasa a contribuir un 10% en lugar de un 8 % para ese servicio concreto.

Es posible pactar el pago de gastos a partes iguales por unanimidad, pero la experiencia demuestra que a largo plazo, genera un gran descontento que afecta a la armonía y a la convivencia diaria de la comunidad de vecinos.

¿Cuáles son las obligaciones de los propietarios?

1. Respetar las instalaciones generales de la comunidad y otros elementos comunes (fachadas, terrazas, balcones, portal, escaleras, patios, antenas colectivas...)

2. Mantener en buen estado de conservación su propio piso, en términos que no perjudiquen a la comunidad o a los otros propietarios.

3. Permitir el acceso a la vivienda cuando sea necesario hacer una reparación de un elemento común y consentir las obras, por ejemplo si para arreglar las tuberías generales del edifico es preciso picar las paredes del baño o el suelo de la vivienda de un vecino éste no se puede negar. Por su parte, el coste de reparar las paredes de su baño y su embaldosado se hará a cargo de la comunidad. Además, los vecinos también deben permitir servidumbres: uno de los casos más frecuentes es el de un local que ha de ceder espacios para la instalación de un ascensor nuevo, si la instalación de ascensor ha sido debidamente aprobada en junta y a cambio de una indemnización por daños y perjuicios.

4. Contribuir, de acuerdo a lo establecido en su cuota de participación o a lo pactado, a los gastos generales para el adecuado sostenimiento del inmueble. En la escritura de compraventa, el vendedor debe declarar estar al corriente en el pago de los gastos de comunidad o

expresar la cantidad adeudada. También debe aportar en ese momento un certificado en el que consten estas afirmaciones. Sin él no podrá otorgarse la escritura, salvo que fuese expresamente exonerado de esta obligación por el comprador.

5. Ayudar en la dotación del fondo de reserva para atender obras de conservación y reparación de la finca. En ningún caso el fondo de reserva puede estar dotado con una cantidad inferior al 5 % de su último presupuesto ordinario.

6. Informar a quien ejerza las funciones de secretario de la comunidad de la ubicación de su domicilio en España con el fin de tener una dirección donde enviar citaciones y notificaciones. En defecto de esta comunicación se tendrá por domicilio el piso o local de la propia comunidad.

7. Comunicar al presidente y administrador el cambio de titularidad de la vivienda o local.

Resido en una vivienda que consta de 6 apartamentos de 48 metros cuadrados y 6 pisos de 84 metros cuadrados. Contratamos un administrador y se pagan las cuotas de gastos a razón de 3.500 pesetas mensuales los apartamentos y 6.000 pesetas los pisos. Me parece una diferencia muy considerable y no justificada. En el Registro de la Propiedad constan las normas de condominio en las que se dice que podemos elaborar un reglamento interno por régimen de mayoría para los gastos de administración y servicios. Sin embargo, el administrador nos dice que esto debería ser hecho por unanimidad. Pero eso no es lo que citan las normas de condominio. ¿Quién tiene razón? ¿Cuánto deberían pagar los pisos y los apartamentos?

El artículo 3 de la Ley de Propiedad Horizontal establece que a cada piso o local se le atribuirá una cuota de participación con relación al total del inmueble. Esta cuota servirá para determinar la participación en los gastos y en los beneficios de la comunidad. La participación en los gastos comunes y extraordinarios se ha de hacer conforme a dicha cuota, excepto si se ha pactado otro sistema, -por ejemplo, a partes iguales- teniendo presente que para cambiar la cuota es necesaria la unanimidad, porque implica una modificación del título constitutivo del régimen de propiedad horizontal. En cambio, la mayoría es necesaria para otras decisiones, como las que atañen a establecer normas de administración de los gastos comunes: modificar la periodicidad de pago, los porcentajes de incremento anual y el uso de los servicios comunes.

Hay que recordar que la cuota no es únicamente la base para determinar la participación en las cargas, sino también en los beneficios. Así resultaría, por ejemplo, que ante una destrucción del edificio, la participación en el solar se imputaría a cada uno de los propietarios en proporción a la cuota de su piso o apartamento y no a partes iguales.

El artículo 6 de la Ley de Propiedad Horizontal establece que las normas de régimen interior pueden ser fijadas por las comunidades de propietarios para regular los detalles de convivencia y la adecuada utilización de los servicios comunes, dentro de los límites establecidos por la ley y por los Estatutos, si los hubiera. Se inscriben en el Libro de Actas y son aprobadas por mayoría, tal y como consta en el título de su comunidad inscrito en el Registro de la propiedad. En las escrituras de cada piso y apartamento aparece reflejado la cuota de participación, de tal modo que la suma de todos ellos ha de arrojar por resultado un 100 %.

Tema 17. Revisión obligatoria de los edificios

A la larga, para los propietarios de un inmueble resulta más rentable prevenir el deterioro del edificio tras una inspección y pequeñas obras de mantenimiento que reparar los daños una vez causados.

El suelo urbano es escaso e irreemplazable, por ello debe ser aprovechado debidamente sustentando edificios en las mejores condiciones. Como es sabido, los propietarios de los inmuebles deben conservar estos en "estado de seguridad, salubridad y ornato público".

Esta cultura de la conservación ha provocado que muchas comunidades autónomas y algunos ayuntamientos hayan dictado normas para la revisión obligatoria de los edificios que cuenten con una antigüedad determinada, que puede ser para todos aquellos inmuebles que hayan cumplido 20 años desde su construcción.

Esta es una obligación a la que no estamos acostumbrados, aunque sí pasamos otras revisiones obligatorias. Por ejemplo la Inspección Técnica de Vehículos (ITV) nos obliga a tener nuestro coche a punto, sobre todo cuando tiene cierta edad. De igual forma, debemos pasar una inspección a los edificios, en cierto modo similar a la ITV efectuada a los vehículos.

El objetivo principal de la Inspección Técnica de Edificios (ITE) consiste en garantizar la seguridad de las edificaciones. En definitiva, se trata de actuar de manera preventiva, procurando evitar posibles anomalías o deficiencias que supongan un potencial peligro en la estructura de la vivienda, y consiguientemente, puedan acarrear riesgos tanto para los inquilinos, residente y propietarios como para los propios transeúntes y viandantes.

Así, la ITE es la inspección que han de pasar los edificios en función de su catalogación y edad, para acreditar su estado de seguridad, cualquiera que sea su destino (viviendas, oficinas, fábricas, etc). Por tanto, están obligados a pasar la revisión todos los propietarios de cualquier tipo de inmueble. En el caso de viviendas o locales integrados en una comunidad de propietarios, el deber de inspección corresponde a la propia comunidad.

Básicamente, la inspección consiste en un informe que recogerá el estado de la estructura y cimentación, las fachadas, cornisas, terrazas, marquesinas, cubiertas y azoteas, así como las instalaciones de fontanería y saneamiento del edificio. También se tendrán en cuenta las humedades, grietas y otros daños que afecten a la vivienda en caso que revistan gravedad.

La ITE se lleva a cabo por un profesional cualificado, arquitecto, arquitecto técnico o aparejador, quien determinará el estado de conservación del inmueble y emitirá el correspondiente informe.

El propietario es el encargado contratar, siempre a su libre elección, al técnico colegiado y de facilitarle la inspección a todas las dependencias del edificio.

El informe realizado por el profesional junto con la Ficha Técnica de la Edificación debe contar con el visado del Colegio Profesional, que garantice su cualificación. Además, una copia del mismo será entregado a la propiedad para su entrega en el Registro de la Administración Municipal haciendo constar tanto su resultado favorable como desfavorable.

En caso de que el resultado sea desfavorable debido a que los inspectores hayan detectado deficiencias o daños, el propietario tendrá que llevar a cabo las reparaciones oportunas, solicitando para ello la licencia municipal de obras. Si bien, los vecinos de la comunidad o el propietario de la vivienda pueden recibir subvenciones públicas para su realización, aunque deben demandarse previamente a la ejecución de las obras.

En cuanto al coste de la inspección, es importante saber que la ITE no es ningún nuevo impuesto ni tasa municipal. Su precio será pactado libremente con el profesional al que contrate para realizar la inspección. No obstante el coste de la ITE variará en función de la superficie del inmueble. De hecho, para servir de orientación a los ciudadanos algunos colegios profesionales elaboran honorarios de referencia.

La Inspección Técnica del Edificio (ITE) es una inspección que han de pasar los edificios en los ayuntamientos y comunidades en los que se ha aprobado, según su catalogación y antigüedad, para acreditar su buen estado en cuanto a seguridad, independientemente del uso al que estén destinados (viviendas, oficinas, comercios etc.).

Los departamentos de vivienda de cada comunidad autónoma se han encargado, junto con los colegios de aparejadores y de arquitectos, de aprobar un modus operandi, de manera que todos los profesionales del sector actualmente se están preparando para realizar las ITE de igual manera, para que no haya discrepancias entre profesionales.

Además, los responsables autonómicos correspondientes en colaboración con los ayuntamientos pueden dotar a los casos de zonas degradadas donde ya se esté actuando con ayudas para la rehabilitación de subvenciones para esta finalidad.

Pero, ¿qué regula o a qué obliga la ITE? Vamos a analizarlo:

- En principio es obligatoria para edificios de más de 50 años y a partir de ahí con una periodicidad de 10 años.

- ¿Sobré qué elementos se realizan? Al menos sobre la cubierta, estructura e instalaciones y redes de evacuación y saneamiento.

- ¿Quién ha de sufragar el coste dela ITE del edificio? Puesto que el beneficiado es el propietario, serán la comunidad de vecinos quien encargue a los profesionales que realicen la ITE y quien a su vez corra con el coste de la misma, ya que es la Ley de Propiedad Horizontal en su articulado deja claro que es el propio propietario quien debe hacer un uso adecuado del inmueble, así como mantenerlo en buenas condiciones de habitabilidad y uso.

Tema 18. Ruidos molestos

Aunque la protección contra la contaminación acústica se podía englobar en algunos de los mandatos constitucionales como la protección de la salud (Art. 43 CE) o el medio ambiente (Art. 45 CE) e incluso en el derecho a la intimidad personal y familiar (Art. 18.1º CE), lo cierto es que, en España no tuvimos una norma general reguladora de ámbito estatal sobre el ruido hasta 2003; cuando se traspuso la Directiva 2002/49/CE del Parlamento Europeo y del Consejo, de 25 de junio de 2002, sobre evaluación y gestión del ruido ambiental, mediante la Ley 37/2003, de 17 de noviembre. Su objetivo era prevenir, vigilar y reducir la contaminación acústica, para evitar y reducir los daños que de ésta pueden derivarse para la salud humana, los bienes o el medio ambiente. En ese contexto, su Art. 3.c) definió la contaminación acústica como la presencia en el ambiente de ruidos o vibraciones, cualquiera que sea el emisor acústico que los origine, que impliquen molestia, riesgo o daño para las personas, para el desarrollo de sus actividades o para los bienes de cualquier naturaleza, o que causen efectos significativos sobre el medio ambiente.

Uno de los elementos más importantes que previó aquella Directiva comunitaria fue que cada Estado miembro elaborase mapas de ruido; una herramienta muy importante para disponer de información uniforme sobre los niveles de contaminación acústica en los distintos puntos del territorio, aplicando criterios homogéneos de medición que permitan hacer comparables entre sí las magnitudes de ruido verificadas en cada lugar; es decir, lo que se persigue con estos mapas es, sencillamente, poder evaluar los niveles de ruido a los que se expone una determinada zona, para que se puedan hacer predicciones y adoptar medidas correctoras adecuadas.

¿De qué lugares hay que elaborar mapas de ruido? La Ley de 2003 establece que de cada uno de los grandes ejes viarios [cualquier carretera con un tráfico superior a 3.000.000 de vehículos por año], de los grandes ejes ferroviarios [cualquier vía férrea con un tráfico superior a 30.000 trenes por año], de los grandes aeropuertos [cualquier aeropuerto civil con más de 50.000 movimientos por año (tanto los despegues como los aterrizajes, con exclusión de los que se efectúen únicamente a efectos de formación en aeronaves ligeras)] y de las aglomeraciones [municipios con una población superior a 100.000 habitantes].

En una vivienda de Rijeka (Croacia), la mitad del edificio pertenecía a Marina Oluić y a su familia pero la otra parte era propiedad de un vecino que decidió alquilársela a un tercero para que montase un bar. Cuando el local comenzó a abrir al público desde las 07h00 de la mañana hasta la medianoche, cada día, durante todo el año, el ruido y la música se hicieron tan insoportables que el 16 de mayo de 2001, la mujer escribió a la oficina municipal de bienestar social para que le enviaran a un inspector que verificase los niveles de contaminación acústica. Dos semanas más tarde, los técnicos realizaron las mediciones y comprobaron que los 8,5 decibelios que autorizaba la normativa se superaban ampliamente, cuadruplicándose hasta alcanzar los 38,5 dB. Como consecuencia, el 1 de junio de 2001, el Ayuntamiento ordenó al dueño que redujera la intensidad del ruido del bar, pero su decisión fue anulada a la espera del resultado de la apelación que se interpuso ante el Ministerio de Sanidad croata. En febrero de 2002, este órgano también reiteró la obligación del vecino de insonorizar las paredes de su local porque la última medición había llegado a los 57 decibelios (siete veces más de lo permitido). Se llevaron a cabo unas obras para adecuar la emisión de sonido pero el ruido continuó perturbando la vida diaria de la familia Oluić.

Tras agotar todas las instancias administrativas y mientras el bar continuó poniendo la música a un volumen ensordecedor, el asunto llegó al Tribunal Supremo de Croacia que, en 2007, ordenó a la Administración que adoptase una decisión antes de tres meses. Se inició un nuevo trámite burocrático y el inspector de Sanidad acabó apercibiendo al dueño del bar para que redujera el ruido a los límites previstos por la ley; lo que ocurrió, finalmente, el 23 de febrero de 2009; es decir, casi ocho años después de que Marina se dirigiera por primera vez a su Ayuntamiento.

Durante todo ese tiempo, en las reclamaciones de la demandante se habían incluido los expedientes clínicos que demostraban los efectos nocivos del ruido en los oídos de su hija y en el tratamiento de su esposo que había sido operado del corazón, por lo que al final, Marina decidió denunciar a su país y reclamar a Estrasburgo.

El 20 de mayo de 2010, la Corte europea resolvió el caso Oluić contra Croacia, condenando al Gobierno de Zagreb. La sentencia del TEDH remarcó la pasividad a la hora de actuar de la administración croata que no había adoptado ninguna medida efectiva, en casi ocho años de procesos, para garantizar el derecho al respeto de la vida privada y familiar de los Oluić, violando por ello el Art. 8 de la Convención Europea de Derechos Humanos. En el parágrafo 47 de la sentencia se incluye lo que el profesor Martín-Retortillo Baquer denomina "un párrafo paradigmático", una de esas "expresiones carismáticas" que se repetirán de caso en caso. Hablando del Convenio de Roma de 1950, la Corte de Estrasburgo considera que aquella Convención trata de proteger derechos que son "concretos y efectivos" no "teóricos o ilusorios" [una afortunada expresión que el Tribunal Constitucional español también ha empleado en diversas sentencias no solo relativas al exceso de ruido (como la STC 150/2011, de 29 de septiembre) sino en otros ámbitos (por ejemplo, la STC 199/2013, de 5 de diciembre)].

Ya nadie pone en duda que el exceso de ruido es un problema. Las quejas generadas por las actividades de ocio, nocturno y diurno, por obras, por la proximidad de carreteras aeropuertos o fábricas ruidosas son continuas por parte de los vecinos que ven como su intimidad y hogar se ven invadidos por un sinfín de molestos sonidos a alto volumen que perturban su calidad de vida. Las legislaciones europeas establecen que 65 decibelios diurnos y 55 decibelios durante la noche son los límites aceptables para el ruido. Médicamente, la capacidad auditiva empieza a deteriorarse a partir de los 75 decibelios, y si se superan los 85 decibelios de forma habitual se puede originar lo que se denomina sordera sensorineural progresiva (falta de excitación en las neuronas). Sobrepasados los 125 decibelios aparece el dolor, llegando al umbral del mismo a los 140 decibelios.

En cuanto a los decibelios permitidos en una vivienda, varían de un municipio a otro y dependen del tipo de actividad de que se trate. Es más, algunos consistorios afinan mucho los máximos permitidos y los clasifican incluso por zonas de la casa. Así, el límite de decibelios es distinto para ruidos percibidos en una habitación o en el salón.

Por ello, antes de iniciar cualquier trámite para solicitar el cese de ruidos, conviene informarse sobre qué estipulan las ordenanzas municipales; es decir, qué se considera una actividad molesta y cuáles son los límites admisibles (de decibelios y de los horarios en que se emiten) en cada caso.

La primera opción para disminuir un alto nivel de ruido consiste en solicitar de modo amistoso su cese o moderación. Puede ocurrir que quien produce el ruido no sea consciente de las molestias que ocasiona y que tras ser advertido de ello rebaje el nivel de emisiones sonoras. Siempre es recomendable este primer paso, pues si da resultados nos ahorrará farragosos trámites que no siempre son gratuitos. Pero si mediante la vía amistosa no conseguimos nada, hay otros modos para lograr que las inmisiones sonoras desaparezcan o desciendan a niveles soportables.

Vía Administrativa

Consiste en denunciar en el Ayuntamiento el exceso de ruido, pues corresponde a los consistorios defender el derecho de los ciudadanos a una convivencia tranquila, aplicando las ordenanzas municipales.

Trámites a seguir:

Denuncia del particular o de un grupo (si más de un vecino sufre las molestias de ruidos), mediante escrito dirigido al Ayuntamiento.

Inspección de los técnicos municipales e informe de los mismos.

Alegaciones del denunciante. En determinados casos se pueden pedir medidas urgentes, como el cese inmediato de la actividad o el precintado de las instalaciones.

Decreto del alcalde, que establecerá las medidas correctoras y el plazo de ejecución.

En caso de urgencia, la denuncia puede formularse ante la Policía Municipal, que deberá realizar de forma inmediata una visita de inspección.

Si el Ayuntamiento no resuelve en el plazo de tres meses desde el inicio del expediente (silencio administrativo), el denunciante podrá formular recurso contencioso administrativo, al entenderse denegada la solicitud o denuncia.

Vía contencioso-administrativa

Caso de que la denuncia ante el Ayuntamiento obtenga por respuesta la inactividad administrativa o la permisividad municipal ante inmisiones sonoras superiores a las permitidas, el ciudadano puede seguir reclamando al Ayuntamiento, además del cese de los ruidos, una indemnización por daños y perjuicios en base a la responsabilidad patrimonial de la administración pública.

Vía civil

Se interpone una demanda contra quien produce las emisiones sonoras molestas. Los trámites varían en función del lugar de donde provengan los ruidos: del propio edificio, de edificios colindantes o de actividades en la calle.

Ruidos originados en locales o viviendas del mismo edificio

La Ley de Propiedad Horizontal prohíbe tanto al propietario como al arrendatario desarrollar en el piso o local actividades prohibidas en los estatutos o que resulten dañosas para la finca.

Trámites a seguir:

El presidente, a iniciativa propia o de otro propietario o inquilino, requerirá al vecino por escrito fehaciente (buro-fax, carta certificada, etc.) que cese las actividades molestas, informándole de que, en caso contrario, la comunidad iniciará acciones judiciales.

Si el infractor persiste en su conducta, se convocará Junta de Propietarios para autorizar al presidente a iniciar una acción judicial de cesación.

La demanda puede ir acompañada de la solicitud de medidas cautelares y una indemnización por daños y perjuicios.

Si el infractor es inquilino, la comunidad puede solicitar en la demanda que sea expulsado de la vivienda o local. Además, la Ley de Arrendamientos Urbanos faculta al arrendador para rescindir el contrato por actividades molestas y nocivas.

Si la comunidad de propietarios no actúa al respecto, cualquier propietario afectado también puede acudir a los tribunales por su cuenta.

Ruidos procedentes de edificios colindantes

Trámites a seguir:

Amistosamente, poner en conocimiento de los responsables las molestias por el exceso de ruido, y solicitarles que lo reduzcan.

Si no se soluciona: en caso de ruidos de bares, discotecas, fábricas o similares, presentar denuncia en el Ayuntamiento. Si hay urgencia, como en el caso obras, acudir a la Policía Municipal.

Si la conducta persiste, presentar una demanda con opción a solicitar medidas cautelares en el juzgado civil. Puede alegarse ejercicio antisocial de los derechos en el demandado, responsabilidad extracontractual o intromisión ilegítima en la intimidad. Se necesita abogado y procurador. Cuando el perjudicado es una comunidad de propietarios, convocar con urgencia Junta Extraordinaria de propietarios para autorizar al presidente a iniciar acciones legales.

Si el perjudicado entiende que la actuación del Ayuntamiento ha sido de pasividad o excesiva permisividad, también puede valorarse una reclamación de responsabilidad patrimonial al Ayuntamiento.

Vía Penal

Por este procedimiento se opta en los casos extremos y se aplica cuando los ruidos ocasionan riesgo de grave perjuicio para la salud de las personas (artículo 45 de la Constitución). En cumplimiento de este mandato, el Código Penal (artículo 325) castiga con penas que oscilan entre los 6 meses hasta los 4 años a quienes infringen este precepto.

Trámites a seguir:

Se debe presentar denuncia o querella ante el Juzgado. Es conveniente contar con testigos. Se pueden reclamar daños y perjuicios.

Para interponer querella (o siempre que se intervenga en el procedimiento como acusación particular) se necesita abogado y procurador.

Otras vías de reclamación

También es posible reclamar por exceso de ruido presentando un recurso de amparo ante el Tribunal Constitucional, por violación del derecho a la intimidad y a la inviolabilidad del domicilio (art. 18 de la Constitución Española). No obstante, antes de recurrir a esta vía es necesario agotar el procedimiento judicial. Por último, se puede presentar una queja ante el Defensor del Pueblo (Procurador del Común, Ararteko, Síndic de Greuges, ...).

Taconeos y castañuelas de una academia de baile en el bajo del inmueble, vivir la fiesta del bar de abajo desde el sofá del salón, portazos sin fin y a deshoras... A veces, en una comunidad de propietarios el ruido es un vecino más. ¡Y muy molesto! Cuando esto sucede, ¿qué se puede hacer? ¿Cómo reclamar? Si se tienen problemas por ruidos, se debe intentar solucionarlo de manera amistosa y, si no funciona, tratar el conflicto en una reunión comunitaria y que sea la comunidad la que defienda o denuncie.

Desde hace años, España está considerado como el país más ruidoso de la Unión Europea y el segundo después de Japón a nivel mundial, tal y como refleja el listado mundial de ciudades ruidosas elaborado por la Organización Mundial de la Salud (OMS). Coches, talleres, cafeterías u obras son los principales responsables del ruido en la calle.

¿Y cuándo los ruidos están en el propio edificio de la vivienda y afectan al hogar? En este caso, la situación es aún peor y puede llegar a convertirse en insoportable, pues a veces no es posible concentrarse, descansar ni relajarse. ¿Cómo será vivir encima de una academia de baile no insonorizada en la que no se cesa de taconear y poner la música a todo volumen, como les ha sucedido a 116 familias de Madrid durante tres años? ¿Y residir encima de un bar ruidoso con terraza que obliga a encerrarse en el salón con las ventanas cerradas?

Preguntado a expertos y abogados sobre cómo solucionar este problema, que puede acabar con la salud, física y psíquica de los vecinos afectados, una conclusión es clara. Lo primero que hay que hacer es intentar solucionar el problema de ruidos de manera amistosa y, si no se consigue, contar con la comunidad de propietarios para denunciar o para que defienda los derechos de los habitantes del inmueble. Habría que seguir los siguientes cuatro pasos:

1. ¿Cómo reclamar por ruidos? ¿Denuncio?

Dentro de las relaciones de vecindad nadie puede molestar a otro vecino, ya sea una familia o un negocio que haya en la finca. La clave está en si las molestias que se ocasionan son admisibles dentro de la tolerancia normal socialmente aceptada por cualquiera, ya sea por la intensidad o la cantidad de ruidos. Así, si la guitarra eléctrica del vecino no deja dormir a otro o se vive sobre una sala de fiestas no insonorizada, se podrá denunciar al causante del ruido.

¿Cómo hacerlo? ¿Puede denunciar un solo vecino o es preciso que lo haga la comunidad de propietarios en conjunto? Caben ambas posibilidades. Lo deseable, es lo siguiente:

1. "Ponerlo en conocimiento directo e inmediato al agente contaminante".

2. Si no reacciona, hay que comunicarlo a la comunidad de propietarios para que se trate el conflicto en una reunión. "Y, si no se soluciona, que sea la comunidad la que nos defienda. Si esta no lo asume, se puede y debe demandar, ya sea un solo perjudicado o un grupo de vecinos afectados", explica el abogado.

3. Si no se obtiene una pronta solución, se debe presentar demanda ante los tribunales.

2. ¿Cómo denunciar por ruidos?

Los profesionales de Juristas contra el ruido indican que, cuando se decide manifestar una queja, hay diversas vías a las que recurrir e, incluso, en ocasiones se puede recibir una indemnización por los daños que se hayan sufrido por causa del ruido.

1. Vía administrativa. Es la denuncia interpuesta mediante escrito dirigido al Ayuntamiento exponiendo la causa del ruido, las horas en que se produce... En determinados casos, se pueden pedir medidas urgentes, como el cese inmediato de la actividad, y un decreto del alcalde establecerá las medidas correctoras y el plazo de ejecución. Si se trata de una urgencia, la denuncia puede formularse ante la Policía municipal. En caso de

inactividad del Consistorio, el particular podrá acudir a la vía contencioso-administrativa.

2. Vía contencioso-administrativa. Puede denunciarse la inactividad de la Administración o su actuación ilegal, reclamar indemnización por las consecuencias de sus acciones u omisiones...

3. Vía judicial civil, contra el causante de los ruidos. Es una demanda ordinaria reclamando daños o perjuicios por culpa o negligencia. Si el causante del ruido vive de alquiler, el propietario del piso puede resolver el contrato de arrendamiento; si es propietario, la comunidad de vecinos puede entablar un procedimiento judicial para conseguir la cesación de la actividad. En casos extremos, se le puede privar, de forma temporal, del derecho al uso de la vivienda.

4. Vía judicial penal. Si el ruido es una fuente de grave riesgo para la salud, se debe presentar denuncia o querella ante el juzgado. Es conveniente contar con testigos y certificados médicos que hagan constar el efecto posible de los ruidos sobre la salud. La condena para el autor de los ruidos puede ser de entre dos y cuatro años de prisión, inhabilitación para ejercer oficio y cierre del local ruidoso. Además, se puede reclamar indemnización por daños y perjuicios.

3. Acumular pruebas contra el vecino ruidoso

En todos los casos, la prueba es esencial en el juicio, como señala Ricardo Ayala. Por eso, antes de demandar, se debe haber intentado acudir a soluciones más inmediatas, como llamar a la Policía cuando se están produciendo las molestias, mantener reuniones de comunidad, presentar escrito al Ayuntamiento, pedir la intervención del administrador, enviar escritos de queja a quien molesta...

Para el caso de que se llegue finalmente a los juzgados, se deben poseer las pruebas correspondientes y se tendrá, además, que estudiar la normativa municipal para saber qué nivel de ruido y a qué hora está permitido. También resulta de utilidad llamar a la Policía municipal para que mida el ruido y recopilar varios partes en diferentes momentos. En los casos más extremos es posible hasta encargar un estudio a una empresa especialista en valorar los ruidos.

4. ¿Contrato a un abogado?

Resulta muy útil contar con el asesoramiento inicial de un abogado especializado para canalizar las actuaciones desde el principio y así tratar de evitar tener que ir a juicio, lo que ahorrará tiempo y dinero. Los procesos son siempre largos, inciertos y, dependiendo de la complicación del asunto y el número de afectados, el precio medio puede estar en torno a los 3.000 euros (gastos de abogado, peritos y procurador).

En los casos en que al final se vaya a juicio, en cualquiera de las vías judiciales antes citadas, no cabe la duda de si contratar o no a un letrado, pues es imprescindible acudir con un abogado.

Cuando el ruido es del edificio, ¿qué podemos hacer?

A veces, el problema de ruidos no lo ocasiona un vecino, sino que proviene del propio inmueble, de su construcción (ascensor ruidoso, cañerías que suenan demasiado, etc.). ¿Qué hacer en este caso?

La Ley de la Ordenación de la Edificación prevé unos plazos de entre uno a tres años desde la entrega de la vivienda para poder reclamar a los agentes de la construcción del edificio: constructor, promotor, arquitecto y aparejador. También la legislación civil ampara los derechos del comprador ante defectos constructivos. Es importante actuar cuanto antes haciendo reclamaciones formales para dejar constancia de los problemas y los plazos.

NIVELES DE RUIDO Y SUS EFECTOS EN LA SALUD

Decibelios	Efectos en el organismo	Fuentes emisoras de ruido
0-30	No hay.	Pájaros trinando, biblioteca, rumor de hojas de árboles.
30-55	Reacciones psíquicas. Dificultad en conciliar el sueño. Pérdida de calidad del sueño.	Interior de una casa, ordenador personal, conversación normal.
55-75	Dificultad en la comunicación verbal. Probable interrupción del sueño. Comunicación verbal difícil.	Lluvia, interior de un restaurante, ronquidos, aspirador, televisor con volumen alto, camión de la basura.
75-100	Influencias de orden fisiológico en el sistema neurovegetativo. Aumento de las reacciones psíquicas y vegetativas. Peligro de lesión auditiva.	Interior de discotecas, motocicletas sin silenciador, vivienda próxima al aeropuerto, claxon de autobús.
100-130	Lesiones en células nerviosas. Dolor y trastornos graves.	Taladradoras, avión sobrevolando edificio.
140	Umbral del dolor.	Avión despegando a 20 metros.

Ruidos molestos de una cafetería con el aire acondicionado y el extractor de humos estropeados

Vivo en un primer piso y debajo de mi vivienda hay una cafetería con el extractor de cocina y de aire acondicionado estropeados. Los ruidos que se generan llegan hasta el tercer piso, pero, aun así, la comunidad de propietarios no quiere hacer nada al respecto. ¿Están mis vecinos obligados a ayudarme para solucionar este problema de ruidos o debo intentar resolver yo sola el problema? En tal caso, ¿qué pasos he de seguir?

Primeramente, se ha de plantear el problema al presidente y al administrador, instándoles a que soliciten al titular de la cafetería que repare el extractor de cocina y de aire acondicionado. Según el artículo 7 de la Ley de Propiedad Horizontal, un propietario no ha de perjudicar los derechos de otros copropietarios, por lo que está prohibido desarrollar actividades molestas, insalubres, nocivas y peligrosas. Continuando las indicaciones de este mismo artículo, el presidente de la comunidad, a iniciativa propia o de cualquiera de los propietarios, ha de pedir a quien realiza ese tipo de actividades que cesen de inmediato, advirtiéndole que, de lo contrario, se entablarán las acciones judiciales oportunas.

Pero si el administrador y el presidente, especialmente éste último, no solicitan al propietario de la cafetería que repare el extractor y el aire acondicionado, conviene enviar una carta al presidente de la comunidad, instando la convocatoria de una junta extraordinaria en cuyo orden del día figure el problema. El propietario de la cafetería, al igual que el resto de vecinos, ha de ser citado a la junta. En ella se someterá a votación el requerir al propietario del local que repare el extractor y el aire acondicionado.

Si el acuerdo es negativo, cualquier vecino puede presentar denuncia escrita en el Registro General de su Ayuntamiento, reclamando una inspección municipal de la cafetería y de sus instalaciones, para determinar si cumplen o no la normativa pertinente. Será la Administración local la que requiera al titular del local a realizar las reparaciones necesarias si la inspección es negativa.

Un nivel de ruidos superior a lo permitido por ordenanzas municipales afecta a la habitabilidad de las viviendas y los tribunales están condenando a quienes lo generan a abonar indemnizaciones por los daños y perjuicios que ocasionan a los demás. Por otro lado, en este caso, la causa de los ruidos se encuentra en el deficiente estado del extractor de la cocina y del aire acondicionado, lo que puede resultar, no sólo molesto, sino inseguro para la propia cafetería, sus clientes y el inmueble en su conjunto.

Si se dispone de un sistema de calefacción centralizada que emite molestos ruidos, se debe tener en cuenta varias opciones para lograr reducirlos. Si funciona bien y da calor hay que evitar renovar el sistema. Así, y con un ligero mantenimiento, se podrá evitar tener que realizar un gran desembolso.

Lo primero que se ha de comprobar es si las abrazaderas de las tuberías transmiten los ruidos de desagüe a las paredes. Si sucede esto, se deberá soltarlas un poquito e introducir entre la tubería y la abrazadera un trocito de espuma o fieltro.

Asimismo puede haber aire en el circuito de calefacción, por lo que será necesario realizar un purgado de todos los radiadores de la casa. Por último, se ha de tener en cuenta que la responsable de éstos molestos ruidos puede ser una presión insuficiente del agua. Si el sistema de calefacción conforma un circuito cerrado se debe aumentar la presión en la llave de mando. Si por el contrario el circuito es abierto se deberá alzar la cisterna de expansión.

Si siguiendo estos simples consejos no se logra resolver el problema, será necesario consultar a un fontanero para comprobar si se puede seguir manteniendo la vieja caldera o, finalmente, será necesario cambiar la instalación.

Para insonorizar una casa se pueden llenar las estanterías de libros. También está la opción de colocar alfombras y cuadros o usar pintura aislante para amortiguar los ruidos que más molestan en el hogar. Más efectivo aún, aunque un poco menos económico, es construir un falso techo, poner una pared o estantería de pladur o aislar la pared con fibra de lana, madera o corcho.

Truco 1. Utilizar pintura aislante para mitigar los ruidos de casa

Como otros muchos adelantos que ya se usan a diario (los pañales desechables, el termómetro de oído...), la pintura para aislar el ruido fue creada a partir de tecnologías de la NASA (Administración Nacional de la Aeronáutica y del Espacio de EE.UU.). Basa en látex y agua, esta pintura contiene microesferas, resina y filtros que crean una membrana capaz de absorber el sonido y reducirlo en un 30%.

Aislar la vivienda es sencillo, pues basta con coger el rodillo y pintar con ella sobre las paredes (es eficaz incluso sobre pintura ya existente). Además, no tiene mal olor, seca rápido y se limpia con facilidad. Esta pintura antirruidos la comercializan diversas marcas como Silent Running o Serenity. También hay aditivos aislantes para la pintura.

Truco 2. Insonorizar la casa con estanterías repletas de libros

Si los ruidos del vecino son insoportables o si se toca el piano y la guitarra y no se quiere molestar, no hay manera más barata de mitigar el ruido que adosando estanterías (mejor con fondo) a las paredes. Y cuantos más libros tengan, más se amortiguará el sonido. También es muy útil colocar armarios o muebles de pared a pared o llenarlas de espejos o cuadros que actúan como barrera.

Truco 3. Insonorizar con alfombras, cortinas y tapices

Una de las maneras más fáciles de aislar la casa del ruido es colocar moqueta o una alfombra muy gruesa, que sirve de obstáculo para impedir que el sonido traspase y rebote en los suelos. También las cortinas y los tapices de tejidos consistentes como terciopelo, lino muy grueso, pana... ayudan a absorber las ondas sonoras.

Truco 4. Doble acristalamiento para evitar los ruidos de fuera

Para aislar la vivienda del ruido de fuera se puede poner doble acristalamiento. Hay una gran variedad, con distintos niveles de aislamiento, pero los más aconsejables son los vidrios que tienen un espesor mínimo de seis milímetros.

Además, como señala el arquitecto Carlos Sánchez, "las cajas de persiana son un gran puente acústico: dejan pasar mucho ruido del exterior a la vivienda". Para reducirlo, una buena solución sería colocar láminas de material absorbente de sonido en la tapa y, si es posible, en las caras interiores del cajón de la persiana.

Truco 5. Aislar la pared con fibra de lana, corcho o madera

Un poco más elaborado y trabajoso, pero muy efectivo, es cubrir la pared con un material aislante (fibra de lana, corcho...) que después puede ocultarse con paneles de yeso. Los plafones de madera maciza o de virutas también pueden ser útiles aislantes. La única pega de esta medida es que hace perder un poco de espacio (10/20 centímetros), pero el aislamiento que produce lo compensa. En este vídeo se detalla cómo aislar una pared:

Truco 6. Planchas de pladur contra el ruido

Solución parecida a la anterior consiste en realizar paredes o estanterías con placas o planchas de pladur. El pladur puede ser de muy distintas densidades y grosores, aunque cuanta mayor sea la densidad, más aísla. Al decidirse por esta opción hay que tener en cuenta que las paredes o librerías de pladur pueden restar espacio a la habitación. Además, soportan un peso determinado, en general no superior a 15 kilos, por lo que es un factor que hay que considerar al colgar un cuadro o un espejo. Respecto al coste, el precio medio por metro cuadrado puede partir de los 15-20 euros.

Truco 7. Colocar un falso techo

Otra medida efectiva, aunque algo más costosa, es colocar un falso techo que añada una cámara de aire. Como indica el arquitecto Carlos Sánchez, con un falso techo "se reduce de manera notable el ruido que viene de los pisos de arriba, como tacones, movimiento de muebles, etc.". La obra es rápida y limpia.

Las hueveras de cartón no aíslan del ruido

Uno de los mitos más extendidos es que tapar la pared con hueveras de cartón aísla e insonoriza una habitación. ¡Es falso! Las hueveras tienen una forma alveolar que puede favorecer que el sonido, al reflejarse en ellas, se distribuya mejor por la habitación, por lo que mejoran la acústica. Pero no aíslan ni insonorizan. Están hechas a partir de cartón prensado de escasos milímetros de espesor y no es un material que aísle ni que pueda absorber sonido.

La normativa sobre contaminación acústica afecta a cualquier actividad, infraestructura, equipo, maquinaria o comportamiento que la genere. A pesar de las múltiples denuncias tramitadas por los vecinos, el ruido se mantiene como un desagradable compañero de millones de ciudadanos: en el desayuno reciben su particular "buenos días" desde las obras del edificio cercano a su casa, les acompaña por autopistas y carreteras hasta su puesto de trabajo a través de una orquesta de cláxones, gritos e improperios; soportan su estridencia en la oficina donde, en muchas ocasiones, el tono de voz de los compañeros y los sonidos de los cientos de teléfonos apenas permiten concentrarse para, finalmente, despedirse hasta el día siguiente. Aunque, eso sí, no sin el consabido ataque de nervios que causa el ruido de los servicios de limpieza nocturnos aderezados por las notas musicales que, protagonizadas por las bandas de rock, animan el barrio desde los locales nocturnos o alguna vivienda cercana. Hay que tener en cuenta que la Ley del Ruido se aplica en todos los emisores acústicos, es decir que afecta a cualquier actividad, infraestructura, equipo, maquinaria o comportamiento que genere contaminación acústica, pero excluye de su alcance a las actividades domésticas o las relaciones de vecindad, siempre y cuando no excedan los límites tolerables de conformidad con los usos locales.

Antes y después de la Ley del Ruido, los tribunales siempre han tutelado a los ciudadanos frente a las emisiones sonoras y han ordenado el cese de actividades, el precinto de locales, la adopción de medidas correctoras y la indemnización por daños y perjuicios sufridos. El concepto que incluso acuña la jurisprudencia reciente es el de "derecho a ser dejado en paz". Además, en el domicilio, inviolable desde una perspectiva constitucional, las exposiciones prolongadas a unos determinados niveles de ruido, que puedan objetivamente calificarse como evitables e insoportables, merecen protección hacia la intimidad personal y familiar en la medida en que "dificulten el libre desarrollo de la personalidad".

Tanto la vía judicial civil como la vía administrativa, e incluso en algunos casos, la penal, son válidas para encauzar la reclamación. Ante la emisión de ruidos procedentes de bares, discotecas o zonas de copas situadas en el propio edificio o edificios colindantes, de obras públicas y ruidos en fábricas cercanas u otros edificios en obras, el siguiente paso es realizar una denuncia administrativa ante el Ayuntamiento. Aunque la resolución final puede pasar tanto por vía administrativa o contencioso-administrativa, como por vía judicial civil, las molestias intolerables y daños por ruidos originados por los propios vecinos se solucionan en la vía judicial civil de acuerdo a la ley de propiedad horizontal y la de arrendamientos urbanos. ¿hay que acudir al Ayuntamiento?

Sí. Esta es la vía administrativa apropiada por ruidos de bares, discotecas, obras, u otras actividades, aunque uno de los problemas más graves para los afectados ha sido la permisividad y la inactividad municipal frente a este problema. Aun así, el primer paso debe ser un escrito dirigido al Ayuntamiento, en el que se exponga la causa del ruido, propietario o responsable del mismo, las horas en las que se produce, personas afectadas y perjuicios causados. Otra opción es acudir, sobre todo en caso de urgencia, directamente a la Policía Municipal para que visite el lugar.

Es el organismo competente para atajar estas cuestiones, es el responsable de velar por el cumplimiento de las normas ambientales que protegen el silencio y la tranquilidad. Por ello puede enviar técnicos inspectores e imponer medidas correctoras y sanciones que van desde la multa dineraria a la revocación de la licencia de actividades, la clausura de las instalaciones, temporal o definitiva, y el precintado de equipos y máquinas. A través de las ordenanzas municipales, los ayuntamientos tienen encomendado el ámbito "doméstico" o vecinal de protección de los ciudadanos y deben actuar para defender una convivencia tranquila. No siempre lo han logrado y, en tales casos, se abre la posibilidad de reclamar a la Administración municipal su responsabilidad patrimonial. En cualquier caso, la persona afectada debe estar atenta y si no tiene noticias en el plazo de tres meses desde el inicio del expediente, puede presentar un recurso contencioso administrativo.

La Ley de Propiedad horizontal prohíbe, tanto a propietarios como a inquilinos, desarrollar en su piso o local actividades que resulten dañinas para la finca o que contravengan las disposiciones generales sobre actividades molestas, insalubres, nocivas, peligrosas o ilícitas. Los pasos a dar son los siguientes:

El presidente, a iniciativa propia o de otro propietario u ocupante, requerirá por escrito fehaciente (buro fax certificado, por ejemplo) al vecino el cese inmediato de las actividades molestas, y le informará que, de lo contrario, la comunidad iniciará acciones judiciales.

Si el infractor persiste en su conducta, se convocará a la Junta de propietarios para autorizar al presidente el inicio de una acción judicial de cesación.

La demanda puede ir acompañada de la solicitud de medidas cautelares y solicitar, junto con la cesación de las molestias o de la actividad que las genera, una indemnización de daños y perjuicios.

Un propietario afectado también puede acudir a los Tribunales por su cuenta y solicitar una indemnización de daños y perjuicios y el cese de los ruidos, alegando ejercicio antisocial del derecho, la protección del derecho a la intimidad, etc.

Además de solicitar el cese de los ruidos y la adopción de medidas que lo eviten, es posible reclamar una indemnización bajo la cobertura del daño moral. Se puede englobar ahí toda la gama de sufrimientos y dolores físicos o psíquicos padecidos. La indemnización al perjudicado procede en estos casos de lo que marca la jurisprudencia. Aunque son de difícil cuantificación económica, al final los tribunales las valoran, aunque la Ley del Ruido no especifique nada al respecto. La jurisprudencia se ha referido al sufrimiento psíquico, la zozobra, ansiedad, angustias, sensación anímica de inquietud, pesadumbre, temor, impacto emocional, etc. En lo que se refiere a las relaciones vecinales, el Tribunal Supremo ha considerado como daño moral el ataque al sosiego y al legítimo disfrute en paz de la vivienda.

El ruido del ascensor no deja dormir

Resido en una vivienda de protección oficial en Vitoria. A resultas de los molestos e incómodos ruidos provenientes del ascensor que no nos dejan dormir, presenté denuncia en el Gobierno Vasco y en el Ayuntamiento de Vitoria. Los ruidos son molestos y me producen alteraciones nerviosas. Después de las mediciones oportunas, el Gobierno Vasco me ha comunicado que la normativa sobre condiciones acústicas en los edificios como el mío tan sólo habla de valores recomendados, por lo que, aunque ha quedado probado que el nivel de ruido está muy por encima de dichos valores recomendados, no pasan de ser eso, valores recomendados. Y archivan las actuaciones. ¿Esto significa que no puedo hacer nada?.

Dice la legislación de Viviendas de Protección Oficial (VPO) que si en el transcurso de cinco años desde la calificación definitiva se manifestasen vicios o defectos en la construcción que hiciesen necesarias obras de reparación, podrá imponerse su ejecución al promotor o realizarlas a su costa. En este caso, el plazo para recurrir la resolución administrativa ha vencido así que recomendamos olvidar la vía administrativa y pensar en buscar abogado y en los tribunales civiles. Desde un punto de vista civil, el vendedor tiene obligación de entregar la vivienda en las condiciones de habitabilidad adecuadas a un régimen de calidad de vida mínimo.

Es decir, el vendedor debe entregar la vivienda al comprador en condiciones de plena utilidad, siendo "exigible la condición o cualidad elemental del descanso reparador, perturbado por los ruidos y vibraciones" (sentencia del Tribunal Supremo de 10 de marzo de 1993). Hay que requerir al promotor-vendedor a realizar las obras conducentes a la eliminación de los ruidos. Si no responde, parece conveniente acudir a los tribunales. Como posiblemente este problema afecte a más vecinos y, en todo caso, como se trata de un defecto de un elemento común de la comunidad, se puede plantear el asunto al administrador para que sea tratado en la Junta de Propietarios. No se podrá efectuar una demanda basándose en los vicios ocultos (artículos 1.484 y siguientes del Código Civil) por haber caducado ya el plazo de seis meses para ello. Deberán elegirse otras vías: responsabilidad por vicios en concepto de ruina, incumplimiento de contrato de compraventa, etc.

Ruidos provenientes de una fábrica

Una familia venía soportando en su domicilio ruidos excesivos y molestos, emitidos por una fábrica de congelados, muy cercana, que se mantenía en funcionamiento las 24 horas del día. Reclamaron infructuosamente ante el Ayuntamiento de Alguazas (Murcia), exigiendo que se cumplieran las normas sobre ruidos y actividades molestas. Presentaron una queja ante el Defensor del Pueblo, al que informaron de sus infructuosas gestiones ante el ayuntamiento de su pueblo.

Demandaron a la fábrica de congelados y al ayuntamiento, solicitando una indemnización por los perjuicios derivados de la inhabitabilidad de su vivienda a consecuencia de los ruidos y molestias. La Audiencia Provincial de Murcia, en sentencia del 24 de mayo de 1997, da la razón a esta familia y decreta una indemnización por daños morales equivalente a la renta mensual que tuvieron que pagar al tener que alquilar otra vivienda desde 1991, y otra indemnización por pérdida del domicilio de 17 millones de pesetas, más intereses, a cambio de su vivienda.

Tema 19. Las obligaciones vecinales en la recogida de basuras

Ni una derrama demasiado elevada, ni la conveniencia de renovar o no el ascensor o pintar de nuevo la fachada suscitan tantas discusiones entre vecinos como la basura. ¿Colocada en el pasillo a la puerta de casa, o en contenedores? ¿Pagar a una persona para que realice la labor de recogida, o que cada vecino la deposite en el lugar dispuesto para ello en la calle? Los criterios de recogida de basuras vienen determinados por las ordenanzas municipales de cada localidad y comunidad autónoma, documentos en los que se especifica el sistema de recogida, el lugar, y los horarios para depositarlas. Pero, además, cada comunidad de propietarios se rige por unas normas internas que todo vecino debe respetar.

Las obligaciones de quienes habitan en un inmueble respecto a la retirada de la basura del inmueble están establecidas por la Junta de Propietarios, que es el órgano que marca las bases y obligaciones de una comunidad de vecinos. Entre otras cosas, se encarga de la modificación de los estatutos, la aprobación del reglamento de régimen interior, el nombramiento y remoción de los cargos de la comunidad, la aprobación del presupuesto anual y la liquidación de cuentas, la aprobación de los presupuestos de ejecución de las obras de reparación de la finca (sean ordinarias o extraordinarias) y otros acuerdos de interés general, entre los que se encuentra la recogida de basuras.

Los deberes básicos

En líneas generales, según la Ley de Propiedad Horizontal, si un vecino realiza una actividad en la calle que pueda generar residuos, es su obligación recogerlos y limpiar la zona ensuciada. Por otra parte, según esta normativa:

Se debe bajar la basura a la calle

Las bolsas que contienen la basura deben estar cerradas

Hay que depositarlas en el contenedor en horario nocturno

Cuando lo que se desea tirar son muebles o electrodomésticos viejos, cada ciudad tiene establecidos una serie de días en los que es posible bajarlos a la calle para que sean retirados por los servicios del Ayuntamiento.

Según la Ley de Propiedad Horizontal se debe bajar la basura a la calle, en bolsas cerradas, y depositarlas en el contenedor en horario nocturno

En algunas comunidades de propietarios la función de la recogida de basuras de cada domicilio recae en el portero o el conserje de la finca. El cumplimiento de la ordenanza municipal "se ajustará a los criterios que marca la norma de la comunidad, con la diferencia de que en lugar de hacerlo cada vecino de forma individual lo haga el portero de la finca, a nivel colectivo", según señala el asesor jurídico del Colegio de Administradores de Fincas de Barcelona y Lérida. El trabajador está en su obligación de trasladar los cubos colectivos de basura del inmueble hasta el lugar destinado por las ordenanzas municipales para su retirada por sus servicios; no así la recogida de cubos, bolsas o recipientes de cada piso.

El trabajador de la finca percibe un complemento de basuras que se abona por los servicios realmente prestados en cómputo anual, prorrateándose en once mensualidades iguales. Según el convenio que regula las tareas de tales trabajadores, se acuerda que este complemento se percibirá siempre y cuando el trabajo se realice desde la puerta de la vivienda de los propietarios. Dicho servicio debe hacerse dentro de la jornada estipulada por este convenio. Durante el periodo vacacional, dicho suplemento se abonará al trabajador en el supuesto de que no sea sustituido por otro. Si, por el contrario, hay un sustituto, la cantidad se le abonará a la persona que realice dicho trabajo.

Hacia la sostenibilidad

Con el recalentamiento del planeta y la contaminación general, es necesario tomar conciencia social y reciclar de una manera correcta la basura. Hay algunos edificios de obra nueva que están en línea con los últimos desarrollos en sostenibilidad, y ya tienen cubos y sistemas especiales para que los vecinos separen los residuos de forma automática. Pero la separación de las basuras está relacionada no tanto con si la comunidad es de obra nueva o posee sistemas de recogida sofisticados, sino con un problema de cultura y de conciencia social de los vecinos de la comunidad sobre la necesidad de separar los residuos en el domicilio y depositarla en el sitio adecuado.

El sistema es fácil. Actualmente, hay cubos que distinguen la basura orgánica del papel y el vidrio, tanto para uso doméstico (como en Barcelona, cuyo Ayuntamiento facilita bolsas de color azules, verdes y amarillas) como industrial (como en el caso de los aeropuertos). También los ayuntamientos proporcionan, a través de sus Juntas de Distrito, cubos de basura grises y amarillos a todas las nuevas comunidades que así lo soliciten y, dependiendo del número de habitantes de la zona o distrito, suelen instalar puntos limpios (depósitos de reciclaje de vidrio y cartón).

Las sanciones

Las sanciones por responsabilidad en la falta de los cubos adecuados para tirar la basura reciclada dependen de cada comunidad autónoma, tomando como referencia a la Comunidad de Madrid, la responsabilidad es colectiva, es decir, de la comunidad de propietarios, y las denuncias podrán ir contra ésta, o en su defecto, contra el presidente de la misma. Las infracciones podrán ser:

Leves: Se refiere a la falta de cuidado de los cubos normalizados, a retirarlos fuera del tiempo establecido... Podrán ser sancionadas, independientemente de las responsabilidades penales o civiles correspondientes, con 60 euros.

Graves: Se incluyen acciones como el hecho de abandonar muebles o enseres en la vía pública, cambiar el aceite del coche en plena calle..., y podrán ser sancionadas con multas de 60 a 90 euros.

En nuestro país se generan millones de toneladas de residuos sólidos urbanos, lo que significa que cada ciudadano produce 400 kilos de basura al año, más de un kilo al día. Convertir esos desechos urbanos en energía es factible. Sin embargo, constituye una de las opciones más complejas de energía renovable, debido a la variedad de materiales orgánicos y a la multitud de procesos de conversión que existen. El proceso consiste en transformar materia orgánica como residuos agrícolas e industriales, desperdicios varios, aguas negras, residuos municipales, residuos ganaderos, troncos de árbol o restos de cosechas en energía calórica o eléctrica. No obstante, aunque se trate de una energía renovable, no es exactamente una energía limpia, ya que la combustión de esta biomasa emite componentes químicos que perjudican las condiciones naturales de la atmósfera.

Detractores y defensores de su potenciación coinciden en que al menos supone un puente intermedio para alcanzar una producción energética basada en métodos limpios y renovables al cien por cien. También afirman que es quizá la opción en la que más pueden intervenir los ciudadanos de a pie, ya que en muchos casos depende de ellos el que los desechos puedan ser aprovechados en la combustión. Por ello, se insiste en la necesidad de popularizar el hábito de distinguir en tres grupos la basura: la orgánica, el vidrio y el cartón. Minimizar el consumo de materias primas como envases o separar de manera selectiva los materiales son acciones que cualquiera puede aportar a la gestión de desperdicios urbanos, para así aprovecharlos en la obtención de energía.

Conversión termoquímica y biológica

La conversión termoquímica utiliza vegetales y desechos orgánicos para producir calor mediante la combustión. Hay varias modalidades: pirólisis (descomposición térmica de materiales que contienen carbono cuando no hay oxígeno), hidrogenación (se obtienen hidrocarburos de desechos orgánicos), hidrogasificación (el estiércol se convierte en metano y etano, al someterlo a presiones elevadas), y finalmente, fermentación y destilación (se obtiene alcohol a partir de granos y de desechos vegetales).

En la conversión biológica se aprovecha el calor que se obtiene de la descomposición de las bacterias aeróbicas (las que requieren oxígeno). Dos claros ejemplos son el tratamiento de aguas negras y de fertilizantes que, sometidos a un proceso de descomposición, producen gas combustible gracias a la digestión anaeróbica.

Ejemplo experimental en Uruguay

En un gran vertedero de basura de Montevideo se instaló una planta procesadora. Se cavaron en el suelo grandes fosas subterráneas que fueron rellenadas con residuos fecales y cubiertos con arcilla, aislante natural. En la primera fosa o celda se vertieron 80.000 toneladas de estos residuos. Este dispositivo, que produce energía a partir de los gases que libera la descomposición de la basura orgánica, se encuentra en su fase inicial, pero se prevé que genere un megavatio de potencia durante 20 años. Así, tendría la capacidad de alimentar 10.000 picos de luz de 100 watios encendidos las 24 horas del día durante 20 años o el consumo promedio de 300 hogares.

El proceso de descomposición de la basura tarda entre seis meses y un año en iniciarse, pero después desprende gas permanentemente durante 20 años

Plásticos: El 14% del contenido de una bolsa de basura se compone de plásticos. Son en su mayoría envases de un solo uso y todo tipo de envoltorios y embalajes (botellas de PVC o PET, bolsas de polietileno, bandejas y cajas protectoras de corcho blanco...). Si se entierran en un vertedero, ocupan mucho espacio y requieren décadas y hasta milenios para degradarse. Si se opta por incinerarlos, originan emisiones de CO_2, sustancia que contribuye al cambio climático, además de otros contaminantes atmosféricos muy peligrosos para la salud y el medio ambiente. El PVC es uno de los plásticos de uso más generalizado. Puede producir una elevada contaminación en su fabricación, y si tras su uso se incinera, genera sustancias tóxicas como dioxinas y furanos. Hay que recordar que los plásticos se fabrican a partir del petróleo. Por ello, al consumir plásticos, además de colaborar al agotamiento de un recurso no renovable, se potencia la enorme contaminación que origina la obtención y transporte del petróleo y su transformación en plástico.

Briks: Envases normalmente rectangulares, fabricados con finas capas de celulosa, aluminio y plástico (polietileno). Se utilizan para envasar refrescos, zumos, agua, vinos, salsas, productos lácteos y otros líquidos, ya que conservan bien los alimentos, y su peso y forma facilitan el almacenaje y transporte. Para elaborarlos se requieren materias primas no renovables y consumidoras de energía: el aluminio y el petróleo. Por la dificultad de separar el plástico y el aluminio no se pueden reciclar para producir nuevos briks. En Madrid tan sólo se recuperan el 0,28%, con los que se fabrican objetos de poco valor.

Latas: Los metales representan el 11,7% del peso de los residuos sólidos urbanos y el 4,2% de su volumen lo constituyen las latas. Fabricadas de hierro, zinc, hojalata y, sobre todo, aluminio, se han convertido en un auténtico problema al generalizarse su empleo como envase de un solo uso. El aluminio se elabora a partir de la bauxita, un recurso no renovable cuya extracción está acabando con miles de kilómetros cuadrados de selva amazónica.

Vidrios: Su dureza y estabilidad han favorecido que el vidrio se emplee para la conservación de líquidos o sólidos, el menaje del hogar, el aislamiento, etc. No necesita incorporar aditivos, por lo que no se alteran las sustancias que envasa, es resistente a la corrosión y a la oxidación, muy impermeable para los gases... El problema de este material radica en que se han generalizado los envases de vidrio no retornables, a pesar de que los recipientes de vidrio se podrían utilizar hasta 40 ó 50 veces, si antes no se rompen. Los envases de vidrio se pueden reciclar al 100%, pero ese proceso también gasta energía y contamina.

Pilas: Presentan un elevado potencial contaminante, debido sobre todo al mercurio y otros metales pesados que contienen (especialmente la mayoría de las pilas-botón). Una sola de estas pilas puede contaminar hasta 600.000 litros de agua. Las pilas convencionales, si bien no son tan dañinas, tampoco resultan inocuas para el medio ambiente.

Papel y el cartón: Son innumerables los objetos de consumo cotidiano empaquetados con papel o cartón, por lo que estos materiales representan el 20% del peso y un tercio del volumen de nuestra bolsa de basura. Aunque se reciclan en buena parte y fácilmente, la demanda creciente de papel y cartón obliga a fabricar más pasta de celulosa, lo que provoca la tala indiscriminada de millones de árboles. Además, se han impulsado las plantaciones de especies de crecimiento rápido como el eucalipto o el pino, en detrimento de los bosques autóctonos, y ha aumentado la contaminación asociada a la industria papelera. Y conviene recordar que no todo el papel puede ser reciclado: el plastificado, adhesivo, encerado o el de fax no son aptos para su posterior reciclaje.

Desechos orgánicos urbanos, energía del futuro

El ejemplo más conocido de utilización de la biomasa es la madera: la fuente de energía más antigua que conoce la humanidad. La madera se compone de celulosa y lignina, así como de almidón, bálsamos, alcohol etílico, alcanfor, colorantes, taninos, perfumes y resinas. Para producir calor durante la combustión de la madera se requiere oxígeno y se libera dióxido de carbono.

Los desechos orgánicos de las grandes urbes, como los componentes orgánicos de la basura, pueden utilizarse para generar energía eléctrica que pase a formar parte del sistema eléctrico global, pero también sirven como productor de energético doméstico directo, ya que en su descomposición produce el gas metano que se puede distribuir por las canalizaciones. Según la FAO (Organización de las Naciones Unidas para la Agricultura y la Alimentación), está será una de las principales fuentes de energía del futuro, ya que estima que podrá utilizarse entre otras, para el transporte. Aunque también señala que su uso lo determinará la pura necesidad, porque se agotarán los combustibles fósiles.

La basura generada como consumidores en las ciudades es un problema para el medio ambiente, la salud y la economía que va en aumento. La toma de conciencia es el primer paso para reducir la producción de residuos y asumir diversas pautas con el objetivo de llegar al residuo cero. El "usar y tirar" se ha vuelto común entre los consumidores y, por ello, una pesadilla ambiental que origina toneladas de residuos. Salvo para cuestiones puntuales y realmente necesarias, este hábito se debería sustituir por la reutilización de envases y productos. Al alargar su vida útil, se consigue una reducción de residuos y un ahorro para el bolsillo. Las formas de lograrlo son muy diversas: bolsas de tela -y no de plástico de un solo uso-, envases reutilizables para conservar alimentos o comprar a granel, botellas de vidrio para guardar y servir el agua, jarras de agua en restaurantes en lugar de la embotellada, trapos de tela en vez de papel de cocina, baterías recargables, etc.

Separar los diferentes residuos más habituales para reciclarlos en los distintos contenedores supone un pequeño esfuerzo, pero ofrece grandes beneficios: evita llenar los vertederos y la extracción de nuevas materias primas, reduce el consumo de energía y la emisión de gases de efecto invernadero, causantes del cambio climático, y permite crear nuevos productos de manera más económica y ecológica.

El compostaje es un tipo de reciclaje menos conocido pero muy útil, que transforma la basura orgánica en un material capaz de enriquecer plantas y cosechas o de luchar contra la contaminación. Un sencillo contenedor, unos cuantos consejos y un poco de paciencia son suficientes para conseguirlo en casa.

Un tercio de la producción alimentaria mundial para consumo humano, más de 1.000 millones de toneladas, se pierde o se desecha, con un coste de más de 550.000 millones de euros, según la Organización de Naciones Unidas para la Alimentación y la Agricultura (FAO). Diversas medidas pueden reducir el desperdicio de alimentos y su impacto en el medio ambiente: organizar bien las compras o programar el consumo de alimentos para que no se estropeen; mejorar la cadena productiva; apoyar a los productores locales para que logren una gestión sostenible; no fijar como prioridad la apariencia de los alimentos; reducir los modelos de consumo que incitan al derroche, como los restaurantes de bufé libre, etc.

Los bienes de consumo en la actualidad parecen más bien "males", a juzgar por la creciente rapidez con la que nos deshacemos de ellos. La obsolescencia, ya sea programada o acelerada por un ritmo de consumo en aumento, conlleva la generación de grandes cantidades de basura con productos que muchas veces podrían seguir en funcionamiento. Los ciudadanos pueden cuidar los productos y arreglarlos para que tengan una vida útil mayor. Cada vez más gente se anima a ello e incluso se organizan para conseguirlo, como los movimientos "maker" o "fixer".

Si tengo un taladro y lo utilizo muy poco, ¿por qué no compartirlo o intercambiarlo con otras personas? Este ejemplo yace sobre la base del consumo colaborativo, que propugna compartir, reutilizar y redistribuir los productos, en vez de comprarlos para uso exclusivo. Los ciudadanos ahorran dinero y, de paso, hacen un empleo más sostenible y eficiente de los recursos. El listado de iniciativas es cada vez mayor en una tendencia que parece imparable.

Los consumidores son la base, pero para lograr el éxito en la reducción de residuos, el resto de actores sociales, instituciones y empresas también deben implicarse. Las personas pueden reclamar a sus representantes políticos que pongan en marcha más y mejores iniciativas, como el objetivo de lograr ciudades de "basura cero" o la implantación de medidas para una economía circular. Si las compañías ven que sus clientes demandan más productos sostenibles, aplicarán políticas de fabricación más ecológicas, como con el uso del "ecodiseño".

La gestión inadecuada de la basura es un gran problema global para la salud, la economía y el medio ambiente. La gestión sostenible de la basura mejora el medio ambiente y la economía de las urbes. El informe de la UNEP y la ISWA indica los beneficios de una gestión sostenible de los residuos: ahorro público (la falta de sistemas adecuados cuesta a los países entre cinco y diez veces más que las inversiones necesarias), enormes reducciones de gases de efecto invernadero (GEI) implicadas en el cambio climático, creación de millones de empleos verdes y beneficios económicos estimados en cientos de miles de millones de dólares.

Tema 20. Deterioros en fachadas y tejados de las viviendas

Deterioros en fachadas y tejados de las viviendas

La urbanización en la vivo presenta graves deterioros en sus elementos comunes, indicándonos el Ayuntamiento la amenaza constante de desprendimientos de los tejados, aleros, cornisas, etc. En Junta Extraordinaria de Propietarios se aprobó por mayoría solicitar un proyecto de todas las obras que debieran acometerse. La firma de ingeniería contratada presentó un estudio para la rehabilitación de fachadas con un presupuesto. A su vez, la empresa ofreció la posibilidad de colocar unas losetas con el fin de mejorar las condiciones térmicas del edificio, por un importe notablemente superior al otro presupuesto. La Junta indica que es obligación de todos los propietarios el pago del proyecto y de la ejecución de las obras por haberse aprobado por mayoría. Mis preguntas son las siguientes: ¿estoy obligado a pagar, a pesar de que el proyecto no recoge el estudio de la totalidad de lo solicitado? ¿estoy obligado a pagar por la ejecución de la obra, cuando altera la estructura del edificio? ¿cómo obligar a la junta a ejecutar con urgencia las obras necesarias para la reparación total de nuestros elementos comunes?

En Junta Extraordinaria se aprobó por mayoría solicitar un proyecto de obras de reparación, y se deduce de la carta, que una vez presentado este estudio en una segunda Junta fue aprobado también por mayoría el proyecto en su totalidad, además del presupuesto global y la obligación de todos los vecinos de contribuir económicamente.

La obra de reparación de la fachada es necesaria y urgente; por lo que entendemos que el acuerdo de la mayoría es válido y vinculante para todos y estaría obligado a pagar el lector su cuota en el proyecto y obra. La otra parte del acuerdo es la aprobación de una segunda obra de aislamiento térmico de la fachada, que no es una obra de reparación necesaria, sino una innovación que afecta a un elemento común y que altera la estructura del edificio. Esta segunda obra debería ser aprobada por unanimidad y el remitente podría impugnar judicialmente el acuerdo en el plazo de 30 días. Si no lo impugna, el acuerdo será válido. La tercera parte del problema es la inactividad de la comunidad frente al resto de obras de reparación necesarias y urgentes.

Al respecto, el artículo 18 de la Ley de Propiedad Horizontal indica que corresponde al Administrador disponer de las reparaciones ordinarias y adoptar las medidas urgentes en cuanto a reparaciones extraordinarias, dando cuenta a la Junta. Si continuase la inactividad del Administrador y del Presidente, es aconsejable ponerlo en conocimiento del Ayuntamiento con el fin de que se ordene a la comunidad la realización de las obras. Si se convocase Junta y no se adoptasen las medidas necesarias, se podría recurrir a la autoridad judicial para que determine lo que es necesario para dar urgente remedio a la situación del edificio. En todo caso, la demora de la mayoría para aprobar la realización de obras necesarias y urgentes es un abuso de derecho.

Ley 49/1960, de 21 de julio, de Propiedad Horizontal

Artículo 18

1. Los acuerdos de la Junta de Propietarios serán impugnables ante los tribunales de conformidad con lo establecido en la legislación procesal general, en los siguientes supuestos:

> a) Cuando sean contrarios a la ley o a los estatutos de la comunidad de propietarios.

> b) Cuando resulten gravemente lesivos para los intereses de la propia comunidad en beneficio de uno o varios propietarios.

c) Cuando supongan un grave perjuicio para algún propietario que no tenga obligación jurídica de soportarlo o se hayan adoptado con abuso de derecho.

2. Estarán legitimados para la impugnación de estos acuerdos los propietarios que hubiesen salvado su voto en la Junta, los ausentes por cualquier causa y los que indebidamente hubiesen sido privados de su derecho de voto. Para impugnar los acuerdos de la Junta el propietario deberá estar al corriente en el pago de la totalidad de las deudas vencidas con la comunidad o proceder previamente a la consignación judicial de las mismas. Esta regla no será de aplicación para la impugnación de los acuerdos de la Junta relativos al establecimiento o alteración de las cuotas de participación a que se refiere el artículo 9 entre los propietarios.

3. La acción caducará a los tres meses de adoptarse el acuerdo por la Junta de propietarios, salvo que se trate de actos contrarios a la ley o a los estatutos, en cuyo caso la acción caducará al año. Para los propietarios ausentes dicho plazo se computará a partir de la comunicación del acuerdo conforme al procedimiento establecido en el artículo 9.

4. La impugnación de los acuerdos de la Junta no suspenderá su ejecución, salvo que el juez así lo disponga con carácter cautelar, a solicitud del demandante, oída la comunidad de propietarios.

Artículo 18 redactado por Ley 8/1999, 6 abril («B.O.E.» 8 abril), de Reforma de la Ley 49/1960, 21 julio, sobre Propiedad Horizontal.

Tema 21. Defectos de construcción en la vivienda nueva: cómo reclamar

El comprador recuperará el dinero que adelante siempre que la construcción de la vivienda no se inicie en el plazo estipulado, no se entregue en plazo o el Ayuntamiento no conceda los permisos de habitabilidad.

La crisis del sector de la construcción que vive nuestro país ha convertido en habitual la paralización o la suspensión de obras de vivienda por la falta de financiación o los problemas económicos de las promotoras. Muchas de esas obras tenían ya sus compradores, que habían depositado una cantidad en forma de anticipo sobre plano. Esos adelantos se ingresan en una cuenta específica del promotor, independiente de cualquier otra, a la que recurrirá para cubrir los gastos propios de la obra. Éste es el único destino legal de los anticipos a cuenta, un dinero cuya devolución está garantizada a través del contrato de seguro de caución o por avales si, al final, la vivienda no se construye o no se realiza en el plazo acordado. La póliza o el aval tienen, en principio, carácter colectivo para el edificio, pero el avalista o asegurador emitirá certificados individuales a nombre de cada beneficiario o comprador. Estos mecanismos, instaurados en nuestro ordenamiento legal desde el año 68, protegen al consumidor y le permiten recuperar el dinero adelantado si la compra final no llega a buen término.

La Ley 38/1999, de 5 de noviembre, de Ordenación de la Edificación establece los mecanismos que aseguran la devolución de los pagos, no sólo en caso de que quiebre el promotor, sino ante situaciones tan habituales como largas demoras en la entrega o la imposibilidad de construir por problemas relacionados con cuestiones urbanísticas. Otra referencia es el Real Decreto 515/1989, de 21 de abril, sobre protección de los consumidores en referencia a la información a suministrar en la compraventa y arrendamiento de viviendas. Esta norma recuerda la obligación del promotor/vendedor de proporcionar al comprador una copia de los documentos en los que se formalizan las garantías entregadas a cuenta según la Ley 57/1968, junto con información detallada del precio de venta, forma de pago, medios de pago admisibles y posibles subrogaciones en créditos hipotecarios.

Real Decreto 515/1989, de 21 de abril, sobre protección de los consumidores en cuanto a la información a suministrar en la compra-venta y arrendamiento de viviendas.

Artículo 1.º

1. El presente Real Decreto es de aplicación a la oferta, promoción y publicidad que se realice para la venta o arrendamiento de viviendas que se efectúe en el marco de una actividad empresarial o profesional, siempre que aquellos actos vayan dirigidos a consumidores, conforme a los términos del

artículo primero, apartados 2 y 3, de la Ley 26/1984, de 19 de julio, General para la Defensa de los Consumidores y Usuarios.

A los efectos de este Real Decreto se consideran arrendamientos los que se hallan sujetos a la Ley de Arrendamientos Urbanos.

2. Este Real Decreto no será de aplicación a las ventas que se efectúen mediante subasta pública, judicial o administrativa.

Artículo 2.º

Sin perjuicio del cumplimiento de la Ley 34/1988, de 11 de noviembre, General de Publicidad, toda oferta, promoción y publicidad dirigida a la venta o arrendamiento de viviendas se ajustará a las verdaderas características, condiciones y utilidad de la vivienda expresando siempre si la misma se encuentra en construcción o si la edificación ha concluido.

Artículo 3.º

1. La oferta, promoción y publicidad dirigida a la venta o arrendamiento de viviendas se hará de manera que no induzca ni pueda inducir a error a sus destinatarios, de modo tal que afecte a su comportamiento económico, y no silenciará datos fundamentales de los objetos de la misma.

2. Los datos, características y condiciones relativas a la construcción de la vivienda, a su ubicación, servicios e instalaciones, adquisición, utilización y pago que se incluyan en

la oferta, promoción y publicidad serán exigibles aun cuando no figuren expresamente en el contrato celebrado.

Artículo 4.°

Quienes realicen las actividades sujetas a este Real Decreto deberán tener a disposición del público, y en su caso, de las autoridades competentes, la información siguiente:

1. El nombre o razón social, domicilio y, en su caso, los datos de la inscripción en el Registro Mercantil, del vendedor o arrendador.

2. Plano general del emplazamiento de la vivienda y plano de la vivienda misma, así como descripción y trazado de las redes eléctrica, de agua, gas y calefacción y garantías de las mismas, y de las medidas de seguridad contra incendios con que cuente el inmueble.

3. Descripción de la vivienda con expresión de su superficie útil, y descripción general del edificio en el que se encuentra, de las zonas comunes y de los servicios accesorios.

4. Referencia a los materiales empleados en la construcción de la vivienda, incluidos los aislamientos térmicos y acústicos, y del edificio y zonas comunes y servicios accesorios.

5. Instrucciones sobre el uso y conservación de las instalaciones que exijan algún tipo de actuación o conocimiento especial y sobre evacuación del inmueble en caso de emergencia.

6. Datos identificadores de la inscripción del inmueble en el Registro de la Propiedad o expresión de no hallarse inscrito en el mismo.

7. Precio total o renta de la vivienda y servicios accesorios y forma de pago.

Artículo 5.°

1. Cuando se promocionen viviendas para su venta se tendrá a disposición del público o de las autoridades competentes, además:

1. Copia de las autorizaciones legalmente exigidas para la construcción de la vivienda y de la cédula urbanística o certificación acreditativa de las circunstancias urbanísticas de la finca, con referencia al cumplimiento de las operaciones reparcelatorios o compensatorias, así como de la licencia o acto equivalente para la utilización u ocupación de la vivienda, zonas comunes y servicios accesorios.

2. Estatutos y normas de funcionamiento de la Comunidad de Propietarios, en su caso, así como información de los contratos de servicios y suministros de la comunidad.

Si la Comunidad de Propietarios ya está funcionando se facilitará un extracto de cuentas y obligaciones de la vivienda objeto de la venta.

3. Información en cuanto al pago de los tributos de todas clases que graven la propiedad o utilización de la vivienda.

4. Forma en que está previsto documentar el contrato con sus condiciones generales y especiales, haciendo constar de modo especialmente legible lo siguiente:

a) Que el consumidor no soportará los gastos derivados de la titulación que correspondan legalmente al vendedor.

b) Los artículos 1.280, 1.º y 1.279 del Código Civil.

c) El derecho a la elección de Notario que corresponde al consumidor, sin que éste pueda imponer Notario que, por su competencia territorial carezca de conexión razonable con alguno de los elementos personales o reales del negocio.

5. En el caso de que la vivienda o las zonas comunes o elementos accesorios no se encuentren totalmente edificados se hará constar con toda claridad la fecha de entrega y la fase en que en cada momento se encuentra la edificación.

6. Cuando se trate de primera transmisión se indicará el nombre y domicilio del Arquitecto y el nombre o razón social y domicilio del constructor.

Artículo 6.º

1. La información será especialmente detallada y clara en cuanto al precio de venta, debiéndose tener a disposición del público y de las autoridades competentes una nota explicativa que contendrá los siguientes datos:

1.º Precio total de la venta, que se entenderá, que incluyen en su caso, los honorarios de Agente y el IVA, si la venta se halla sujeta a este impuesto. En otro caso se indicará la cuota que corresponda por el Impuesto de Transmisiones Patrimoniales y Actos Jurídicos Documentados.

2.º Forma de pago.–En el caso de preverse aplazamientos se indicará el tipo de interés aplicable y las cantidades que corresponderá abonar por principal e intereses y fecha de vencimiento de unos y otros.

3.º Medios de pago admisibles para las cantidades aplazadas.

4.º Si se prevé la subrogación del consumidor en alguna operación de crédito no concertada por él, con garantía real sobre la propia vivienda se indicará con claridad el Notario autorizante de la correspondiente escritura, fecha de esta, datos de su inscripción en el Registro de la Propiedad y la responsabilidad hipotecaria que corresponde a cada vivienda, con expresión de vencimientos y cantidades.

5.º Garantías que deberá constituir el comprador por el precio o la parte de él, aplazado.

2. En la nota explicativa se hará constar que del importe total de la venta se deducirá cualquier cantidad entregada a cuenta por el adquirente o por cuenta del adquirente antes de la formalización de la operación.

Artículo 7.º

En el caso de que la vivienda no se encuentre totalmente terminada se deberá tener a disposición del público y de las autoridades competentes copia del documento o documentos en los que se formalizan las garantías entregadas a cuenta según la Ley 57/1968, de 27 de julio.

Artículo 8.º

Cuando se entreguen folletos o documentos similares se harán constar siempre en los mismos, al menos, los datos sobre ubicación y los contenidos en los números 1, 3, 4, 6 y 7 del artículo cuarto y los de los artículos 6.º y 7.º, con indicación del período de validez que tienen las menciones expresadas. También se harán constar los lugares en los que se encuentra a disposición del público, la información a que se refieren los artículos anteriores.

Artículo 9.º

A la firma del contrato todo adquirente de vivienda comprendido en el ámbito de aplicación del presente Real Decreto tiene derecho a recibir a costa del vendedor copia de los documentos a que se refieren los artículos anteriores.

Artículo 10.

Los documentos contractuales de compra-venta o arrendamiento de viviendas deberán ir redactados con la debida claridad y sencillez, sin referencia o remisión a textos o documentos que no se faciliten previa o simultáneamente a la celebración del contrato.

Igualmente deberán responder a los principios de buena fe y justo equilibrio de las contraprestaciones, lo que, entre otras, implica la prohibición de inclusión de cláusulas que:

A) No reflejen con claridad u omitan, en los casos de pago diferido, la cantidad aplazada, el tipo de interés anual sobre los saldos pendientes de amortización y las condiciones de amortización de los créditos concedidos y las cláusulas que de cualquier forma faculten al vendedor a incrementar el precio aplazado durante la vigencia del contrato.

B) Impongan un incremento del precio por servicios, accesorios, financiación, aplazamientos, recargos, indemnizaciones o penalizaciones que no correspondan a prestaciones adicionales efectivas que puedan ser libremente aceptadas o rechazadas por el comprador o arrendatario con independencia del contrato principal. A tales efectos:

1. Las reformas de obra motivadas en causas diligentemente no previsibles en el momento de la aprobación de los proyectos de urbanización o construcción que hayan de originar modificación del precio estipulado, serán previamente comunicadas a los adquirentes quienes deberán dar su conformidad a la cuantía exacta que la reforma produzca.

2. Las reformas que propongan los adquirentes serán asimismo objeto de formalización documental que contendrá sucinta descripción de su contenido y concretas repercusiones que deriven en el precio y plazo de entrega que hubiesen sido pactados.

C) Supongan la repercusión al comprador o arrendatario de fallos, defectos o errores administrativos o bancarios que no los sean directamente imputables.

D) Impongan, en la primera venta de viviendas, la obligación de abonar los gastos derivados de la preparación de la titulación que por Ley o por naturaleza corresponden al vendedor (obra nueva, propiedad horizontal, hipotecas para financiar su construcción o su división o cancelación).

Artículo 11.

1. Sin perjuicio de las competencias que correspondan a otros Departamentos Ministeriales, dentro de sus atribuciones específicas, el incumplimiento de cualquiera de los preceptos contenidos en la presente disposición se considerará infracción en materia de protección al consumidor, de acuerdo con lo establecido en el artículo 34 de la Ley 26/1984, de 19 de julio, General para la Defensa de los Consumidores y Usuarios, cuya tipificación específica se contempla en los artículos 3.º y 5.º del Real Decreto 1945/1983, de 22 de junio, que regula las infracciones y sanciones en materia de defensa del consumidor y de la producción agroalimentaria.

2. Las infracciones a que se refiere el presente artículo se calificarán como leves, graves y muy graves, atendiendo a los criterios establecidos en el artículo 35 de la Ley 26/1984, de 19 de julio, así como en los artículos 6.º, 7.º y 8.º del Real Decreto 1945/1983, de 22 de junio.

3. Las infracciones a que se refiere el presente Real Decreto serán sancionadas con multa, de acuerdo con la graduación establecida en el artículo 36 de la Ley 26/1984, de 19 de julio.

La Ley recoge que la entrega de anticipos debe realizarse a través de una entidad bancaria y que en el contrato se debe especificar que la devolución de estas cantidades está asegurada siempre que la obra no se inicie, no se construya en los plazos acordados o no se conceda la habitabilidad de la vivienda. En este documento constará a su vez la identificación del avalista o asegurador. Una vez firmado el contrato, el certificado de garantía se entrega al titular.

En primer lugar hay que recoger la documentación, realizar una lectura sosegada y comprobar que se dispone de aval bancario o seguro individualizado. Ésta es la garantía de obtener la devolución de los pagos anticipados. Con él en las manos, y si se produjera el siniestro, el avalista o la aseguradora deberá atender a la devolución de su dinero.

Una demora en la finalización de la obra y en su entrega puede estar justificada, por ejemplo, por cuestiones meteorológicas, y por ello, no ser motivo suficiente en todos los casos como para poner fin al contrato. En ocasiones es aconsejable conceder un mayor plazo de entrega, ampliando el plazo de vigencia del aval o seguro, aunque antes de realizar este trámite conviene consultar en el Ayuntamiento la situación en la que se encuentra la obra. Una demora en la entrega también se puede compensar con una indemnización por daños y perjuicios, si los hubiera, sin necesidad de poner fin al contrato.

Es necesario insistir ante el vendedor y esperar el resultado de las gestiones de su OMIC. De esta manera se podrá requerir la resolución del contrato con devolución del dinero entregado, teniendo en cuenta la información obtenida por los otros organismos. Este primer requerimiento no se dirige al avalista sino al promotor vendedor que conste en el contrato.

Se debe realizar mediante notario o por burofax certificado con acuse de recibo, a través del cual se reclamará la devolución de las cantidades entregadas a cuenta más el interés legal por no comenzar la obra o por el retraso respecto a los plazos pactados.

Ante la negativa a devolver las cantidades o en caso de que el promotor no recoja sus notificaciones por abandono del domicilio social, el afectado ya puede dirigirse al avalista por las demoras, la desaparición y abandono del domicilio social y la obra, o por la negativa injustificada a devolver las cantidades.

La antigua suspensión de pagos, hoy denominada concurso de acreedores, implica que la empresa intentará ser reflotada, encaminada a su viabilidad, a través de una administración concursal compuesta por juristas y economistas, todo ello bajo supervisión judicial. Por esta razón, la suspensión de pagos no significa quiebra absoluta, ni disolución de la sociedad ni el fin de todos sus proyectos empresariales. Tampoco quiere decir que la vivienda no vaya a construirse y que se pierdan los pagos anticipados, ya que estos deben estar asegurados ante este supuesto.

Precauciones en la compra de una vivienda que todavía no se ha construido

Solicite información sobre el estado de las licencias. La obligación de los promotores es disponer para el público una copia de las autorizaciones legalmente exigidas para la construcción de la vivienda y de la certificación acreditativa de las circunstancias urbanísticas de la finca, con referencia al cumplimiento de las operaciones reparcelatorias o compensatorias, así como de la licencia o acto equivalente para la utilización u ocupación de la vivienda, zonas comunes y servicios accesorios.

Lea despacio el contrato y compruebe que en él consta el plazo de entrega. Se consideran abusivas las cláusulas que reservan al profesional un plazo muy largo, insuficientemente determinado o en el que se consignan fechas indicativas condicionadas a la voluntad del profesional.

Solicite los planos de la vivienda y la descripción escrita y detallada de la misma, incluida su superficie útil, la de los elementos comunes, trazados de redes eléctricas, agua etc. y de los materiales y calidades utilizados.

Asegúrese de que le entregarán en el acto de la firma el documento de aval o seguro de sus pagos anticipados, realizados por cuenta bancaria. Antes de firmar solicite una copia del documento en el que se formaliza esta garantía.

Recabe información general en el Ayuntamiento y en el Registro de la Propiedad. Deben proporcionarle los datos del vendedor y puede realizar todas las comprobaciones que desee a través del Registro Mercantil.

El sueño de la casa propia es muy frágil. Puede hacer aguas con una mancha de humedad, resquebrajarse con una grieta en los cimientos o abrir paso a la incertidumbre si una puerta no se cierra bien. Los fallos estructurales o en el acabado de un edificio pueden desplomar la ilusión de haber comprado un inmueble, sobre todo, cuando la vivienda es nueva. La sorpresa, la indignación y el desconcierto son comunes entre los propietarios cuando detectan los desperfectos, en general, varios meses después de haber recibido las llaves. Tras descubrir las averías, si se desea que el promotor responda, conviene investigar los plazos de reclamación, contar con la opinión de un profesional independiente y cuidar que las gestiones se realicen por escrito.

Cobijo legal

En caso de desperfectos en una vivienda nueva, la legislación ampara al propietario. Éste es el primer aspecto que se debe saber. Desde hace algo más de diez años, la Ley de Ordenación de la Edificación regula los derechos y obligaciones ligados a la vivienda nueva, establece qué profesionales intervienen en la construcción y cuáles son las responsabilidades de cada uno en caso de que algo vaya mal. El documento distingue tres grupos de defectos, ordenados en función de su gravedad, y especifica cuáles son los plazos de garantía para presentar una reclamación según el caso. Ahora bien, ¿cómo se pasa del papel a los hechos? ¿Ante quién corresponde quejarse y cuál es el procedimiento más eficaz para hacerlo?

Responsables

El promotor de la obra es el máximo responsable. Su papel es crucial en todo el proceso de edificación y, por tanto, es la persona que debe responder ante los problemas de construcción del edificio. Cualquier queja o reclamación que se haga debe llegar, en primer lugar, a sus manos.

Pero que sea el máximo responsable no significa que sea el único. En la construcción de una vivienda intervienen muchos otros profesionales y empresas. Arquitectos, constructores, especialistas en control de calidad, proveedores de materiales... La lista es larga.

Cuando se detecta un desperfecto, además de notificarlo al promotor, es conveniente reclamar también ante el profesional responsable del fallo: si el problema está en los cristales, hay que cursar una queja ante la empresa que se encargó de ponerlos. En caso de duda, el promotor de la obra puede informar de modo detallado acerca de quién se encargó de qué.

Clases de problemas

No todos los defectos son iguales. Algunos son más graves que otros y las propias garantías varían en función de esta premisa. Cuanto más se comprometa la estabilidad de la obra y la seguridad de sus habitantes, mayor es el plazo de cobertura previsto. La ley distingue tres grupos de fallos:

Tienen 1 año de garantía: los defectos en elementos de terminación o acabado de las obras.

Tienen 3 años de garantía: los defectos que impiden alcanzar condiciones aceptables de salubridad y estanqueidad en el interior de la vivienda o en el edificio y los defectos que causan deterioro del medio ambiente en su entorno inmediato por impedir una gestión adecuada de toda clase de residuos.

Tienen 10 años de garantía: los defectos que afectan a la cimentación, los soportes, las vigas, los forjados, los muros de carga u otros elementos estructurales y que comprometen de modo directo la resistencia mecánica y la estabilidad del edificio.

Las garantías comienzan a regir cuando el constructor entrega de manera oficial la obra al promotor y ambos firman el acta correspondiente. En general, este acuerdo se gestiona un mes después de haberse firmado el certificado final de obra. Estos papeles, con sus fechas, forman parte de la carpeta de documentos relacionados con el edificio.

El propietario dispone de un plazo de 24 meses para reclamar, aunque el periodo de la garantía haya vencido

A diferencia de las garantías, que varían, las reclamaciones tienen un plazo único. No importa cuál sea el tipo de avería. En todos los casos, el propietario de la vivienda dispone de dos años para reclamar por ella. De esta manera, si al año y medio de estrenar el piso descubre una filtración de agua desde el exterior, tendrá un plazo de 24 meses para reclamar la reparación, aunque el plazo de la garantía haya vencido.

Opinión imparcial

Contar con la opinión y el asesoramiento de un experto independiente, ajeno a la obra, es crucial. Aunque los peritos industriales y los ingenieros ofrecen estos servicios, los profesionales idóneos son los arquitectos. Sólo ellos pueden evaluar con rigor la complejidad del defecto y su alcance, e informar de qué ocurre al propietario. Las grietas en una pared, la insonorización deficiente o las filtraciones de humedad pueden ser indicio de un problema más grave.

Una vez que se descubren los defectos en la construcción y se contrata a un arquitecto para evaluarlos, la consideración del profesional deberá registrarse en un informe, por escrito. Este documento que recoge su opinión es el dictamen y en él debe constar:

Una enumeración de los fallos.

Las causas de esos defectos.

Las posibles soluciones técnicas.

Un presupuesto orientativo para llevarlas a cabo.

Es preferible que el arquitecto determine, si es posible, quién o quiénes son los profesionales responsables directos del problema.

Hay que solicitar que el Colegio de Arquitectos avale el dictamen. Además de figurar la opinión del experto, debe haber una instancia superior que la refrende. Este procedimiento, denominado visado, actúa como un visto bueno y da mayor peso al informe. Además de tranquilizar al propietario, "que sabrá con exactitud qué falla en su casa", la entidad del documento le impedirá caer en discusiones estériles con el promotor o que éste maquille el problema con una solución barata y poco eficaz.

En orden y por escrito

Lejos de ser engorrosos, los pasos que se deben seguir tras la detección de un defecto son sencillos. Es fundamental que, al reclamar, todas las instancias se registren por escrito. Como en cualquier otro procedimiento de reclamación, los documentos probatorios son cruciales, tanto si hay buena disposición de la otra parte como si no. Las acciones que se deben seguir son:

Definir en cuál de los tres grupos de daños se clasifica el desperfecto de la vivienda.

Con los documentos de la obra en mano, comprobar si el fallo aún está cubierto por la garantía correspondiente.

Controlar que no venza el plazo de reclamación, de dos años.

Solicitar los servicios de un arquitecto para que estudie el caso y redacte un informe.

Determinar con el experto independiente quiénes son los responsables del desperfecto, además del promotor.

Una vez que se tiene el dictamen del profesional visado por el Colegio de Arquitectos, presentar la reclamación ante el promotor y las demás personas responsables del defecto.

La reclamación debe hacerse por escrito (ya sea con una carta o con un formulario específico). Hay que adjuntar una copia del dictamen del arquitecto y debe quedar constancia del envío (y la recepción) de los documentos. Para ello, el mecanismo ideal es el burofax, que tiene valor probatorio, incluso, en el ámbito judicial.

Los juzgados son la última instancia de reclamación. Antes de llegar a ella, si el promotor no responde, es aconsejable hacer un segundo intento de notificación. En caso de que siga sin responder o desestime la queja, el problema se resolverá ante la ley y habrá que contratar los servicios de un abogado. Por esta razón, es imprescindible conservar todos los documentos relacionados con el caso.

Conocer los plazos de reclamación, contar con la opinión de un profesional y realizar las gestiones por escrito son las claves para que el promotor responda.

Tema 22. ¿Cómo afrontar los conflictos?: Objetivo: una solución que guste a las dos partes

El conflicto es un hecho natural en nuestra vida. Hay conflictos entre padres e hijos, parientes políticos, jefes y subalternos, compañeros de trabajo, socios, amigos...

¿Quién no ha tenido experiencia de lo que es un conflicto? Se habla de personas conflictivas y de situaciones conflictivas, pero el conflicto es la esencia misma de la vida. Nos lo encontramos a cada momento. Ahora bien, se convierte en un problema cuando se convierte en norma o hábito, cuando caracteriza el conjunto del comportamiento. Si el conflicto ocupa una parte tan importante de nuestra vida, la habilidad que mostremos en gestionarlo reviste una gran importancia para nuestro equilibrio personal e incluso para nuestra calidad de vida.

La palabra conflicto en su origen significa choque

Hasta en las relaciones más amistosas y placenteras surgen ocasionalmente los choques. Hay un conflicto interpersonal cuando alguien encuentra en el comportamiento de los demás un obstáculo que se interpone para el logro de los propios objetivos. En la medida en que las personas tenemos historias personales diferentes y, por lo tanto, deseos, opiniones y necesidades diferentes es normal que haya comportamientos diferentes y por tanto choques, debates y colisión de intereses. En esas situaciones hacemos valer nuestras necesidades e intereses del mismo modo que las otras personas hacen valer los suyos. La fuerza de esos intereses es la que determina la intensidad del conflicto y que la posición sea conciliable o no.

¿Cómo nacen los conflictos entre personas?

Por la subjetividad de la percepción. Las personas captamos las situaciones de una forma muy diferente. Por mucho que pretendamos ser objetivos, la distorsión es difícilmente evitable.

Por una información incompleta. Hay juicios y opiniones que se emiten conociendo sólo una parte de los hechos.

Por fallos en la comunicación interpersonal. Porque el emisor no emite en condiciones, porque el código (palabras, gestos...) no es el adecuado o porque el receptor no sabe, no puede o no quiere descifrar el mensaje. Y, además, casi siempre las palabras son insuficientes para transmitir los pensamientos.

Por diferencias de caracteres.

Por la pretensión de las personas de igualar a los demás con uno mismo. Esa dificultad que se suele tener de aceptar a las personas como son, sin juzgarlas. Dificultad simplemente para "dejarlos ser".

Thomas Gordon, en una obra titulada "La docena sucia" expone algunas de las actitudes que provocan conflictos:

Ordenar, dirigir, mandar, imponer. Lo cual produce en las otras personas miedo, resistencia, rebeldía o actitudes defensivas. A menudo los individuos se sienten rechazados si sus necesidades personales han sido ignoradas y se sienten humillados si tales conductas se dan delante de los demás.

Amonestar, amenazar. Pueden lograr que el otro obedezca pero será sólo por temor

Moralizar, sermonear, crear obligación. Su intención es que el otro se sienta culpable, obligado y atado. Las personas sienten la presión de tales mensajes y frecuentemente se resisten y desatienden.

Aconsejar, dar soluciones. No es verdad que la gente siempre quiere un consejo. El consejo, la advertencia, implican "superioridad" y pueden provocar que el otro se sienta inadecuado o inferior. El consejo puede hacer al otro un ser dependiente, no promueve su propio pensamiento creativo.

Persuadir con lógica, argüir, sentar cátedra. La persuasión frecuentemente hace que el otro defienda su propia posición con mayor fuerza. El hecho de tener la lógica de nuestro lado no trae siempre consigo una mayor obediencia o un asentimiento de los demás.

Juzgar, criticar, censurar. Más que ningún otro mensaje, éste hace que la persona se sienta incómoda, incompetente o tonta.

Ridiculizar, avergonzar. Tales mensajes tienen un efecto devastador porque destruyen la imagen que el otro tiene de sí mismo.

Interpretar, analizar, diagnosticar. Decirle al otro qué es lo que realmente está sintiendo, cuáles son sus verdaderos motivos o por qué está actuando de tal manera, puede ser muy amenazante. Hacer el papel de psicoanalista con los demás es peligroso y frustrante para ellos. Las interpretaciones frenan la comunicación porque desaniman al otro a expresar más de sí mismo.

Preguntar, interrogar, sondear. La respuesta de las personas al sondeo o interrogatorio es a menudo sentirse en el banquillo de los acusados. Muchas personas sienten que el interrogador es un entrometido. Las preguntas restringen de forma drástica la cantidad de información que podrían dar los demás si solamente se les animara a que hablaran de forma espontánea.

Distraer, desviar, hacer bromas. En general somos muy serios cuando hablamos de algo personal. Cuando nos responden bromeando esto puede hacernos sentir heridos o rechazados. Y la consecuencia es el silencio y el bloqueo.

¿Qué repercusiones tiene el conflicto?

El conflicto puede generar tanto consecuencias negativas como positivas.

Cuando el conflicto se enquista y es duradero se almacena presión que puede ser fuente de violencia.

En la medida que origina frustración produce hostilidad y resentimientos contra el otro.

Puede llegar ser la causa de aumento de la ansiedad y de múltiples síntomas psicosomáticos, como dolores de cabeza, insomnio, etc.

El conflicto estimula defensas individuales y por eso aumenta la capacidad de los individuos para afrontar situaciones.

Ayuda a que se consolide el realismo en las personas en la medida que a lo largo de la vida se va percibiendo que la realidad es terca y los choques van colocando a cada cual en su lugar, de tal manera que se terminan establecer los propios límites y el respeto a los derechos ajenos.

Cuando los conflictos son de un grupo contra otro, los grupos se cohesionan internamente.

¿Cómo se manejan los conflictos?

Formas inadecuadas.

Provocar soluciones extremas como la represión que lo cubre sin resolverlo, olvidando que enterrar un sentimiento intenso es como enterrar a un vivo.

Convertir los conflictos sobre cosas o cuestiones en conflictos personales.

Utilizar mecanismos de defensa como la negación del conflicto, la excesiva racionalización o desplazarlo a otras personas.

Adoptar actitudes dogmáticas que y rígidas que anulan toda posibilidad de diálogo.

Utilizar la táctica de negociar al "todo o nada", en lugar de buscar puntos intermedios.

Etiquetar al otro de tal manera que se considera imposible la posibilidad de que cambie.

Utilizar el monólogo disfrazado de diálogo. La persona se escucha a sí misma en lugar de a los otros.

Pretender resolver los conflictos sin haberlos identificado bien previamente.

Confundir confusión con polémica. Discutir es razonar para aclarar y polemizar es luchar para ver quién gana.

Dramatizar las situaciones conflictivas exagerando situaciones y ver catástrofes donde no las hay. Lo cual induce a caer en manos de las emociones y a que se produzcan reacciones viscerales.

En resumen: cuando se utiliza el método "yo gano-tú pierdes" las personas se terminan encerrando en sus posiciones tercas, no se quiere perder porque se ven deslegitimados los propios argumentos y aspiraciones, surgen los resentimientos cuando los que pierden se sienten doblegados y perciben que sus peticiones no han sido escuchadas. La derrota llama a la revancha porque el que pierde no se resigna al silencio. Los ganadores logran salirse con la suya pero no logran comprometer a los perdedores con los objetivos que querían acometer. Han vencido pero no han convencido.

Formas adecuadas de manejar los conflictos.

Actitudes

- Aceptar que el conflicto es parte de la condición humana, que es un estímulo para el desarrollo, que favorece el progreso y los cambios y que hay que aprender a convivir con él.

- Afrontar los conflictos más que evitarlos.

- Evitar atribuir los conflictos a la mala voluntad de la gente. Aceptar las diferencias personales y no convertir los conflictos de situaciones en conflictos personales.

- Aprender a dialogar cultivando la empatía escuchando y entendiendo al otro.

- Distinguir entre discusión y polémica. Aceptar que quien dialoga asume el riesgo de ser persuadido y de tener que cambiar sus ideas o actitudes.

- Fomentar la actitud mental de que un conflicto se resuelve mejor con el "ganar-ganar" que con el "ganar-perder".

- Encauzar la agresividad evitando los dos extremos: reprimir o explotar. Dar oportunidades a que se produzcan desahogos, expresando los propios sentimientos.

Técnicas

- o Analizar los problemas.

- o Diagnosticar el problema tras formularse una serie de preguntas

- o Buscar todas las alternativas de acción con verdadero deseo de mejorar las cosas.

- o Sustituir las expresiones "TÚ" ("Tú no me haces caso", "Tú te crees el amo", "Tú siempre quieres tener razón") por las expresiones "YO"("Yo me siento marginada", "Yo me siento triste con estas situaciones")

- o En casos especiales recurrir a la mediación de personas por las partes en conflicto.

- o Utilizar técnicas de relajación para conducir las discusiones con serenidad.

En resumen, con el método "Todos ganan" ambas partes participan en la propuesta de alternativas. La persona no se satisface a cuenta de que la otra quede insatisfecha. Ambos se esfuerzan por encontrar soluciones que satisfagan a los dos. Los conflictos bien gestionados ayudan a crecer, a estimular las habilidades de negociación y terminan fortaleciendo la relación interpersonal.

Hay personas que, a pesar de nacer y vivir en situaciones adversas, se desarrollan psicológicamente sanas, e incluso salen reforzadas. Es lo que se conoce como resiliencia

La psicología y la ingeniería de materiales, aunque pueda parecer extraño, tienen algo en común: el término resiliencia. Esta palabra hace referencia al fenómeno por el que los cuerpos retornan a su forma inicial después de haber sido sometidos a una presión que los deforma.

La creatividad, el sentido del humor y la independencia ayudan a superar contratiempos

El concepto se ha aplicado a la psicología para descubrir por qué niños y niñas que viven en la miseria, o personas que experimentan situaciones límites son capaces, no sólo de superar las dificultades, sino incluso de salir fortalecidas de ellas. Logran resistir, sobrevivir y acceder a una vida productiva para sí y para su sociedad.

La resiliencia es una capacidad que se manifiesta:

Frente a la destrucción, mostrando una gran facultad de proteger la propia integridad bajo presión.

Frente a la adversidad, estableciendo una actitud vital positiva pese a circunstancias difíciles.

Rasgos que potencian la resiliencia de las personas

La vida diaria está sujeta a acontecimientos duros: la muerte de un ser querido, una enfermedad complicada, experiencias laborales difíciles, problemas serios de relación de pareja, la soledad, el aislamiento social, la competitividad por ocupar un puesto, el desempleo, los problemas económicos... Ante estas situaciones las personas reaccionan de distinta manera según su grado de vulnerabilidad, o dicho de una manera más actual: según su grado de resiliencia.

Hay rasgos que potencian esa habilidad.

La introspección: Faculta a la persona a entrar dentro de sí misma, a observarse, reflexionar y hacerse preguntas. Ayuda a preguntarse a sí mismo y darse una respuesta honesta.

La independencia: Ayuda a establecer límites entre uno mismo y los ambientes adversos. Potencia el establecimiento de una distancia emocional y física ante determinadas situaciones, sin llegar a aislarse.

La iniciativa: Capacita para afrontar los problemas y ejercer control sobre ellos.

El humor: Conduce a encontrar el lado cómico en las situaciones adversas.

La creatividad: Lleva a crear orden y belleza a partir del caos y el desorden. En la infancia se expresa en la creación y los juegos que son las vías para disfrazar la soledad, el miedo, la rabia y la desesperanza.

La moralidad: Invita a desear una vida personal satisfactoria, amplia y con riqueza interior. Incluye la conciencia moral, el compromiso con valores y la separación entre lo bueno y lo malo.

La habilidad para establecer lazos íntimos y satisfactorios con otras personas. Capacita a brindarse a otros y aceptarlos en la propia vida.

Factores que favorecen la resiliencia

Apego parental. Los estudios realizados destacan que una relación cálida, nutritiva y de apoyo, aunque no tiene por qué ser omnipresente, con al menos uno de los padres, protege o mitiga los efectos nocivos de vivir en un medio adverso. Es decir, se precisa una relación emocional estable con al menos uno de los padres, o bien alguna otra persona significativa.

Desarrollo de intereses y vínculos afectivos externos. Las personas significativas fuera de la familia favorecen la manifestación de comportamientos resilientes cuando, por ejemplo, en la propia familia se viven circunstancias adversas. Se trata de que haya algún tipo de apoyo social desde fuera del grupo familiar.

Clima educacional sincero y capaz de establecer límites claros en la conducta.

Modelos sociales que motiven poder enfrentarse de manera constructiva a las adversidades.

Vivir experiencias de autoeficacia, autoconfianza y contar con una autoimagen positiva.

Tener posibilidad de responder de manera activa a situaciones o factores estresantes.

Asignar significados subjetivos y positivos al estrés, describiendo a las crisis como la oportunidad de ofrecer respuesta a las circunstancias adversas.

A cualquier edad se puede cambiar

Las habilidades y los factores que potencia la resiliencia se muestran de una manera desigual en los distintos tipos de personalidades, pero se puede trabajar para lograr potenciar los rasgos que conducen a gozar de esta capacidad de superarse. La mayor dificultad a la que nos enfrentamos cuando se busca esa mejora es la convicción de que no se puede cambiar. Nos escudamos en afirmaciones como "es que yo soy así", "cada cual es como es", "a mis años yo ya no puedo cambiar". Éste es el gran error. Más o menos, a cualquier edad se puede cambiar si uno se lo propone.

Nunca es tarde para hacer el correspondiente cambio de las propias actitudes, entrenándose en técnicas de modificación del pensamiento, aprender a interpretar los acontecimientos de otra manera, recuperando la capacidad de reflexionar sobre sí mismo, trabajándose la valoración de la propia personalidad, adquiriendo habilidades sociales como la asertividad, aprendiendo a hablar positivamente... Para todo ello se puede contar con profesionales de la psicología a los que se debe acudir no sólo cuando se padecen crisis emocionales o psicopatologías, sino cuando alguien quiere entrenarse para vivir adecuadamente cada acontecimiento vital.

La resiliencia, la capacidad para resistir y no venirse abajo, para salir airosamente de los baches, si es posible con más bríos aún, también se aprende.

El aprendizaje es posible

La resiliencia la podemos favorecer en nosotros mismos y, en especial, en la educación de las personas sobre las que tenemos influencia, sobre todo si son niños o niñas.

Es cierto que hay condiciones personales que tienen mucho que ver con los factores hereditarios, pero no cabe ninguna duda de que la personalidad se educa. Los hijos no se improvisan. Es un error decir "este niño ha salido en el genio a su padre" o "esta niña tiene el carácter de su abuela" a quien no conoció. Los niños y niñas que viven en condiciones de marginalidad y gozan de las características que les hacen ricos en resiliencia no la "heredaron" genéticamente. La vida, las circunstancias, el entorno les educaron.

Por eso, es importante afirmar que es posible educarse y educar en la resiliencia. Es posible cambiar actitudes en sí mismo y en otras personas.

La mayor parte de las habilidades para conseguir una vida satisfactoria son de carácter emocional, no intelectual

Hemos aprendido desde pequeños que el sentimentalismo (así se ha llamado al hábito de sentir a flor de piel las emociones y a mostrar en público esa forma de interpretar las vivencias) era propio de personas débiles, inmaduras, con déficit de autocontrol. Además, se ha extendido en nuestro imaginario colectivo el lugar común, machista como pocos, de que las emociones o -más aún- el llanto, pertenecen al ámbito de lo femenino. Sin embargo, todo evoluciona y va ganando terreno la convicción de que vivir las emociones es un elemento insustituible en la maduración personal y en el desarrollo de la inteligencia.

Sólo cuando entendemos nuestros sentimientos somos capaces de entender los de otras personas

Tenemos muy en cuenta nuestro espacio intelectual y no sólo le hemos dedicado tiempo y esfuerzo, sino que incluso la valoración que hacemos de una persona pasa, en buena medida, por sus conocimientos y habilidades intelectuales. Desde la educación, tanto reglada como no académica, se nos ha motivado para que saquemos el máximo partido a nuestros recursos intelectuales.

Nadie discute la necesidad de adquirir conocimientos técnicos y culturales para prepararnos (y reciclarnos) para la vida profesional, pero en una equivocada estrategia de prioridades olvidamos a veces la importancia de educarnos para la vida emocional. Aprender a vivir es aprender a observar, analizar, recabar y utilizar el saber que vamos acumulando con el paso del tiempo. Pero convertirnos en personas maduras, equilibradas, responsables y, por qué no decirlo, felices en la medida de lo posible, nos exige también saber distinguir, describir y atender los sentimientos. Y eso significa contextualizarlos, jerarquizarlos, interpretarlos y asumirlos. Porque cualquiera de nuestras reflexiones o actos en un momento determinado pueden verse "contaminados" por nuestro estado de ánimo e interferir negativamente en la resolución de un conflicto o en una decisión que tenemos que tomar.

Una habilidad muy especial

Mimar nuestro momento emocional, aprender a expresar los sentimientos sin agresividad y sin culpabilizar a nadie, ponerles nombre, atenderlos y saber cómo descargarlos, es uno de los ejes de interpretación de lo que nos ocurre. Cada vez que dudamos ante una decisión, que nos proponemos comprender una situación, no hacemos estas operaciones como lo haría un ordenador o cualquier otro ingenio de inteligencia artificial, sino que ponemos en juego, traemos a colación, todo nuestro bagaje personal (incluyendo lo que nos ha podido pasar hace un rato o unas horas) y el pesado fardo de nuestra herencia cultural. De ahí que vivir nuestras emociones es una habilidad relacional que nos capacita como seres que se desarrollan en un contexto social. Sólo cuando conectamos con nuestros sentimientos, los atendemos y jerarquizamos, somos capaces de empatizar con los sentimientos y circunstancias de los demás. No es más inteligente quien obtiene mejores calificaciones en sus estudios, sino quien pone en práctica habilidades que le ayudan a vivir en armonía consigo mismo y con su entorno. La mayor parte de las habilidades para conseguir una vida satisfactoria son de carácter emocional, no intelectual. Los profesionales más brillantes no son los que tienen el mejor expediente académico, sino los que han sabido "buscarse la vida" y exprimir al máximo sus habilidades.

Aprender a desarrollar la inteligencia emocional

Esta sociedad de las "buenas maneras" y el control social han hecho de nosotros auténticos robots de las apariencias. En la Universidad de Málaga los doctores Fernández Berrocal y Extremera han abordado la inteligencia emocional como la habilidad (esencial) de las personas para atender y percibir los sentimientos de forma apropiada y precisa, la capacidad para asimilarlos y comprenderlos adecuadamente y la destreza para regular y modificar nuestro estado de ánimo o el de los demás. En la inteligencia emocional se contemplan cuatro componentes:

> Percepción y expresión emocional. Se trata de reconocer de manera consciente qué emociones tenemos, identificar qué sentimos y ser capaces de verbalizarlas. Una buena percepción significa saber interpretar nuestros sentimientos y vivirlos adecuadamente, lo que nos permitirá estar más preparados para controlarlos y no dejarnos arrastrar por los impulsos.

> Facilitación emocional, o capacidad para producir sentimientos que acompañen nuestros pensamientos. Si las emociones se ponen al servicio del pensamiento nos

ayudan a tomar mejor las decisiones y a razonar de forma más inteligente. El cómo nos sentimos va a influir decisivamente en nuestros pensamientos y en nuestra capacidad de deducción lógica.

Comprensión emocional. Hace referencia a entender lo que nos pasa a nivel emocional, integrarlo en nuestro pensamiento y ser conscientes de la complejidad de los cambios emocionales. Para entender los sentimientos de los demás, hay que entender los propios. Cuáles son nuestras necesidades y deseos, qué cosas, personas o situaciones nos causan determinados sentimientos, qué pensamientos generan las diversas emociones, cómo nos afectan y qué consecuencias y reacciones propician. Empatizar supone sintonizar, ponerse en el lugar del otro, ser consciente de sus sentimientos. Hay personas que no entienden a los demás no por falta de inteligencia, sino porque no han vivido experiencias emocionales o no han sabido gestionarlas. Quién no ha experimentado la ruptura de pareja o el sentimiento de orfandad por la pérdida de un ser querido, es difícil que se haga cargo de lo que sufren quienes pasan por esa situación. Incluso cuando se han vivido por experiencias de ese tipo, si no se ha hecho el esfuerzo de vivirlas de manera explícita aceptándolas e integrándolas, no estarán suficientemente capacitados para la comprensión emocional inteligente.

Regulación emocional, o capacidad para dirigir y manejar las emociones de una forma eficaz. Es la capacidad de evitar respuestas incontroladas en situaciones de ira, provocación o miedo. Supone también percibir nuestro estado afectivo sin dejarnos arrollar por él, de manera que no obstaculice nuestra forma de razonar y podamos tomar decisiones de acuerdo con nuestros valores y las normas sociales y culturales.

Estas cuatro habilidades están ligadas entre sí en la medida en que es necesario ser conscientes de cuáles son nuestras emociones si queremos vivirlas adecuadamente.

Gestionar adecuadamente las emociones supone:

No someterlas a censura. Las emociones no son buenas o malas, salvo cuando por nuestra falta de habilidad hacen daño, a nosotros o a otras personas.

Permanecer atentos a las señales emocionales, tanto a nivel físico como psicológico.

Investigar cuáles son las situaciones que desencadenan esas emociones.

Designar de forma concreta los sentimientos y señalar las sensaciones que se reflejan en nuestro cuerpo, en lugar de hacer una descripción general ("estoy triste", "estoy nervioso"...).

Descargar físicamente el malestar o la ansiedad que nos generan las emociones.

Expresar nuestros sentimientos a la persona que los ha desencadenado, sin acusaciones ni malas formas y detallando qué situación o conducta es la que nos ha afectado.

No esperar a que se dé la situación idónea para comunicar los sentimientos, tomar la iniciativa.

Hasta el individuo más primario intuye que la calidad de vida no depende sólo de cosas materiales (salud, trabajo, estudios, dinero, tiempo de ocio, ...), ya que hay otros factores que inciden en nuestro bienestar emocional. Uno de ellos es cómo nos va en el a menudo espinoso ámbito de las relaciones personales. Y dentro de este espacio tan amplio, no es el menos importante cómo nos desenvolvemos ante esas personas a las que, por la razón que sea, no soportamos, no podemos ni ver.

"Me crispa", "no le aguanto", "me hace la vida imposible", "me pone de los nervios" son afirmaciones que no por enfáticas y aparentemente desmesuradas son menos representativas de una realidad que puede acabar por desquiciarnos. Cada uno es como es, sin duda, y hemos aprendido, mal que bien, a llevarnos al menos medianamente con la gente con que congeniamos poco pero que, a nuestro pesar, vemos con cierta frecuencia. Pero, ¿qué podemos hacer cuando la incompatibilidad es manifiesta, cuando alguien que aparece en nuestra vida con regularidad nos resulta literalmente insoportable?.

Exceptuando a esos seres angelicales incapaces de llevarse mal con nadie y que tienden a ver sólo lo positivo en los demás, somos mayoría quienes nos encontramos, en espacios que no dominamos (trabajo, estudio y parientes, principalmente) con gente insufrible, ya sea por su vanidad, soberbia, egocentrismo, autoritarismo, egoísmo, ... cada uno tiene sus manías, pero parece evidente que algunas personas tienen el dudoso mérito de granjearse antipatías por doquier.

Cada uno de nosotros es un ser único e irrepetible, ahora bien, todos debemos esforzarnos en que nuestra relación con los demás, y especialmente con quienes tratamos a menudo, discurra por unos cauces, si no afables, al menos correctos. Pero, a pesar de todo, hay personas con las que no nos sentimos a gusto, o con las que no tenemos nada en común. E incluso hay hombres y mujeres con quienes nos sentimos realmente mal: nos es desagradable tan sólo pensar que tenemos que compartir unos minutos con ellos. El miedo preside este tipo de relaciones y puede bloquearnos de forma que no podamos afrontar la relación de forma satisfactoria. Este miedo nos crea cierta dependencia, ya que si estamos en contra de alguien por su comportamiento hacia nosotros, estaremos siempre dependiendo de esa persona, de lo que haga o diga.

Si se puede, evitemos el contacto

Distingamos: una cosa es que haya personas que intentan hacernos la vida imposible y otra bien distinta que nosotros aceptemos el juego y consintamos en nuestro papel de víctimas. Si nos persiguen -cosa poco habitual, por otra parte- no tenemos muchas opciones, más allá de reflexionar sobre los motivos de que la hayan tomado con nosotros, y adoptar las medidas oportunas, que siempre las hay. Será difícil actuar en la persona que tanto daño nos genera. Resulta más apropiado aprender a situarnos en una posición defensiva y lúcida desde la cual no suframos ese malestar y donde el miedo no anule en nosotros la capacidad de generar esa respuesta racional y ponderada que ansiamos dar al problema. Porque si la convivencia con esa persona insoportable no es ineludible, la solución es evidente: evitar encontrarnos con ella. Parece una obviedad, pero no pocos de nosotros, por convencionalismos sociales o por una mal entendida cortesía, mantenemos relaciones banales que no nos aportan nada e incluso algunas que nos suponen incomodidad o malestar. Y, sin embargo, continuamos sin cortar con tales relaciones. Acabamos criticando encendidamente a esas personas, pero quienes salimos dañados somos nosotros mismos.

¿Y si no podemos hacer otra cosa que aguantar?

En la mayoría de los casos en que mantenemos relación con personas que nos resultan insufribles, el motivo de que no tomemos la decisión más lógica (cortar por lo sano, y dejar de tratarlas) es que, sencillamente, no podemos. O no nos conviene, que viene a ser lo mismo. Un jefe o la compañera de enfrente en el trabajo, una profesora o un colega de estudios en la universidad, un pariente que vemos cada semana, un amigo al que los demás aprecian y que la tiene tomada con nosotros, ... Partamos, por esta vez, de que el culpable es el otro.

¿Qué hacer para convivir en una mínima armonía con esa persona? Ignorar el problema y mirar a otro lado es como pensar que, porque no las vemos, las cosas no están ocurriendo. La realidad existe y, si es problemática y atenta contra nuestro bienestar emocional, hay que plantarle cara y mirarla de frente. Podemos hacer algo también ante ese tipo de personas: abordar la situación de tal manera que consigamos no sentirnos mal y por tanto que no se nos agolpen tantos sentimientos que pueden minan nuestra autoestima e incluso aumentar nuestra agresividad.

Qué hacer ante los "insufribles"

Caben varios tipos de actitudes: la más sencilla, evitar el encuentro. No arreglaremos el mundo, pero es una medida práctica aunque no siempre posible. Queda lejos de la solución óptima, porque nos podría quedar la insatisfacción de haber sido débiles, cómodos, o insuficientemente tolerantes con la persona en cuestión. Hay otra opción: el ataque, que cuenta con fieles adeptos entre quienes ven a los demás como culpables de todo lo malo que les ocurre.

Esta actitud es la más frecuente en personas con escasa capacidad de autocrítica, aún menos sentido del humor y con ciertos atisbos de paranoia: ven agresores por todas partes. Pero no es más defendible la postura contraria, la de quienes se sienten culpables de todo, incluso de la estupidez o malos modos ajenos. Normalmente, se trata de personas que han crecido en la minusvaloración personal y en el miedo a quienes ejercen cualquier tipo de poder. Ante cualquier conflicto interpersonal, se hunden y se perciben impotentes y culpables. Mala cosa. Otra opción es la negación del problema, la favorita de los falsos optimistas, que dan así con "su" solución pero sin afrontar (y, mucho menos, resolver) el problema. Normalmente, se lo endosan a los demás.

Es una postura muy conservadora (no aborda las circunstancias que originan las dificultades de relación, nada hace para cambiarlas) y poco solidaria: espera a que sean otros quienes resuelvan el problema. Otra alternativa: el pacto. Siguiendo el lema "si no puedes vencer a tu enemigo alíate con él", hay quienes intentan alianzas con esa persona que le hace la vida imposible. No es un mal camino, a veces resulta y pueden producirse sorpresas positivas, pero es muy probable que el otro, al no haber pedido él el pacto, quede en posición de vencedor y vuelva a las andadas.

Cuando no hay solución

Si se sopesan todas las alternativas y se llega a la conclusión de que no hay nada que hacer (y las circunstancias nos lo permiten) habrá que romper con la relación. No siempre uno puede despedirse del trabajo, pero si no podemos evitar coincidir y tratar con esa persona que nos amarga la vida, y razonablemente es posible, habrá que hacerlo. Lo mismo cabe decir de una relación de pareja irreversiblemente insoportable: la solución menos mala, para todos, es la separación. Una opción comodín, que sirve para todo, y también ante la gente insoportable, es buscar otros apoyos. Siempre hay alguien que nos puede entender. Pruebe a contar lo que le pasa. Comprobaremos que el mundo no se acaba en esa relación conflictiva. Siempre encontramos alguien que nos quiere y comprende, y que está dispuesto a escucharnos y ayudarnos.

Las técnicas de relajación, por su parte, ayudan a soportar las situaciones desagradables. Que no cambiarán, porque seguirán ahí. Pero sí lo hará, y a bien, nuestra actitud ante ellas. Utilizar la inteligencia y reflexionar nos servirá para percatarnos de que, increíblemente, hay personas que disfrutan haciendo daño a los demás. Ignorémoslas y compadezcámoslas, aunque seamos nosotros los perjudicados. Porque ellos son los realmente desgraciados.

Preguntarnos si las cosas son tal y como las percibimos, cuestionarnos si no nos estamos dejando llevar emocionalmente y ello nos impide hacer una análisis racional y preciso de lo que ocurre. A veces se mezclan la rabia, el odio, la envidia, la impotencia, la incapacidad o la desvalorización personal y esta mescolanza conduce a que distorsionemos la realidad, la percibamos parcialmente y, por tanto, la vivamos mal.

Discernir desapasionadamente qué parte de responsabilidad de esta mala relación es nuestra. Es un buen momento para saber más de nosotros mismos.

Si es posible, hablemos (con la persona que tanto desagrado nos causa) sobre los sentimientos y las reacciones que me producen sus actitudes o comportamientos. Intentemos llegar a acuerdos sensatos y prácticos. Es difícil cambiar a los demás. Démonos por satisfechos si conseguimos que la relación se llevadera.

Seamos realistas: no podemos congeniar con todo el mundo, ni falta que hace. Pero las reglas de convivencia con esas personas con las que no nos llevamos bien deben ser al menos correctas. Si no, nuestro bienestar emocional se resentirá.

Por mucho que alguien quiera hacernos daño, casi nadie tiene sobre nosotros esa facultad si no se lo permitimos. Pero no se trata de "pasar", ni de "fortificarme" con un escudo manteniendo una actitud beligerante, sino en "fortalecerme": saber más de mí, qué quiero, qué siento y dónde estoy respecto a esa persona. Y tomar una decisión sobre cuál será mi comportamiento con ella, que me lleve a estar bien y en paz conmigo mismo.

Puede haber momentos en que nos topemos con alguien que parece pretender hacernos la vida imposible. Pero soy yo quien tiene la primera y la última palabra de que mi vida sea como quiero que sea. Es mi vida y mis circunstancias, y tan sólo depende de mí el que deje que estén por encima de mi vida, las conceda más importancia, tiempo y dedicación que a mí mismo.

El comportamiento impulsivo acarrea más perjuicios que ventajas, por lo que la reflexión es una alternativa aconsejable.

Nos hallamos en medio de un inmenso atasco con interminables colas y retrasos. Desde nuestro automóvil observamos a los demás conductores y vemos que algunos lo afrontan con tranquilidad. Otros, en cambio, expresan con aspavientos su tensión, maldicen voz en grito, tocan el claxon de forma compulsiva o cambian de carril una y otra vez en un vano intento de salir del atolladero. ¿Qué determina que unos esperen y los otros se desesperen? La impulsividad.

Las personas impulsivas sufren una alta tensión emocional ante situaciones cotidianas como la descrita y su umbral de tolerancia es menor respecto al resto de la población. En lugar de reflexionar, pasan de forma inmediata a la acción, incluso cuando son capaces de prever algún perjuicio contra sí mismos o contra los demás. Por ello se dice que alguien se comporta de manera impulsiva cuando responde o actúa sin reflexión ni prudencia, dejándose llevar por la impresión del momento.

La cólera

Este comportamiento es aún más exagerado cuando la situación se vive como una provocación. La emoción que emerge entonces es la cólera y el sujeto impulsivo tiende a actuar con agresividad. Aunque puede obtener beneficios a muy corto plazo (un cambio de la situación, cierta sensación de control y la disminución de la tensión fisiológica tras el arrebato), esta inadecuada expresión de sentimientos negativos se materializa en consecuencias muy dañinas a medio y largo plazo:

sentimiento de culpa por los daños causados, baja autoestima por no haber sido capaz de autocontrolarse, pérdida de confianza del entorno (con la etiqueta de 'agresivo y problemático' para siempre) y potenciales problemas legales.

Según el psicólogo Raymond W. Novaco hay cuatro clases esenciales de provocación que pueden desencadenar nuestra indignación y propiciar una reacción impulsiva. Todas ellas se pueden ilustrar con un sinfín de ejemplos:

> La frustración. Por ejemplo, tras obtener un suspenso o después de un plantón.

> Sucesos irritantes, como extraviar un documento importante, no poder dormir a causa del ruido o estar atrapado en una retención de tráfico.

> Sentirse provocado por un comentario irónico de un compañero de trabajo o por un coche que nos adelanta por la derecha en la autopista.

> La falta de corrección de la pareja que relata un aspecto privado de la relación en una cena de amigos o la supuesta injusticia de una multa.

La angustia

Muy diferente a la reacción impulsiva de las personas coléricas es la de la mayoría de niños, adolescentes y adultos con

Trastorno por Déficit de Atención con o sin Hiperactividad (TDA-H). Cuando se enfrentan a un problema ante el que han fracasado antes, la dolorosa emoción que aparece es la angustia. Ante su conciencia de ser 'incapaces' de abordar el problema con éxito, intentan reducir el tiempo de incertidumbre y se precipitan en su propuesta de solución. Es la impaciencia la que retroalimenta el problema: si no hay reflexión, la posibilidad de errar aumenta y, con ella, la conciencia de incapacidad que dispara la angustia y le lleva a responder de manera impulsiva. Las consecuencias negativas de su impulsividad se centran en la continua pérdida de autoestima y en la injusta imagen social que genera: a pesar de ser individuos con capacidades en general superiores a la media, su dificultad para estructurar la información, aplicar métodos de resolución y darse tiempo para todo ello, les lleva a parecer menos capaces que los demás.

Impulsividad funcional

Un tercer grupo de sujetos 'impulsivos' lo componen aquellos que manifiestan una impulsividad funcional. Su característica principal es que sólo toman decisiones rápidas y no meditadas en aquellos casos en que hacerlo de esta manera les aporta algún tipo de beneficio. Es característico en personas creativas (dedicadas al arte, al deporte o a los negocios) y seguras de sí mismas, que asumen cierto nivel de riesgo y con un alto nivel de actividad y de audacia.

Por último, y en el extremo opuesto, están aquellos sujetos en los que la impulsividad agresiva se ha convertido en una reacción incontrolable, cuyos factores estresantes no justifican la intensidad de su violencia o de los daños que pueden causar a terceros. A estos sujetos, incapaces de distinguir las situaciones donde la impulsividad es contraproducente, se les diagnostica un Trastorno Explosivo Intermitente.

Actuar o no actuar

Frente a las personas reflexivas, las impulsivas muestran menos ansiedad por cometer errores (porque no se dan tiempo para analizar y prever) y todas sus acciones están orientadas hacia el éxito rápido más que a evitar el fracaso. Es evidente que su rendimiento es bajo y muestran menor motivación por tareas que implican un aprendizaje. El hecho de que ante situaciones similares reaccionen con el mismo patrón de respuesta sugiere que han automatizado sus reacciones, lo que impide el desarrollo de tres pasos básicos en el proceso de toma de decisiones, en especial cuando se enfrentan a situaciones percibidas como peligrosas y se acelera el factor tiempo:

1. La determinación de objetivos razonables a la situación, las necesidades y capacidades del sujeto.

2. La creación de estrategias y acciones para resolver los problemas.

3. La autoobservación de su propia conducta y de los resultados para la mejora en próximas ocasiones.

Identificar para prevenir

Según E.D. Copeland y V.L. Love (1995) hay que atender a los siguientes indicadores para determinar que un sujeto puede tener problemas en el control de sus impulsos -siempre que experimenten más de cuatro- cuando:

Busca experiencias excitantes y arriesgadas.

Muestra una baja tolerancia a la frustración y al aburrimiento.

Actúa antes de pensar con independencia de la situación-problema.

Es desorganizado y casi nunca planifica actividades.

Es muy olvidadizo y/o llega tarde por falta de previsión.

Cambia de una actividad a otra con mucha frecuencia.

Se muestra incapaz de guardar su turno para hablar en aquellas situaciones grupales en las que se necesita paciencia.

Requiere de mucha supervisión para evitar problemas.

Tiene problemas por actuar de forma inapropiada.

Es muy creativo, aunque muchas de sus propuestas son esbozos que necesitan ser pulidos.

CPSIA information can be obtained at www.ICGtesting.com
Printed in the USA
BVIW120741060719
552612BV00019BA/106

* 9 7 8 0 3 6 8 9 9 9 9 4 9 *